汉语语法学

张斌 ◎ 著

大家学术经典文库

上海人民出版社

编写说明

上海是哲学社会科学重镇。一直以来，上海社科界群星璀璨、名家辈出，为我国哲学社会科学的发展作出了巨大贡献，也是上海这座城市深厚的文化底蕴之所在。

上海市哲学社会科学学术贡献奖，主要奖励中华人民共和国成立以来公开发表、出版或播放的哲学社会科学类具有原创性、基础性和广泛影响，并被实践证明对学科建设、学术发展具有重大价值，对经济、社会发展也已产生重大影响的学术观点和学术思想。历届获奖者，都是新中国成立以来在上海社科界辛勤耕耘、潜心治学，为哲学社会科学繁荣发展作出重大贡献，在学界具有广泛影响和享有崇高声誉的名家大师，他们的研究涉及政治、历史、哲学、社会、经济、教育、文学、语言学等多个领域，他们是上海社科界的学术丰碑，他们用思想标注了时代。

本文库主要遴选上海市哲学社会科学学术贡献奖获得者的代表作，展示新中国成立以来上海哲学社会科学取得的卓越成就，传承接续学术大家的人格精神和治学风范，以激励后学不断开拓创新，为构建中国特色哲学社会科学、推动上海哲学社会科学繁荣发展作出更大贡献，进一步打响上海文化品牌。

本文库的编纂得到上海市社会科学界联合会、上海社会科学院、复旦大学、华东师范大学、上海师范大学等单位的鼎力支持。

目　录

第一章　汉语语法和语法分析

一、汉语语法的特点

(一) 汉语和印欧系语言相比较

汉语是汉藏语系里最主要的语言,有九亿[1]多人以汉语为母语。汉语的特点须与别的语言相比较才能显示出来。我们通常拿汉语与印欧系语言相比较,这是因为印欧系语言是当今世界上分布区域最广的语言,它包括英语、德语、法语、俄语、意大利语、西班牙语等六十几种,有十五亿多人以某种印欧语为母语,其中英语的使用范围极为广泛,被看成国际交往的工具。

从类型学(Typology)的观点看,汉语属声调语言;就是说,词的语音结构中包括声调的类别,不同类别的声调能区别词的意义。如汉语的"夹子"与"架子"不同,"可喜"和"可惜"有差别,区别在于声调。印欧系语言属无声调语言。在词的结构方面,汉语属分析型语言,或称之为孤立语,特点是缺少严格意义的词形变化。例如英语的 book 和 books 是同一个词的不同形式,汉语里只须用"书"表示。英语的 go、goes、going、went、gone 属同一个词,汉语只须用"去"表示。英语在印欧语当中是形态变化比较少的,但仍属综合型语言。在语序方面,汉语的修饰语出现在中心语之前,而印欧系语言的修饰语,有的出现在中心语之前,有的出现在中心语之后。

---

[1]　原著由上海教育出版社于 1998 年出版。这里保持原貌,对其中数据不作更改,全书同此。

(二) 现代汉语和古汉语相比较

汉语包括古汉语和现代汉语。现代汉语有广狭二义。狭义的现代汉语指以北京语音为标准音,以北方话为基础方言,以典范的现代白话文著作作为语法规范的普通话。广义的现代汉语还包括现代各地方言。

口语是语言的基础,书面语是口语的加工形式。提到古汉语,人们首先想到的是文言。文言是古汉语的书面形式;更精确一点讲,是周秦时代的口语的加工形式。口语在不断发展变化,书面语自然跟着发展,可是文言从周秦一直沿用到五四时代,基本面貌未变,这是历代统治者提倡使用文言的结果。当然,不同时代的文言或多或少掺杂了当时的口语成分,但并没有改变文言的格局。至于记录秦汉以后各时期口语的书面材料,如唐代的变文、宋代的语录、宋元间的平话、明清时代的小说,通常称之为古白话。文言文和古白话都属古汉语。至于近代汉语这一名称,它的含义不很固定,学者的说法各不相同,我们就不细说了。这里要谈的是普通话和文言的比较。

人们常说古汉语单音词占优势,现代汉语双音词占优势,对这一说法须加以解释。

第一,这里讲的古汉语指的是文言。古代口语是不是单音节占优势,很难说。从先秦文献中看,凡是比较接近口语的,就有较多的双音词。

第二,所谓单音词占优势,不是就词汇中单音词所占比例来说的,《尔雅》汇集的古词有大量的多音词,"释训"、"释草"、"释木"、"释虫"、"释鱼"、"释鸟"、"释兽"、"释畜"等章最为明显。但是就古代文献看,使用的大都是单音词。一则因为双音词在文献中出现的机会很少,二则因为口语中的许多双音词在书面语中被简化成单音的了。

文言和普通话的差别主要表现在下列几个方面。

第一,文言中的语气词在普通话中全部更换了。更换的情况如下:

	陈述语气	疑问语气	感叹语气	祈使语气
文 言 语气词	也 矣 焉 耳	乎 邪(耶) 哉 与(欤)	哉 夫 也	矣 乎 也
普通话 语气词	了 的	吗 呢	啊	吧

第二,代词基本上更换了。下边将常见的文言代词和普通话加以比较:

(1) 人称代词

	第一人称	第二人称	第三人称
文　言	我　吾 余　予	女　(汝)　尔 若　乃　而	其　之
普通话	我　我们 咱　咱们	你　您　你们	他　她　它

　　文言中没有真正的第三人称代词,称代第三人称主要是借用指示代词"其"和"之"。这两个词用在句中都不能充当主语。

(2) 指示代词

	近　指	远　指	不定指
文　言	此　是　斯 兹　之　若	彼　夫 其　尔	或　莫
普通话	这　这些　这样 这么　这么样	那　那些　那样 那么　那么样	某　每

　　普通话表示不定指,多不用指示代词。常用"有"接名词,如"有人"、"有一天";或用"没有"接疑问代词,如"没有谁"、"没有哪个"。

(3) 疑问代词

	问　人	问事物、情况	问处所、事理
文　言	谁　　孰	何　曷　奚　胡	恶　安　焉
普通话	谁　什么(人)	什么　怎么　哪	为什么

　　第三,文言的介词,今天仍在沿用,大都见于成语或带点文言色彩的语句中。文言介词数目很少,往往一词多用。现代汉语的介词数目比古汉语多,这是语言日趋精密的一种表现。

　　例如"以":

　　(1) 杀人以梃与刃,有以异乎?(《孟子·梁惠王上》)　"以梃与刃"译成现代汉语是"用木棒和刀子"。

（2）斧斤以时入山林，材木不可胜用也。（同上）　"以时"是"按时"。

（3）天子以他县偿之。（《史记·封禅书》）　"以他县"是"把别的县"。

（4）故说诗者不以文害辞，不以辞害志，以意逆志，是为得之。（《孟子·万章上》）　这里的"以"当"凭"讲。译成现代汉语是：不单凭字面去曲解词句，不单凭词句去误解原意，凭自己的体会去推断诗的原意，这才是正确的。

又如"为"：

（1）不为酒困，何有于我哉？（《论语·子罕》）　"不为酒困"译成现代汉语是"不被酒醉倒"。

（2）为汤武驱民者桀与纣也。（《孟子·离娄上》）　"为汤武"是"替汤武"。

（3）不足为外人道也。（陶潜《桃花源记》）　"不足为外人道"是"不必对别人讲"。

再如"与"：

（1）与朋友交而不信乎？（《论语·述而》）

（2）孟子不与右师言，右师不悦。（《孟子·离娄下》）

这里的"与"可译作"和"、"跟"、"同"。

再如"于"：

（1）子于是日哭，则不歌。（《论语·述而》）　"于是日"译成现代汉语是"在这一天"。

（2）忌进孙子于威王。（《史记·孙子吴起列传》）　"进孙子于威王"是推荐孙子给威王。

（3）赵氏求救于齐。（《战国策·赵策》）　"求救于齐"是"向齐国求救"。

（4）民以为将拯己于水火之中也。（《孟子·梁惠王下》）　"拯己于水火之中"是"把他们从水火之中拯救出来"。

从上边的例子可以看到介词分化的一些情况：

以　→　用、按、把、凭

为　→　被、替、对

与　→　和、跟、同

于　→　在、给、向、从

这种演变当然不是一朝一夕完成的。随着社会的发展，语言也在不断改进，可是文言当中找不出变化的轨迹。要找只能依据古白话和方言的资料。

（三）普通话和方言相比较

方言是对民族共同语而言的。我国地域宽广，方言复杂，可是民族共同语的书面形式早已形成。方言之间的差异主要表现在语音方面。词汇方面大同小异，语法上的差别最少。这是就总的情况说的。当然，不同的方言各有特点，拿普通话和方言作比较，也只能说出一个大致的趋向。比如，我们可以说普通话没有入声，而入声是方言的一大特点。仔细考察起来，作为民族共同语的基础的北方方言，大都没有入声，其他方言大都有入声，可是入声的表现情况也并不完全相同。

（四）现代汉语语法的特点

汉语语法的基本特点是缺乏严格意义的形态变化，由此有下列表现。

第一，名词可以直接修饰动词。

利用介词表示名词与动词的语义关系，古今是一脉相承的，差别只在现代汉语的介词更加丰富，分工更为精密罢了。名词直接修饰动词也是古已有之，不过现代汉语的表现形式略有发展。

表示方式的名词修饰动词最为常见，古今都有。

（1）乃效女儿咕嗫耳语。（《史记·魏其列传》）

（2）万石君必朝服见之。（《汉书·万石君传》）

（3）箕畚运于渤海之尾。（《列子·汤问》）

（4）臣请剑斩之。(《汉书·霍光传》)

（5）现在本报全文发表这篇文章。

（6）十四年来,他自学中医,为群众义务治病六万次。

（7）假如发生意外情况,请你们立即电话报告,不要延误。

（8）他们虽然远隔重洋,但经常书信联系,互通音讯。

表示比况的名词修饰动词也比较多见,现代汉语通常要用上"似的"(似地)、"一般"、"般的"、"一样"、"般"、"样"之类的字眼。例如:

（1）庶民子来。(《孟子·梁惠王上》)

（2）射之,豕人立而啼。(《左传·庄公八年》)

（3）嫂蛇行匍伏。(《战国策·秦策》)

（4）燕犹狼顾而不能支。(《史记·苏秦列传》)

（5）话声未完,她就一阵风似地跑开了。

（6）小朵小朵的雪花柳絮般地飘扬着。

（7）眼睛有些模糊了,只觉得纸上的字迹蛇样的蠕动着。

（8）他的话钢刀般扎进我的心。

有些单音节名词修饰单音节动词用来表示比况的,由于长期使用,便成了固定的结构,现代汉语中就当作复合词了。例如:

蚕食　龟缩　鸟瞰　鼎立　雷动

冰释　瓦解　狐疑　粉碎　鼠窜

古汉语中,名词修饰动词可以表示依据或原因,现代汉语不这么用了。例如:

（1）失期,法皆斩。(《史记·陈涉世家》)

（2）乃病免家居。(《史记·陆贾传》)

在古汉语中,施事名词和受事名词都不直接修饰动词,在现代汉语中,施事名词也不直接修饰动词,但是受事名词直接修饰动词的现象日渐增多,这也许是受日语的影响。日语的宾语置于动词前边,汉语则是受事置于动词前边,是动词的修饰语,而不是宾语。后者受前者的影响,但不能理解为日语的翻版。

例如：

  技术改造 心理咨询 民意测验

  汽车修理 食品储藏 废品回收

  电影摄制 工作安排 会场布置

这种用法在语音节律上显示出一个特点，即双音节名词修饰双音节动词。

  第二，动词或形容词可以直接充当主语或宾语。

  汉语的动词或形容词充当主语或宾语，保持原来的样子，不改变形式，这和印欧语言很不相同。例如英语的动词充当主语，或者构成不定式（前边加"to"），或者变成动名词（后边接"ing"），总之，形式上有所改变。

  不改变形式，词性是不是改变了？也没有。例如：

  （1）游泳是一种很好的运动。

  （2）坚持就是胜利。

（1）句的主语可以扩展为"在海边游泳"；（2）句的主语可以扩展为"坚持真理"。直接受介词短语修饰和带宾语都是动词的功能。

  值得注意的是汉语有许多动名兼类的词。例如：

  翻译 编辑 校对 教授 主管 掌舵 指挥

  报告 回答 创作 主张 希望 命令 组织

  记忆 认识 开支 根据 工作 爱好 生活

  作为动词，它们可以用作谓语中的述语（谓语的中心），也可以充当主语。作为名词，它们不能用作述语，可以充当主语。所以，在主语位置上，究竟是动词还是名词，须根据具体情况才能决定。以"翻译"为例：

  （1）我翻译了狄更斯的小说。

  （2）翻译诗歌是一种创作活动。

  （3）这位翻译通晓几种语言。

（1）句和（2）句中的"翻译"词性相同，意义也相同。（1）句和（3）句中的"翻译"词性不同，意义也有差别。但是，三者的形式都一样。在英语里，translate 是动词，转成名词是 translation 和 translator。translate 转成 translation，词性变了，意义基本未变;转成 translator,不但词性改变,意义也有明显的差别。前一种情况,朱德熙称之为自指;后一种情况,朱德熙称之为转指。在汉语里,自指没有词形变化,转指有时在构词上有改变。例如:

编—编者　　读—读者　　记—记者

学—学者　　著—著者　　患—患者

剪—剪子　　夹—夹子　　塞—塞子

盖—盖儿　　包—包儿　　塞—塞儿

想—想头　　盼—盼头　　来—来头

这种变化不是一个词本身的形式变化,而是构成新词,所以不属严格意义的形态变化。

第三,词语结构常常受单双音节的影响。

吕叔湘主编的《现代汉语八百词》指出:

现代汉语里的词语结构常常受单双音节的影响,最明显的是"双音化"的倾向。比如把单音节的词凑成双音节:一个人姓"张",就叫他"老张"或"小张",可如果他姓"欧阳",就只叫他"欧阳",不叫他"老欧阳"或"小欧阳"。单音的地名总带上类名,双音的就不需要,比较"大兴、顺义"和"通县、涿县","日本、印度"和"法国、英国"。数目字也有类似的情形,例如一个月的头上十天必得说成"一号"……"十号","十一"以后就带"号"字或不带"号"字都可以。

又比如双音节的词要求在它后边跟它搭配的词也是双音节,例如:

进行学习(×进行学)｜共同使用(×共同用)

打扫街道(×打扫街)｜严重事故(×严重事)

关于单双音节对词语的影响,后边将作进一步的分析。

二、语　　素

语言用声音表达意义。没有意义的声音不是语音,如咳嗽的声音。与意义有关的声音有两种,一种是区别意义的,即音位;一种是体现意义的,那就是大大小小的语法单位,如句子、短语、词、语素。语素是最小的语音语义结合体。

(一) 语素的辨识

在汉语里,说出来的单音节,能表达明确的意义的,都是语素。也就是说,这种单音节不能再分析出更小的音义结合的单位。

儿化的单位一个音节用两个汉字记录。例如:

花儿(huā r)　　　叶儿(yè r)

兔儿(tù r)　　　明儿(míng r)

这里的"儿"(r)只表示音节末尾附加卷舌的动作,不能看作单独的表意单位。也就是说,"花"是一个语素,"花儿"是另一个语素。

双音节形式是一个语素还是两个语素,可以用替换法来辨识。方法是用已知语素(例如能单说的单音节语素)进行双向替换。能替换的双音节形式是复合形式,即两个语素的组合。例如:

花灯	花灯	花灯
	龙灯	花色
	油灯	花环
	绿灯	花烛
月色	月色	月色
	白色	月光
	血色	月牙
	山色	月夜

这样就可以确认"花灯"和"月色"各是两个语素的组合。应注意的是,不能在替换时偷换同形异义的语法单位。例如用"花费"替换"花灯",两个"花"不是一回事,不能替换。

有时只能进行单向替换。例如:

蝴蝶	蝴蝶	蝴蝶
	粉蝶	蝴？
	彩蝶	蝴？
蟾蜍	蟾蜍	蟾蜍
	？蜍	蟾宫
	？蜍	蟾酥

替换的结果说明："蝴蝶"是一个语素，"蝶"也是一个语素。"蟾蜍"是一个语素，"蟾"也是一个语素。"蝴"和"蜍"都不是语素，它们不表达意义，但是有区别意义的作用。

还有一种情况，如"骆驼"、"蜘蛛"不能进行单向或双向替换，但是"驼峰"、"蛛网"可以双向替换，由此证明"驼"和"蛛"都是语素。

当然，语言是发展的，原来不成为语素的可以变成语素。例如"啤酒"的"啤"，本不是语素，只起区别意义的作用。可是自从出现"黄啤"、"黑啤"、"生啤"、"熟啤"等形式之后，"啤"也就成为语素了。

有人认为"甭"是"不"和"用"的结合，所以是两个语素。其实"甭"的语音是béng，"不用"的语音是"bù yòng"。意义与"甭"相同，但不能混为一谈。"甭"是一个语素，无法分析出两个音义结合的单位。类似的还有：

孬（nāo）	意义与"不好"相同
歪（wāi）	意义与"不正"相同
卅（sà）	意义与"三十"相同
诸（zhū）	意义与"之于"相同

（二）语素的类别

有些语言学家，例如霍凯特（C. F. Hocket）认为语素是一种语言的话语里最小的独自有意义的成分，这里指的是"成分"，而不是"结合体"或"单位"，这样，当然要把不出现在语音序列中的表意成分，如语调，也看成语素，即所谓"超音段语素"（Suprasegmental morpheme）。与之相对的是音段语素（Segmental morpheme）。我们把语素看作一种音义结合的单位，指的自然是音段语素。

按音节分，汉语的语素可以分为单音节语素和多音节语素。单音节语素占绝对优势，多音节语素以双音节形式为主。

按造句功能分，可以分为成词语素和不成词语素。成词与不成词是从现代汉语的角度来衡量的。即使从现代汉语的角度考察，书面语和口语也有差别。例如下列单音节语素，在古汉语里成词，现代汉语书面语中也常当作词使用，可是口语里须用双音词替代。

金　现代汉语口语中说成"金子"。

银　现代汉语口语中说成"银子"。

叶　现代汉语口语中说成"叶子"。

胆　现代汉语口语中说成"胆子"。

笛　现代汉语口语中说成"笛子"。

园　现代汉语口语中说成"园子"。

珠　现代汉语口语中说成"珠子"。

眉　现代汉语口语中说成"眉头"。

木　现代汉语口语中说成"木头"。

舌　现代汉语口语中说成"舌头"。

但　现代汉语口语中说成"但是"。

虽　现代汉语口语中说成"虽然"。

时　现代汉语口语中说成"时候"。

虎　现代汉语口语中说成"老虎"。

鸦　现代汉语口语中说成"乌鸦"。

氧　现代汉语口语中说成"氧气"。

古代的单音节成词语素，在现代汉语中仍旧成词的，有下列几种：

第一，常用动词，如看、走、说、拿、穿、到、买、卖、骑、吃、煮、醉、醒、叫、唱、打、开、关等。

第二，古今通用的代词，如我、你、他、这、那等。

第三,数词,如一、五、十、百、千、万等。

第四,古今通用的量词,如丈、尺、斤、两、只、朵、匹、条、块、次、阵、趟等。值得注意的是:现代汉语中有些量词如车、箱、杯、瓶、盆、碟等,在古汉语中是名词,现代汉语里替代它们的名词是"车子"、"箱子"等。

第五,某些副词,如不、很、只、再、又、更、还、最、就、太、没、也等。

按组合时的位置分,有定位语素和非定位语素。定位语素的特点是:与别的语素组合时,或者在前,或者在后,或者居中,位置是固定的。比如,"把"、"着"、"和"都是定位语素:"把"与别的语素组合时,位置在前;"着"与别的语素组合时,位置在后;"和"与别的语素组合时,位置居中。所以,"把"永远不出现在句末,"着"永远不出现在句首,"和"永远不出现在句首和句末。非定位语素的位置可前可后。例如"人",可以组成"人才"、"人道"、"人力",也可以组成"友人"、"诗人"、"证人",所以属非定位语素。

成词语素、不成词语素与定位语素、非定位语素的关系如下表:

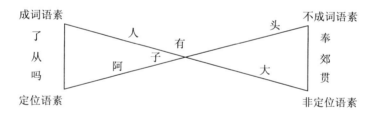

不成词的非定位语素如"奉",可以组成"奉告"、"奉陪"、"奉还"等,也可以组成"供奉"、"信奉"、"自奉"之类。在古汉语中,却是独立成词的。

语言是发展的。许多定位语素是从不定位语素逐渐演化而成的。例如"员",在古汉语中是成词的非定位语素,在现代汉语中已经成为不成词的定位语素了。例如:

教员　学员　委员　公务员　营业员　邮递员

但是这种变化还不完全,我们可以找到极少数的例外,如"员工"。正因为如此,吕叔湘称之为"类词缀"。又如"可",在古汉语中是成词的非定位语素,在现代汉语中却分化成两个语素,一个是不成词的非定位语素。例如:

　　　　可以　可见　可能　认可　许可　宁可

一个是不成词的定位语素。例如：

　　　　可爱　可贵　可口　可惜　可疑　可耻

　　语素的同一性问题十分复杂，下边再举几个例子：

　　　　（1）畜　chù　　如家畜、牲畜、畜生

　　　　　　　　xù　　　如畜牧、畜养、畜产

　　　　（2）杉　shān　用于"杉树"

　　　　　　　　shā　　用于"杉木"（杉树的木材）

　　　　（3）冲　chōng　如冲击、冲力

　　　　　　　　chòng　如冲床、冲劲

以上各例每个语素有不同的读音，但意义相同或相近。在某些方言中，它们的读音并无差别。所以，语音的变化宜看作同一语素的变体。下列各例当属另一种情况：

　　　　（4）校　xiào　如学校、校舍、校友

　　　　　　　　jiào　如校对、校正、校勘

　　　　（5）都　dū　　如首都、都市、故都

　　　　　　　　dōu　如都有、都在、都是

(4)中的两个"校"，读音不同，意义的差别很大，宜作为两个不同的语素。(5)中的两个"都"，不但音义有差别，而且一个是不成词语素，一个是成词语素，更不能当作同一语素的不同变体。

　　从(1)至(3)例看，可以认为有些汉字有不同的读音，代表同一语素的变体。从(4)、(5)两例看，得认为同一个汉字表示不同的语素。事实上，有些现象正处在上述两种情况之间，例如"屏住气"的"屏"读bǐng，繁体字写作"摒"；"屏障"的"屏"读píng。是两个语素还是一个语素，不同的人会有不同的答案。语言是一种开放性的系统，开放性系统的特点之一是存在当中现象，所以不足为奇。

三、词 和 短 语

(一) 什么是词?

许多印欧语的语法书不给词下什么定义,也不说明词与非词的界限。词么,是一种普通的语言单位,大家都认识的,自然不必多费笔墨。在汉语语法书里却不然,既要给词下定义,又要说明如何在语言片断中切分出词来。

通常给词下的定义是:最小的能够独立运用的语言单位。

所谓语言单位,指的是音义结合的单位,当然不包括语音单位(音素)和语义单位(义素)。

"最小的"是区别于较大的语言单位,如"短语"。

"独立运用"或称之为"自由运用",包括下列内容:

第一,能单说的(包括能单独回答问题的)最小语言单位。

第二,虽然不能单说,但是在句子中抽去可以单说的词之后,剩下的又不属词的一部分,也是词。

能单说的主要是名词,其次是动词、形容词、代词。但是,并非这几类词中所有的词都能单说。比如,"爸"、"妈"可以单说,"弟"、"妹"不单说。"来"、"去"可以单说,"回"、"过"不单说。"对"、"好"可以单说,"错"、"坏"不单说。"你"、"我"可以单说,"这"、"那"不单说。数词中基数词(一至十)能单说,但限于读数、计数。位数词(百、千、万等)不能单说。比如说年龄,可以说"五岁",但不能单说"五"。说日期,可以说"六号"、"初七",但不能单说"六"或"七"。可以说"十五"、"六十"、"二十七"等,这些是数目,不是数词,它们由数词组成,可以称之为数词短语。数词短语可以单说不等于数词可以单说。量词都不能单说,副词只有极少数("不"、"也许"等)可以单说。介词、连词、助词、语气词都不能单说。看来,用单说来鉴定词,作用是很有限的。

由于句子中不能单说的成分常常连在一起,把剩余的部分全看作词经常会出现问题。例如"我错了"中的"错"和"了"不能单说,"我姓张"中的"姓"和"张"不能单说,"他们也都被批评了"中的"也"、"都"、"被"不能单说,我们不能因此认为"错了"、"姓张"、"也都被"都是词。

有些语言学家,例如亨利·斯威特(Henry Sweet)认为有些语言单位不能单说,可是又不能否定它们是词,这可以用类比的方法来说明。比如 goes 不能单说,可是跟命令式"go!"类比,得认为它们都是词。布龙菲尔德(L. Bloomfield)也说,the 这个词虽不能单说,可是它的作用跟 this、that 相似,经过类比,它也得算是词。如果运用类比的方法,得出的就不一定是最小的独立运用的单位,因为许多短语也可以与词的功能进行类比。其实,西方学者运用类比方法,旨在说明 goes、the 等语言单位为什么是词,并不在运用这个方法切分出词来。换句话说,goes、the 是词,已不成问题,因为是大家公认的。但是它们为什么会被看成词,要加以解释。汉语要解决的问题并不是须说明虚词为什么是词,而是要区分词与非词,所以,这样的类比不切合我们的需要。

研究什么是词,通常考虑的是:第一,给词下定义的问题;第二,如何从成片语言中分析出词来的问题。这两方面的探讨都不很令人满意。我们似乎可以换个角度来考虑问题,研究一下词的性质。比如,我们可以想一想,词是不是语流中的自然单位。在语流中,音节是一种自然单位。尽管对音节的定义还有不少争论,但是在汉语中,元音构成的响峰成为音节的标志,这是可以用仪器测定的。人们在实际划分音节界限时,也不会出现分歧。当然,词不是语音单位,它是音义结合的语言单位。在语流中能不能找到划分的标志呢?有人认为词与词之间有些微的间歇,这完全是一种主观的想象。比如英语里的"All right"是两个词,听起来却是[ɔːlrait],中间无间隔,似乎是一个语言单位。"That will do"是三个词,听起来是[ðætl duː],似乎是两个单位。汉语何尝不是如此。"你们吃了饭吗?"听起来是三个单位组成的,可是谁也不认为它只包含三个词。至于想凭借语流中的轻声和重读来切分词,那更是不可能的。念轻声的有的是词,如"了"、"着"、"过",有的不是词,如"桌子"、"多么"、"看头"中的"子"、"么"、"头"。重读的情况更是复杂,拿双音词的重读来说,有的第一个音节重读,如"月亮"、"动作"、"衣服";有的第二个音节重读,如"出席"、"辛苦"、"老李";有的两个音节都重读,如"天地"、"国家"、"文学"。因此,我们不免产生疑问:词是不是口语中自然存在的语言单位?

拿使用拼音文字的语言和汉语相比,他们划分词是很容易的事,但是辨识语素却常常感到为难。例如英语的名词,由单数变成复数大都在词末添加-s 或 -es,发音是[s]、[z]或[iz]。这三个音可以看作同一语素的变体,因为它们表达的意义相同,出现的语言环境是互补的。可是 ox(公牛)的复数形式是 oxen,en 该当作另一语素。child(小孩)的复数形式是 children,表示复数的部分是 en 还是 ren? 而且,单数的 child 与复数的 child 读音并不相同,它们是一个语素还是两个语素? 又如动词,表示过去的形式大都添加 ed 或 d,发音是[t]、[d]或[id]。这三个音也可以看作同一语素的变体。可是 understand 的过去式是 understood, overthrow 的过去式是 overthrew,它们究竟包含几个语素,该如何切分,人们的意见很不一致。

为什么汉语的语素容易辨认而英语的情况却两样呢? 关键在书面语言。汉语的书写形式基本上是按语素分开排列的,而拼音文字是按词分开书写的。为什么英国人认为 classroom 是一个词而不是两个词,因为 class 和 room 是连写的。在早期的英语中,class 和 room 是分写的,人们都认为它们各是一个词。后来当中加了一短横,即成为 class-room,人们当它是词和短语之间的过渡形式,不妨称之为短语词。类似的例子如 blackboard、earthquake,都曾经分作两个词书写,也有过插入短横的过渡形式。不管怎么说,分开写时是两个词,连写时是一个词,人们依据书写习惯来辨认词与非词。像 well chosen 之类,有人把它们连写成词,有人却写成 wellchosen,反映人们对此尚有不同看法。看来,我们似乎可以得出这样的结论:词不是语言中的自然单位,而是人们在书写时的一种规定。然而书面语言是口语的加工形式,难道可以脱离口语而自成体系?

在使用拼音文字的人的心目中,连写的是词,分写的是短语。也就是说,划分词的标准是书写形式。但是这不等于说,词的形成与口语无关。口语是书面语的依据,依据并不一定是标准。在科学领域内,常常要推究分类的依据和分类标准之间的种种关系。打个比方:一年分为四季,虽然有客观的依据,即天体的运行和气候的变化,可是划分四季还得确立个标准。我国古代以立春、立夏、立秋、立冬为四季的开始,而欧美一些国家却以春分、夏至、秋分、冬至为换季的界限。虽然如此,中国人谈到"春天"和"春风"与外国人说的"Spring days"和"Spring breeze"却有共同的理解。语言学的情况也往往如此:一方面根据分类的依据可以大体了解语言单位的类别;另一方面,依据和标准不能完全吻合,有必要指明它们之间的差异。

因为以口语作依据,人们说同一种语言,对语言单位会有许多共识。比如"人"、"一"、"来"、"走"、"快"、"好"等,说汉语的人都会认为它们是词,因为它们可以单说,而且是最小的意义单位。遇到"人们"、"第一"、"来了"、"走开"、"快要"、"好看"之类,究竟是一个词还是两个词就将引起争议了。问题出在我们缺个分词连写的标准。

1988 年国家教育委员会和国家语言文字工作委员会联合发表了《汉语拼音正词法基本规则》。这个规则是用《汉语拼音方案》拼写现代汉语的规则,以词为拼写单位,并适当考虑语音、语义等因素,同时考虑词形长短适度。这就是说,这个"正词法"既包括公认的词,又包括规定的词,也包括一些短语词。

规定的词如:

kāihuì　（开会）	dàhuì　（大会）
dǎpò　（打破）	gège　（个个）
fùbùzhǎng　（副部长）	zǒnggōngchéngshī　（总工程师）

短语词如:

gōng-guān（公关）	rén-jī duìhuà（人机对话）
bā-jiǔtiān（八九天）	zhōng-xiǎoxué（中小学）
dì-shísān（第十三）	jiji-zhazha（叽叽喳喳）

当然,这个正词法还没有作为一切领域(例如词典编写)的准则,而且即使用于汉语拼音的方面,也有待进一步完善,不过,我们仍旧可以从中得到启发。

第一,从使用拼音进行分词连写与单纯从语法的角度考虑什么是词,所得的结果未必一致。那么,我们在规定词与非词的界限方面,该作进一步的研究。

第二,无论是从什么角度考虑词的定形,不能不承认短语词的存在。也就是说,词和短语之间有中间单位。

(二) 词与短语的区别

短语是词和词结合起来构成的,可是词和词联在一起并非都是短语。比如,"铁"是一个词,"路"也是一个词,"铁路"却不是短语,而是另一个词。"人"是一个词,"家"是一个词,"人家"却是另一个词。正因为如此,复合词与短语的界限有时模糊不清。

王力主张用"插入法"区分词和短语。他说:"'马车'是仿语,因为它是'马拉的车';'车子'是单词,因为它不是'车的儿子'。"(《汉语语法纲要》,第 23 页)陆志书曾指出,"马车"与"马拉的车"含义不同,因为我们可以说"牛拉了一辆马车"。这就给插入法提出一个要求:插入别的词之后,不但要保持基本结构,而且不能改变原来的意义。比如"大雨"可以说成"大的雨",是短语;"大衣"不能说成"大的衣",是词。

插入法也叫隔开法,也许叫扩展法更为合适。如"我去"可以扩展为"我和你去","我的"可以扩展为"我和你的","从北京"可以扩展为"从上海和北京",如此等等,它们都是短语。可是扩展法也会遇到一些麻烦。

第一,有些偏正式结构,在甲场合能扩展,在乙场合却不能扩展。例如"羊肉",在"这是羊肉,不是狗肉"中,可以插入"的";在"买三斤羊肉"中,不能隔开使用。类似的例子如:

牛奶　鸭毛　鹿角　鸡腿　鹅蛋　旁人　死棋

如果使用拼音文字,可以在它们中间加一短横,可汉字没有这种用法。通常认为既然以不插入"的"为常见,不妨全当作词;如果插入"的",就当作短语。可是编纂词典的人会有意见。正如《汉语的构词法》中所说:"假若'羊肉'是词,'羊毛、羊角、羊腿、羊肝儿……','猪肉、狗肉、鸡肉、鱼肉……'全都是词。单只这一个格式,就给汉语平白地添出成千成万的词来。"

第二,有些动宾结构也有类似的情况。例如:

鞠躬　洗澡　理发　注意　起草　平反　留神

冒险　偷懒　造谣　出丑　受罪　负责　担忧

这些语言单位都是动词性的,当中可以插入数量词或"了",如"鞠一个躬"、"洗一次澡"、"注点儿意"、"平了反"、"出了丑"。前边讲的"羊肉"之类,两个语素都是能单说的;这里的动宾结构,大都有一个不能单说的语素,所以把它们看成词更有理由。但是插入了别的词语之后,宜当作短语。这种短语是词的扩展形式,有人称之为离合词,吕叔湘称之为短语词。

第三,动补结构的情况更为复杂,先比较下列几组例子:

(1) 证明　改进　说穿　纠正　推迟

(2) 看见　打倒　叫醒　完成　发动

(3) 放大　缩小　学好　降低　增多

(1)组不能拆开,宜当作词;(2)组只能插入"得"或"不";(3)组不但能插入"得"、"不",而且还可以扩展得更长。如"放得屏幕那么大"、"学得比你还好"。于是有各种不同看法。有人认为(2)、(3)两组宜同样看待:未隔开时作为词,隔开时作为短语。有人认为(2)、(3)两组是词,插入"得"或"不"仍旧是词,这是比照"来得及"、"来不及"、"合得来"、"合不来"、"对得住"、"对不住"、"看得起"、"看不起"得出的结论。就是说,"得"和"不"是构词成分,属于中缀。只有插入其他词语,才能当成短语。还有人认为(2)组和(3)组应分别对待,(2)组是词,(3)组是短语。

上边谈的种种看法,都有一定的依据,难比高低。如果单纯从语法教学方面考虑,宜采取简便的方法,即认为未隔开时是词,隔开时是短语,对偏正、动宾、动补结构都同样处理。

(三) 固定短语和类固定短语

固定短语是词的等价物(equivalent),汉语的固定短语主要有三类。一类是专名,多数由名词连缀而成,有时也夹入别类词。例如:

中山医院门诊部手术室　　　北京朝阳门内南小街

上海市园林管理局　　　　　甲状腺机能亢进症

这种固定短语的特点是进行不同的切分,通常不妨碍理解。如"中山医院/门诊部手术室"与"中山医院门诊部/手术室"的含义相同。

另一类是动词和名词的组合,动词是单音节的,名词大多是双音节的。例如:

摆架子　　（比较:摆桌子）

敲竹杠　　（比较:敲大锣）

吹牛皮　　（比较:吹口琴）

开夜车　　（比较:开汽车）

喝西北风　（比较:喝青菜汤）

坐冷板凳　（比较:坐靠背椅）

这些固定短语的动词大都是表示行为动作的常用词,整个短语的功能是动词性的,常用来表示对事物的否定态度,含有消极意味。

最常用的固定短语是成语。成语也和上述短语一样,有固定的形式和凝结的含义。然而成语中词与词之间的凝聚力并不完全相同。试比较:

（1）之乎者也　一日三秋　三长两短

（2）囫囵吞枣　唇亡齿寒　画蛇添足

（3）平易近人　量力而行　乘人之危

(1)的凝聚力最强,字面不暗示含义;(3)的凝聚力最弱,含义可以从字面去理解;(2)的情况介乎当中。就是说,成语的含义大体能从字面的意义引申而得。

上述(3)这一类短语,既然从字面可以了解含义,为什么列入成语之中？原来把短语分为固定短语和非固定短语,是从两个方面来看的。第一,从理解的过程看,理解非固定短语的含义,是在理解词义的基础上实现的;理解固定短语的含义却不是这样。第二,从使用的过程看,非固定短语是根据交际需要临时组合的,固定短语是作为现成的构件供人选用的。划定固定短语的范围,主要是根据第二条,所以专名也作为固定短语,(3)这一类短语也包括在内。

我们经常看到一些四字短语,从形式上看,很像成语,可是它们是根据交际需要临时创造出来的。举几种常见的格式：

(1) ××之×

成语里有：

　　莫逆之交　金石之言　杞人之忧　犬马之劳

　　乌合之众　城下之盟　切肤之痛　多事之秋

仿造的如：

　　欢乐之情　分别之时　敬仰之心

特点：短语为偏正结构，功能是名词性的。

(2) ××而×

成语里有：

　　一挥而就　待价而沽　侃侃而谈　脱颖而出

　　竭泽而渔　不言而喻　接踵而来　扬长而去

仿造的如：

　　奔腾而来　挺身而出　一晃而过

特点：短语为偏正结构，功能是动词性的。

(3) ××不×

成语里有：

　　从容不迫　有条不紊　参差不齐　局促不安

　　执迷不悟　坚定不移　直言不讳　放荡不羁

仿造的如：

　　闭口不言　酣睡不醒　模糊不清

特点：短语为并列结构，并列两部分的意义相近（如"从容"和"不迫"）。功能是形容词性的。请注意："美中不足"、"寸步不离"等属另一种格式。

(4) ××如×

成语里有：

　　目光如豆　大雨如注　一贫如洗　一见如故

　　冠盖如云　巧舌如簧　杀人如麻　应对如流

仿造的如：

　　堆积如山　　洁白如银

特点：短语为主谓结构，功能是谓词性的。请注意："空空如也"是另一式。

从上边的例子可以看出：仿造的成语的含义可以根据字面来理解，这一点跟一般短语相同。但是它们有特有的格式和功能，跟某些成语近似，不妨称之为类固定短语。事实上，一些凝聚力较弱的成语原也是由少数人创造、多数人使用，从而进入成语范围的。由此我们也可以了解，成语和非成语的界限有时并不是十分清楚的。

学习任何一种语言，要掌握一定数量的语言材料，包括词和固定短语，也要掌握组词成句的规则。学习汉语，掌握类固定短语是值得重视的。从理解方面说，由于它们有比较固定的格式，即使对个别词义不甚了了，也能悟出整体的含义或功能。从使用方面说，四字格在汉语中有稳定、庄重的色彩，在论文中是经常使用的。请看一段文章：

　　会议上发言，有种种情况；但是无论如何，总得考虑效果。讲的人泛泛而谈，听的人昏昏欲睡；既浪费了自己的精力，也空耗了别人的时间。有意见要发表，切忌东拉西扯，使人不得要领；要言不烦，常常能使人获得深刻印象。出于礼貌，有时得说些应酬话。虽然属随口之言，应当力求表达真情实感；不能是官样文章，千篇一律。

这段文章用了许多成语和类固定短语，读起来有一种严整精练的感觉。当然，并不是说表达上边的内容非如此写不可，但是作为一种有效的表达手段，学习汉语的人应该熟悉它。

要补充说明的是：前边谈到类固定短语是模仿成语的某些格式创造出来的，这里的所谓模仿，属于用词造句的范围，不同于修辞上的成语仿造。下边是修辞上的例子：

　　龙二井又有油和水的矛盾，这是它的特殊性。周队长说，要促使矛盾转化，就要捞水，把水捞干。我们想一不做，二不休，搞它个水落油出。

"水落油出"是仿"水落石出"造出来的，这在特定的语言环境中才能出现，目的在使语言表达生动。这种仿造的成语必须依附被仿造的成语,才能显示出它的修辞效果。

四、句　　子

(一) 什么是句子?

如果问"句子是什么",这不难回答。我们可以从早期的语法书里找到答案:句子是表达完整意思的语言单位;也可以从近期的一些语法书里找到答案:句子是人们进行交际的基本语言单位。诸如此类的说法都不错,可是它们不能帮助人们辨识句子。如果要回答"什么是句子",却不那么容易,因为必须把句子的特点说出来。在这方面人们曾经作过许多尝试。

1. 从逻辑的角度认识句子

判断由句子表达。判断具有"两项性",而句子又有主语和谓语,于是产生如下的论说:

> 凡有起词、语词而辞意已全者曰句。(《马氏文通》)
>
> 一个人说话,开口便要道个"甚么",这个甚么就是他那句话里边的主体。……表示主体的人或事物的词,就叫做主语。……但是一句话里边既有了一个"甚么"作主体,这个主体又"怎么样"呢?……所以,主语之后,必定跟着一个述语。(《新著国语文法》)

总之,认为句子的结构与判断的结构相一致。如果语言事实不符合这个规定,就用"倒装"和"省略"来解释。例如"下雨了"是"雨下了"的倒装,"敲钟了"是"某某人敲钟了"的省略,如此等等。

吕叔湘、朱德熙在《语法修辞讲话》中已经指出:一方面,有些句子并不具备主谓两个部分;另一方面,具备主谓两个部分的不一定都是句子。这个说法不但适用于汉语,也适用于其他语言。比如英语里有些句子并不具备主语和谓语:

> Good morning!　　(早上好!)
>
> Thanks!　　　　　(谢谢!)

Just so.　　　　　（对啦。）

在英语里,主谓结构充当句子成分也并不罕见:

That he will come here is certain.(他会来这儿是无疑的。)

He pointed out that theory must go hand in hand with practice.(他指出:理论必须联系实际。)

2. 从形式上认识句子

正如美国语言学家弗里斯(C. C. Fries)所说,在计算任何一段文字的句子数目的时候,实际上所用的定义可以用这样一句话来概括:

A sentence is a word or group of words standing between an initial capital letter and a mark of end punctuation or between two marks of end punctuation. (Fries, *The Structure of English*, p.9)

汉语不能用句子开头的大写字母来辨别句子,句末的点号是可以作为辨识的依据的,可是这种形式上的识别并不解决实际问题。当我们指出学生文章中句子残缺的问题时,总不能归咎于缺少句号。

真正从形式上说明句子特点的是布龙菲尔德。他在《语言论》中指出:

Each sentence is an independent linguistic form, not included by virtue of any grammatical construction in any larger linguistic form. (L.Bloomfield, *Language*, p.170)

朱德熙在《句法结构》一文中曾举例说明句子与其他语法单位的区别:

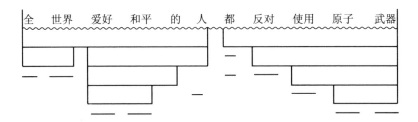

我们用层次分析法把这段话分割成许多大大小小的片段。如果我们把一个大片段里包含的小片段叫作"成分",反过来把由小片段合成的大片段叫作"组合",于是上图中的片段不外以下三类。

a. ＿＿是成分,不是组合;

b.└──┘是成分,又是组合;

c.└〰〰┘是组合,不是成分。

　　a 是词,c 是句子,b 是由两个或两个以上的词组成的词群。我们把这三类语言片段合起来称为"**语法形式**"。

　　显然,他这里讲的句子指的是不被包含在别的语言形式里的独立的单位。这正是布龙菲尔德的观点。然而,什么叫不被包含? 还有些费解。一篇文章包含了若干段落,一段文章包含了若干句子,为什么说句子是不被包含的? 看来,还有待进一步说明。

　　3. 从交际功能认识句子

　　词和词组合起来构成主谓关系,并不是句子的必要条件,因为一个词也可以成句。那么,句子之所以成为句子,究竟是什么因素在起决定作用?

　　前苏联语言学家 А. И. 斯米尔尼茨基在他的《英语句法学》中回答了这个问题。他认为句子之所以成为句子是因为词语对现实的联系。句子的这种特性,可称之为"表述性"。他举例说:London 这个词表示一个城市,孤立地写出来有它的意义,可是并不成句。如果作为书的标题或者作为地图上的标记,因为有特定的语言背景,所以获得了"表述性"。如果指着地图上某一处说"This is London",表述性就更加明显了。

　　如果仅从词语联系现实来说明表述性,尚嫌不够。句子除了表达现实的情况之外,还传达说话人的主观意图。句子或者表达肯定或否定的判断,或者表达疑问,或者抒发感情,或者发出要求,这些都体现主观的意图。

　　所以,表述性包括两个方面,一是"表",指的是表达客观事实;二是"述",指的是陈述主观意图。

(二) 句子种种

　　1. 具体的句子和抽象的句子

　　具体的句子是在交际中实际使用的、能引起听话人(或阅读者)作出反应的句子。这种句子有不同的形式。

第一，有些句子只有指称(reference)，由名词或名词性短语表示。例如：

（售货员交给顾客）钱！

（邮递员对着人家门口）挂号信！

"钱"是指称，用在这里必有所指，即找给顾客的钱。"挂号信"也是如此，指特定的那封信。有所指(referent)正是具体句子的一个特点。

第二，有些句子有陈述(statement)，没有显性的指称。理解这类句子，须通过语境(包括上下文)确认它的指称对象。例如：

下雨了！

到站了！

上课了！

人们听到"下雨了"这个句子，不会认为任何时间、任何地点下雨了，必定认定指称的对象是当时当地。"到站了"是指火车到站了，是指汽车到站了，还是指人到站了？总是有所指。"上课了"也是如此。不妨视为具有隐性指称。

第三，有些句子既有指称，又有陈述，但不一定是主谓句。例如：

今天星期一。（"今天"是指称，"星期一"是陈述）

客人来了。（"客人"是指称，"来了"是陈述）

好香的茶！（"茶"是指称，"好香"是陈述）

多么可爱的孩子！（"孩子"是指称，"多么可爱"是陈述）

当然，这里的指称也必有所指。

总之，作为句子，有指称不一定有陈述，但是有陈述则必定有指称。陈述的指称或者是显性的，即用词语表示；或者是隐性的，即由语境提示。指称和陈述是从语用的角度说明的，不属句法结构的分析。比如"下雨了"，从语用方面看，有陈述，隐含指称；从句法上看，它是个完整的句子，并没有省略什么成分。

脱离语境的句子是抽象的句子。抽象的句子有它的形式(form)，也有它的意义(meaning)，但是缺少内容(content)："今天星期一"在一年中可以用上五十几次，每次都有不同的内容。作为抽象的句子，我们不去探求它的具体内容。

教师在黑板上写的语法例句,通常属于这一类。然而在进行改错练习时,往往指的是具体的句子。

2. 发端句和后续句

在言语交谈中,有些句子是用作开始表达意思的,它的前边没有别的句子作为它的表意的背景,这就是发端句。另一种句子是以前边的句子为背景而存在的,这就是后续句。

发端句有两种:一种是自足的发端句,它不要求出现后续句;一种是不自足的发端句,它要求出现后续句。自足的发端句常见的如:

> 请坐!(祈使句)
>
> 你难道不懂这个道理?(反问句)
>
> 我想和你谈谈租房子的事情。(含有祈使意味的陈述句)
>
> 好球!(感叹句)
>
> 今天星期几?(一般问句)

句子作为一种刺激,须有一定的反应。祈使句要求的反应是行动,而不是语言。反问句和感叹句预期的反应通常是情绪上的,当然不要求有后续句。至于问句,它要求用语言回答,可是也可能没有语言方面的反应,所以仍属于自足的发端句。

不自足的发端句要求出现后续句,否则听话的人感到语意未尽。常见的如:

> (1) 下了雨,……
>
> (2) 中国人民站了起来,……
>
> (3) 他不但会说英语,……
>
> (4) 因为事情太多,……

这些语言形式是不自足的,但是得承认它们属于句子的范畴。为了区别于自足的句子,一般称之为分句或小句。细加辨认,上边的小句的情况并不完全相同。(1)、(2)两句之所以站不住,是因为缺少点什么。比如说"下了雨了"、"昨天晚上下了雨"都可以单说。原来的形式缺少表时的词语,意味着表示的是一种条件,下文必须说出在这个条件之下产生的结果。例如:"下了雨,我们就不出去了。""下了雨,地里的作物不必再浇水了。"(3)、(4)两句之所以站不住,是因为增添了"不但"、"因为"。这些表示偏正关系的连词使句子的独立性减弱,必须有后续小句出现。

后续句也有两种,一种是独立的句子;另一种是小句。独立的后续句中最典型的是对问题的回答。例如:

你什么时候动身? (发端句)

明天。(后续句)

他是不是明天动身? (发端句)

是。(后续句)

你们一道走吗? (发端句)

不。(后续句)

非独立的后续句主要是带有"而且"、"但是"、"所以"等承接性的连词的小句。

总体来看,后续句有下列特点:

第一,常有承前省略的词语。

第二,形式多样,特别是回答问题的句子。

区分发端句与后续句在语法分析中很有必要。把它们混为一谈,在说明规律的时候会出现某些纠缠不清的问题。

3. 句子的语用类别

通常所谓句类指的是句子的语用类别,一般分为陈述、疑问、祈使、感叹四种。陈述句和感叹句是使信息储存的句子,疑问句和祈使句是要求有信息反馈的句子。疑问句要求语言反馈,祈使句要求行为反馈。从逻辑角度考察,陈述句和感叹句表示的是另一种判断,疑问句不表示判断。至于祈使句,形式上不表示判断,但是含有一种表示判断的预设。例如"把门关上!"隐含"门是开着的"这个判断。"禁止吸烟"隐含"有人会在这个地方吸烟"这个判断。

汉语的疑问句,一般分为四种:

特指问　句中有疑问代词(谁、什么、哪儿、怎样等),让人家针对代词所指范围作答。如:

> 谁去?
>
> 你什么时候动身?

选择问　句中有并列的项目,让人家在当中选择答案。如:

> 小王去还是小李去?
>
> 你是北京人还是天津人?

反复问　句中某些词语的肯定形式与否定形式并列,让人家作出正面或反面的回答。如:

> 是不是小王去?
>
> 你去不去?

是非问　把陈述句的语调改为疑问语调,让人家对整个句子加以肯定或否定。如:

> 小王明天动身?
>
> 你今天休息?

反复问既然也是在并列项目之中加以选择,所以不妨看作一种特殊的选择问,只不过并列的是肯定与否定形式而已。朱德熙的《语法讲义》把疑问句分为三类,就是把反复问并入选择问的。其实,各种疑问句之间,既有相通的地方,也有不同之处。从一方面看,反复问接近选择问;从另一方面看,却又接近是非问。试比较:

> 你去不去?(反复问)
>
> 你去吗?(是非问,取反复问的肯定形式)
>
> 你不去吗?(是非问,取反复问的否定形式)

也可以这么看:反复问是两个是非问相加的结果。所以,有人认为是非问是一种蕴含的反复问,未尝没有道理。

有人认为:是非问的特点是在命题的基础上形成,而别种问句则不然。比如:说"他去吗"的人心目中有"他去"这个命题;说"他不去吗"的人心目中有"他不去"这个命题。这是要求别人证实命题的真实性,才提出问题。其实,特指问也有命题作基础,不过命题中有一个未知数,要求人家用已知的代入罢了。反复问的命题基础可以从下列句式的比较中看出来:

> 你喜欢看京剧,是不是?

> 你喜欢看京剧,是吗?

> 你喜欢看京剧,不是吗?

这种问句叫附加问(tag question)。附加问是在陈述句的基础上形成的;毫无疑问,它有命题的基础。上边的例子说明反复问和是非问都可以采取附加问的形式,看来它们确实有相通之处。

五、传 统 语 法

(一) 形态问题

什么是传统语法? 我们可以用一个简单的公式来说明:

> 形态—范畴—系统

以形态为依据,归纳出语言材料的类别(词法范畴)和句子成分的类别(句法范畴),然后说明词类和句子成分之间的关系,这就构成语法系统。

严格意义的形态是词的变化形式,如拉丁语的名词有性、数、格的变化。性包括阳性、阴性和中性,数包括单数和复数,格包括主格、所有格、与格、目的格、呼格、夺格。例如 aqua(水),-a 表示单数、阴性、第一格。aquas(水),-as 表示复数,阴性,第四格。英语的 books, -s 表示复数,looks 中的-s 表示第三人称单数。这些就是词形变化。汉语缺乏这种形态。有人认为"们"相当于英语的-s,其实很不一样。第一,名词的数是一种语法范畴,它的表现形式有相当的普遍性。汉语的"们"通常只用于指人的名词,而且限于双音节词(只有极个别的单音节指人名词可以加"们",如"人们")。所以"们"不能当作一种表示语法范畴的形式。第二,名词加"们"并非由单数变成复数,如"学生"既可以是单数,又可以是复数。"学生"前边可以加"一个"、"两位"等。"学生们"不能这么用,它表示的是不计数的集体。认为"们"表示复数,这是单纯从意义上说的,不是指语法上与单数对立的复数。

在印欧语里,除了词形变化的形态之外,还有许多构词形态。构词形态也表示某些语法范畴。例如英语的动词加上-er构成名词就是常见的:

drive(驾驶)   driver(驾驶员)

teach(教)   teacher(教师)

work(工作)   worker(工人)

名词的构词形态还有-ant、-ism、-ese、-ness、-ment、-ist、-ship、-tion、-ty、-or等。这种形态,在汉语中也有一些。例如前边提到的"子、儿、头"就是。再举一些例子。

名词:

老　老乡　老师　老板　老李　老虎　老鼠

阿　阿公　阿婆　阿哥　阿姨　阿宝　阿Q

动词:

以　可以　用以　借以　足以　予以　难以

于　等于　属于　急于　便于　位于　基于

形容词:

可　可爱　可耻　可恨　可靠　可口　可取

切　迫切　急切　贴切　亲切　关切　确切

这些构词的形态(前缀和后缀)有几个共同的特点:第一,表示一定的词类;第二,位置固定;第三,意义虚化。还有一些构词形态,具备上述第一、第二两个特点,但是仍保留一定的词汇意义,吕叔湘称之为类前缀、类后缀。例如:

名词:

家　作家　画家　名家　专家　冤家　科学家

手　舵手　新手　助手　能手　快手　神枪手

性　党性　人性　感性　共性　悟性　偶然性

动词:

化　美化　简化　老化　绿化　风化　净化

形容词：

式　老式　西式　新式　中式　旧式　正式

这种类词缀仍有发展的趋势。既然是发展中的现象，难免有模棱的情况。例如"员"已成为类后缀，可是有一个例外，那就是"员工"中的"员"。又如"式"已成为非谓形容词的一种后缀，可是"式"又是名词的后缀，如"方式"、"格式"、"款式"、"仪式"中的"式"。形容词后缀"式"有的是从名词后缀发展而成，其中不免有两可现象。

上述两种形态都是词的内部的形态，此外还有外部形态，即用虚词表示语法范畴。例如英语的形容词有比较级（comparative degree）和最高级（superlative degree)的表现形式。比较级可以用加后缀-er 的方式表示，最高级可以用加后缀-est 的方式表示，这属于内部形态。有些形容词的比较级用加 more 表示，最高级用加 most 表示，这属于外部形态。英语的将来时用 shall、will、should、would 来表达，也属于外部形态。在汉语里，用"了"、"着"、"过"表示动词的时态，自然也是一种外部形态。

最广义的形态指词与词的相互关系，也就是词的结合功能。哪些词可以同哪些词组合，怎样组合，组合起来表示什么关系；哪些词不能同哪些词组合，从而表现出词的类别。例如有一类词，前边能加数量词，表示修饰关系，但不能用副词修饰，这类词是名词。不难看出，所谓广义形态，指的是词在句法结构中的分布能力，或称之为功能。

（二）词类问题

因为汉语缺乏严格意义的形态，自《马氏文通》开始，许多汉语语法著作都拿意义作为区分词类的标准。由于在理论上和实践上人们对意义标准产生的怀疑愈来愈深切，于是开展了词类问题的讨论。讨论的最大收获是学者一致认为词类的区分不能单纯根据意义，然而遗留的、没有得到解决的仍旧是有关意义的问题。就是说，意义在词类划分中究竟占什么地位，学者的看法还不一致。

大体说来,有三种意见:一是认为区分词类的标准是词的意义和语法功能;二是认为区分词类的主要标准是功能,意义是参考标准;三是认为区分词类的标准只有功能,意义是词类的基础,但并非区分词类的标准。这三种意见其实可以归并为两大类。前两种意见是一类,即承认意义是标准之一,采取的是多标准。后一种意见是一类,即不承认意义标准。这两种意见的对立也反映在对"词汇·语法范畴"的理解上边。"词汇·语法范畴"这个术语译自苏联的"лɛксико-грамматические разряды слов",曾被广泛应用,例如1956年人民教育出版社中学汉语编辑室公布的《暂拟汉语教学语法系统》(以下简称《暂拟系统》)认为:"词类是词根据词汇·语法范畴的分类。具体些说,就是词类是根据词的意义和词的语法特点来划分的。"有人认为"词汇·语法范畴"是说明词类的性质的。也就是说,某些词能归属一类,与意义并非无关;但是就这一类词的整体看,它与别类词的区别不是拿意义作标准。正如有些语言的名词有"性"的范畴,这与生物界的性别不是毫无关系;但是生物的性别不是区分语法上"性"的范畴的标准。"词汇·语法范畴"这个术语在70年代已经销声匿迹了,但是意义与功能是不是要并列作为区分词类标准的问题,始终存在不同的看法。

在语音学上,采取的一种方法是:先把所有的语音加以分类,然后在分类的基础上对一个个音位加以描写,即指明区别性特征(distinctive feature)。比如把语音分为元音和辅音,辅音按发音部位和发音方法分成若干类,然后用多项标准描写各个辅音音位的特点。例如汉语普通话的b,它的区别性特征是双唇音、塞音、清音、不送气音。语法上常用的一种方法有些不同,是先描写一些词的特点,然后根据这些特点加以归类。为了简要地说明问题,先假定有下列几组词:

第一组　来　吃　讨论　参加　管理(能带宾语,不能加"很")

第二组　大　好　简要　干净　坚固(能加"很",不能带宾语)

第三组　懂　怕　了解　喜欢　感谢(能加"很",能带宾语,还可以同时加"很"和带宾语,如"很懂道理")

第四组　活跃　方便　丰富　繁荣(能加"很",能带宾语,但不能同时加

"很"并带上宾语)

以上四组词的不同情况是大家都熟悉的,把它们列了出来,想说明以下问题。

第一,从理论上讲,如果拿能不能"带宾语"、能不能"加'很'"作为区分动词和形容词的标准,那么第三组词可以另列一类。当然,也可以并入第一组,区分的标准是:能带宾语的是动词,不能带宾语而能加"很"的是形容词。也可以把第三组并入第二组,区分的标准是:能加"很"的是形容词,不能加"很"而能带宾语的是动词。一般语法书采取了第一组和第三组合并为动词的说法,这主要是考虑动词的重要依据是表示动作或变化,而带宾语这个标准最能体现这个依据。就是说,带宾语这个标准与动词的依据最贴近。

第二,能不能把第一组词作为动词,第二组词作为形容词,同时把第三组词作为兼属动形的词呢? 不能。比如在"我很了解"中,"了解"作为形容词,在"我了解他"中,"了解"作为动词,似乎言之成理。可是在"我很了解他"中,"了解"算作动词还是形容词? 打个比方,一个学生兼作工人,在学校里他不是工人,在工厂里他不是学生,不可能在特定的场合兼属学生和工人。

许多语法书讲到词类的时候,总是说词类是根据词的意义和词的语法特点来划分的。意义是词类的依据,或者说是基础,但不是标准。由于依据和标准大部分吻合,在教学上列为标准之一自有便利之处。然而仔细推敲起来,意义和功能双重标准并列必须思考两个问题:第一,两个标准如果并无矛盾,只是概括的范围有大小之分,那么,何不采用一个标准? 第二,同时使用两个标准,如果出现矛盾,将如何处理? 事实上,意义标准和功能标准并用,有时会有抵触。许多学者主张采用单一的功能标准,道理也就在此。要重复说明的是,划分词类以功能为标准,并不否认词类有意义的依据。

(三) 词类和句子成分之间的关系

传统语法须说明词类与句子成分之间的关系,当然也涉及具体的词与词类之间的关系。如何处理三者之间的联系,以《马氏文通》为代表的语法重视词类与句子成分之间的对当关系,比如认定充当主语、宾语的是名词,充当述语的是动词,充当定语的是形容词,充当状语的是副词。当然,不同的语法学者使用的术语未必一致,但是基本思想就是如此。至于具体的词与词类的关系则不加以固定。我们可以用下列的图形来表示:

可以设想:如果每一组词固定为某一类,而这一类又固定充作某种句子成分,如图中横线所示,问题就十分简单了。例如分析"小王学习英语",可以称之为"主述宾"式,也不妨称之为"名动名"式,因为名称不同,所指其实是一回事。曾有人(如傅东华)主张采取"一线制"分析汉语,就是把复杂的问题简单化了。以"中秋"为例,在"中秋到了"中充当主语,可是还可以说"今天中秋"、"中秋的晚上有月亮"等。于是有人用词性转换来解释:"今天中秋"中的"中秋"不是名词,已经变成动词了。"中秋的晚上"中的"中秋"不是名词,已经变成形容词了。图中斜线条所示即这种观点。持这种观点的人都主张根据意义把词加以分类,又根据意义把一个个具体的词加以归类。具体的词用在句子当中,再根据情况给它定类。这就是所谓"依句辨品"。给孤立的词归了类,用在句子当中又不承认它的类别,须重新辨别一番,这就失去了分类的意义。其实,马建忠也好,黎锦熙也好,他们也曾想些办法避免走彻底的词无定类的道路。

《马氏文通》中有专节谈及"通名假借"(别类词用作名词)、"动字假借"(别类词用作动词)、"状字假借"(别类词用作副词)。例如:

(1) 不知鞍马之勤,道途之远也。("勤"、"远"二字本静字,而用如通名。)

(2) 冀足下知吾之退未始不为进,而众人之进未始不为退也。("进"、"退"动字也,而用作通名。)

(3) 曹子手剑而从之。("手"字假为外动。)

(4) 尔欲吴王我乎?("吴王"偶字本名,假为外动。)

（5）庶民子来。（"子"名字,先乎动字而成状字。）

（6）是以十九年而刀刃若新发于硎。（"新"字本静字也,今先"发"字而
为状字。）

这种词类通假的说法也有遇到困难的时候。例如"交邻国有道乎"中的"交",用
在主语位置,似乎应当作名词,可是它后边带上宾语(邻国),说成是名词于理不
通。马氏于是给它另取一个名称,叫"散动"。

黎锦熙的《新著国语文法》继承了"散动"的说法,又指出散动是动词当名词
用,如"种花是一件很快乐的事"中的"种";动词当形容词用,如"来的人是谁"中
的"来";动词当副词用,如"那个妇人使劲打他的儿子"中的"使劲"。甲类词当
乙类词用与甲类词变成乙类词实际上是一个意思。早期的英语语法常有甲类
词用作乙类词的说法,如 nouns used as adjectives 之类。今天许多英语语法换了
一种说法,如 nouns used as modifiers 等,实质上并无二致。

为了避免词的变类太多,黎锦熙还采取了"实体词在七位"的说法。实体词
包括名词与代名词,它们能充当各种句子成分。例如"电话"是名词,它除了用
在主宾语位置上之外,还可以修饰别的名词,如"电话会议";修饰动词,如"电话
联系"。这时称之为名词在领位,名词在副位,加上名词在主位、在宾位、在呼位、
在补位、在同位,一共七位。说名词在领位,实际是指名词用在形容词的位置上。
说名词在副位,也不过是说名词用在副词的位置上。总之,换一种说法而已。

如果不采取依句辨品的观点,那就是如下图的处理方法:

具体的词　　　词　类　　　句子成分
（Ⅰ）人、北京、中秋——名　词　　　主语、宾语
（Ⅱ）去、学习、讨论——动　词　　　述　语
（Ⅲ）好、干净、虚心——形容词　　　定　语

这个图表示的是:

第一,具体的词归入了某一类,不须在句子中重新定性。当然,兼类词是另
一回事。

第二,句子成分与词类不是一一对当的关系。比如名词可以充当主语、宾

语、述语、定语、状语。动词、形容词也是如此。当然,这是就词类的整体功能而说的,至于每一个具体的词,它能不能充当各种成分,那是另一个问题。

目前通行的语法教材,大都采取这一种观点。

六、句法分析

(一) 句法分析的方法

句法分析即短语(词组)的分析。《马氏文通》有词(字)的分析,有句子的分析,但没有短语的分析。不过,马氏在书中立有"次",这就弥补了缺少短语分析的不足。主次和宾次对动词而言,可以用来说明主谓和动宾短语,偏次与正次结合为偏正短语,前次和同次结合即为同位短语。马建忠说:

> 前论名代诸字与动静诸字,所有相涉之义,已立有起词、语词、止词、表词诸色名目,今复以名代诸字位诸句读,相其孰先孰后之序而更立名称,凡以便于论说而已。(《马氏文通·绪论·界说》)

这里说的"更立名称"指的是不称起词而称主次,不称止词而称宾次,等等。为什么要更立名称? 答案是"便于论说"。依照马氏的看法,起词、止词之类是句子中才有的成分,那么不成句的主谓结构、动宾结构该如何称呼呢? 只好另立名称,这就是立"次"的真实意图。"次"并非"格"(case)的化身,格是词法范畴,而次属于句法。在语法分析中,并非处处须把整个句子作为分析对象,常常要论及短语,如果没有一些术语来称呼,确实很不方便。

黎锦熙的《新著国语文法》提倡"句本位",当然不把短语分析放在重要的地位。随着学者对汉语的语法特点愈来愈重视,短语分析也愈来愈显得重要,当然不仅仅是为了"便于论说"。

短语分析通常采取层次分析法。层次分析也叫直接成分分析。直接成分或称为 I.C.,这是 Immediate Constituent 的简称。比如,切分"言传身教","言传"和"身教"是直接成分,"言"和"传"、"身"和"教"也是直接成分。当然,每次切分不一定是二分,有时是多分,如"站起来走过去把门打开"的直接成分是"站起来"、"走过去"、"把门打开"。因为这种分析是依次找出直接成分,所以又称为层次分析。

进行层次分析,有人是从大到小,有人是从小到大,究竟哪种方法好呢?

布龙菲尔德的《语言论》(1933)中分析了一个汉语的句子。他是这样说明的:

> 在"你没把买煤的钱给我"这个句子中,第一个词是主语,其余是谓语;这个谓语是由一个修饰语"没"和一个中心语组成的;在这个中心语中,头五个词又是一个修饰语,而最后两个词("给我")又是一个中心,这个中心是动宾结构。在"把买煤的钱"这五个词组成的修饰语中,头一个词是动作,其余的词是宾语;这个宾语是由中心词"钱"和修饰语"买煤"组成的,这个修饰语是以虚词"的"附加在"买煤"这个动宾结构短语上来作为标记的。

这一段话其实是在作层次分析,不过他没有用图表示。他的分析仍旧利用了传统语法的概念,而且是从大到小逐层切分的。

布龙菲尔德以后的一些语言学者,把直接成分分析扩大到语音方面,同时又认为语言的基本构成部分是语素而不是词,在步骤上也强调先指明结合紧密的单位,于是采取了从小到大的方法。例如:

左边是完全的框式图解,右边是简化的框式图解。除了框式图解,还有用树形图解的:

从目前的教学实际来看,似乎采取从大到小的方式为好。理由有三:第一,从小到大的分析,须先确定基本的语言单位,而汉语里确定词与非词的界限,有时会遇到困难。从大到小的分析可以避免这个麻烦。第二,从小到大的分析,必须分析到最大的层次才可以结束,这样不免繁琐。从大到小的分析,可以适可而止。第三,复句的层次分析都是从大到小的,短语和复句的分析宜采取统一步骤。

(二) 层次和意义

有人说,层次分析能找出直接成分,但不能说明直接成分之间的句法关系,这是一大缺点。比如"学习文件"、"出口商品"、"保留意见"之类,都有两种含义,用成分分析可以指明它们既可以是偏正短语,又可以是动宾短语,用层次分析无法加以区别。这种说法是把层次分析看作一种自足的方法。殊不知层次分析的主要目的在区分语言单位的结构层次。根据美国结构主义语言学创始人布龙菲尔德的理论,"学习文件"的直接成分是"学习"和"文件",但是它的核心可以是"学习",也可以是"文件"。核心是"学习",整个短语的功能是动词性的;核心是"文件",整个短语的功能是名词性的。这样看来,层次分析并不满足于找出内部直接成分,还须在这一基础上探求语言单位与别的单位组合时的功能。我们在进行层次分析的时候,同时注明直接成分之间的句法关系,也正是为了这一目的。然而注明关系有时会遇到麻烦。例如:

分析这个例子,层次的确定是没有问题的,可是说明句法关系时,有不同看法:打问号的地方有人认为是偏正关系,有人认为是主谓关系。这是由于不同的语法体系对主语的看法并不一致。谁也不必坚持自己的意见去指责人家的看法,只须在自己的体系内避免矛盾就行了。

　　语句所表达的意义是许多表意手段综合的结果,层次只是表达意义的要素之一。各种要素在语句中所起的作用往往是互相补充的,在不同的语句中层次可以有不同的作用。举例说吧,"中国历史研究"不同于"研究中国历史",这里的差别不在词义,而在结构关系。我们可以从句法关系来说明这种差别,也可以从层次结构来说明这种差别,因为两者是吻合的,从任何一个角度来说明都能达到目的。"中国历史研究"有两种含义,一是"中国(的)历史研究",一是"中国历史(的)研究"。要加以区别,宜从层次分析着手。"反对的是他的朋友"有两种含义,一是"所反对的是他的朋友",一是"他反对的是他的朋友"。要加以区别,层次分析无能为力了。层次结构和语义密切相关,但并非一件事。"喝了一碗热热的汤"和"热热的喝了一碗汤"的直接成分并不相同,可是从语义上看,"热热的"与"汤"发生关联,不管出现在"汤"的前边还是"喝"的前边。又如"苦头有你吃的",直接成分是"苦头"和"有你吃的";"有你吃的苦头",直接成分是"有"和"你吃的苦头"。切分不同,基本语义并没有改变。

　　切分时要不要照顾意义? 当然要管意义。怎样管法? 一句话,要管各个层次的直接成分的含义。举例说,切分"好天气"只能是"好"加"天气",不能是"好天"加"气",因为"好天"没有意义。切分"大家学习讲普通话",如果分成"大家学习"和"讲普通话",这两个成分有意义,但是"大家学习"和"讲普通话"之间又有什么结构关系呢? 既然不能发生结构关系,也就不能表达意义,可见切分不当。切分"穿好衣服上学校"中的"穿好衣服",只宜分析为"穿好—衣服",而不能分析为"穿—好衣服",因为这个短语要安放在更大的语言结构之中,它的意义是受语境的制约的,切分要照顾更高层次的意义。

　　层次分析来自结构主义语言学。有人说,结构主义只重形式,不讲意义。这种说法多少有点误解。结构主义注重形式,确是如此。但是结构主义讲到语法单位都认为是形式与意义的统一,所以并非不讲意义。

(三) 层次和停顿

　　我们的语言里有许多四字成语,人们念的时候总是在当中稍作停顿(或延长），如"今是—昨非"、"一言—难尽"、"打草—惊蛇"、"无穷—无尽"。这样以双音节划分停顿既符合我们的语音习惯，也能反映成语的结构层次。可是像"今非昔比"、"一衣带水"、"打抱不平"、"无所适从"这些成语，念的时候尽管语音习惯与前述的几乎没有多少差别，但是理解它们的意义却要依据下列层次：

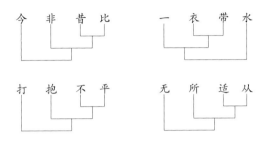

如果把层次理解为"今非—昔比"、"一衣—带水"等，那就讲不通了。七言律诗每句的节奏是上四下三，这既是语音上的划分，也是层次上的安排。如杜甫《宿府》诗，第一联是："清秋幕府—井梧寒，独宿江城—蜡炬残。"接下去的一联是："永夜角声悲自语，中天月色好谁看？"上句写听到的：悲凉的号角声独自在倾诉；下句写看到的：美好的明月却无心观赏。所以，从意义上看，层次应该是："永夜角声悲—自语，中天月色好—谁看？"这都说明：语句中的停顿有时能反映层次，有时却不能。拿成语来看，两个双音节之间的停顿大都表示结构层次，少数例外，然而值得注意的正是这些例外。

七、单 句 分 析

（一）中心词分析法

　　中心词分析法或称为成分分析法，是传统语法的析句方法。它的特点是尽可能让单个的词充当句子成分。拿英语来说，充当主语的除了单个的实词之外，也可以用某些短语充当，述语、宾语也是如此。但是无论如何，偏正短语不能充当句子成分。如果偏正短语能充当句子成分，那就找不出定语和状语了。所以，确定偏正短语的范围，这是中心词分析法首先要解决的问题。实词前边带上修饰语属于偏正结构,这不成问题。动词、形容词接上补语,通常称之为后补短语,也是一种偏正结构,不过中心词在前罢了。其实,动宾短语也被视作偏正结构,因为认定它有中心词。丹麦语言学家叶斯柏森(Otto Jespersen,1860—1943)认为动宾短语中的名词是首品,而动词是次品,一般不采取这种观点。通行的汉语语法书采取布龙菲尔德的说法,即认为动词是中心,宾语是它的连带成分。

用中心词分析法对句子进行分析,可以拿《暂拟系统》作代表。它的析句要点是:

第一,句子先分为主谓两个部分,主语部分的中心词是主语,谓语部分的中心词是谓语。谓语和主语的关系是陈述与被陈述的关系。

第二,遇到偏正结构必须找中心词,让中心词充当句子成分。定语、状语、补语、宾语都是对中心词而言。句子的基本成分是主语和谓语,定、状、宾、补是句子的连带成分。

举例如下:

(1)革新技术‖才能更快地提高工作效率。

(2)她的高贵品质‖使大家受到深刻的教育。

(3)我们‖都起得很早。

(4)美国‖爆炸了一颗原子弹。

(5)他‖从北京开会回来。

从这些例句我们可以看出一些问题。(1)句中的主语部分是"革新技术",主语是"革新"。"技术"是"革新"的宾语,主语部分能带宾语,该如何理解?(2)句中的主语是"品质","她"和"高贵"都是定语,可是这两个定语并不在一个层次上,这样岂不是层次不清?如果认为"她"是修饰"高贵品质"的,这合乎实际。可是又违背了定语的定义:定语是名词的修饰语。(3)句中的"很"和"早",一个是状语,一个是补语,它们也不在同一平面,可是分析的结果显示不出来。(4)句中的"美国"是主语,"爆炸了"是谓语,难道可以认为"爆炸了"陈述"美国"?(5)句中的"从北京"是状语,它的中心词是"开会",可是"从北京开会"说不通。总之,这里说明中心词分析法的问题：层次不清、事理不明、含有难以解决的矛盾。

1984 年公布试用的《中学教学语法系统提要》(以下简称《提要》)是对上述语法系统的改良。析句方法试图兼顾结构层次，例如：

　　(三班)班长‖〔用几句话〕〔向老师〕说〈清楚〉了(班里刚才发生的)(不愉快的)事情。

这里的( )〔 〕〈 〉分别表示定语、状语和补语，三个符号同时起压缩句子、显示主干的作用。与《暂拟系统》相比较，有两点值得注意：

第一，《暂拟系统》的主语和谓语是主要成分，定、状、宾、补是连带成分。《提要》把宾语提为主干，如例句所示，主干是"班长……说了……事情"。这就是说，动宾结构不归于偏正之列了。动宾短语充当主语也顺理成章，不必找中心词了。可是遇到"于福的老婆是小芹的娘"，找出句子的主干为"老婆是娘"未免滑稽。把"大家笑痛了肚皮"的主干抽出来成为"大家笑肚皮"，总觉得于理不通。

第二，让短语充当定、状、补，并没有解决层次不清的问题。如例句中的状语"用几句话"和"向老师"并非并列的，而"向老师"与补语"清楚"也不在同一平面。它们之间的关系应该是：

这种关系须用直接成分分析法才能显示出来。

(二) 直接成分分析法

用分析短语层次的方法分析句子，这是 20 世纪 50 年代一些汉语语法学者提倡的。可以举丁声树等人著述的《现代汉语语法讲话》为代表。书中曾分析一个句子：

　　帝国主义的侵略打破了中国人学西方的迷梦。

书中是这样分析的：

　　这句话可以先分成主语谓语两部分，主语是"帝国主义的侵略"，谓语是"打破了中国人学西方的迷梦"。主语是偏正结构,"帝国主义的"是修饰语,"侵略"是中心语。谓语是动宾结构,"打破了"是动补结构,"中国人学西方的迷梦"是偏正结构当宾语用。我们还可以用二分法再分下去,分析到简单的成分为止。

这样的分析方法简便,层次清楚,可是也会遇到一些问题。例如:

(1) 关于婚姻问题,我自己作主。

(2) 小王已经毕了业了。

(3) 你别拿着鸡毛当令箭。

(4) 他从北京开会回来。

(5) 在我国,北方还是冰天雪地,南方已经开始播种了。

仿照上述分析方法,(1)句须先在逗号处切分,切分的是偏正结构,那么,这个句子属非主谓句了。(2)句、(3)句、(4)句先切分出主谓结构,谓语部分都是修饰语加中心语,也就是说,三者的谓语在结构上没有差别,这合乎实际吗? (5)句不用"在我国",是并列复句;用上"在我国",变成了单句,而且属于非主谓句,很难使人理解。问题的关键在于要区别句法分析与句子分析。

(三) 句型分析法

人们掌握语言,先是学会一个个的单词,用来指称事物,然后学会把词串成句子,表达自己的思想。学会使用句子,可不是学一句才会一句的。人们能说出或听懂从来没有听到过的句子,主要是因为掌握了句子的结构类型。句子分析的目的应该是帮助人们掌握句型。

每种语言的句型是一个系统,它的特点是:

第一,句型有上位下位之分。汉语的句子可分为单句与复句,它们各有下位句型。单句可分为主谓句与非主谓句,也各有下位句型。如主谓句可按照谓语的功能分为动词性的、形容词性的,名词性的。动词性的最为复杂,包括动词谓语句、动宾谓语句、动补谓语句、连动谓语句、兼语谓语句等。一般语法书所谓主谓谓语句,可以分别归入名词性谓语句(如"青菜一斤一元钱")、形容词性谓语句(如"这部小说情节生动")、动词性谓语句(如"这个人我认识")。

第二,句法结构是句子的基础,但是它们并不相等。不能认为任何短语加上了语调就可以成为句子。分析句型运用的是句法分析(直接成分分析)的方法,得先排除非句法成分,如插说语、关联词语等。此外,下列因素不影响句型的辨识。

一是修饰语不影响句型。例如上边提到的(1)句,虽然有句首修饰语,但它与句型无关,属主谓句中的动词谓语句。(2)句的谓语为动宾谓语,"已经"与句型无关。(3)句属兼语谓语,"别"与句型无关。(4)句属连动谓语,"从北京"与句型无关。(5)句是并列复句,"在我国"不影响句型。

二是倒装不影响句型。"你哥哥来了吗?"与"来了吗,你哥哥?"属同一句型。

三是省略不影响句型。例如省略了主语的句子仍属主谓句。

八、复 句 分 析

(一) 分句与分句之间的关系

分析复句主要是指明分句与分句之间的关系。

章文熊曾把分句与分句之间的关系概括为三种:

逻辑关系　　如因果关系、假设条件关系等。

事理关系　　如并列关系、承接关系等。

心理关系　　如递进关系、转折关系等。

这三种关系是复句分类的基本依据,但并不是分类的标准。试比较下列复句:

(1) 孩子着了凉,生病了。

(2) 孩子着了凉,所以生病了。

(3) 孩子着了凉,于是生病了。

(4) 她是南方人,她的丈夫是北方人。

(5) 她是南方人,她的丈夫却是北方人。

例(1)的两个分句之间既有承接关系(或称之为连贯关系),又有因果关系。不妨说,它表达的是一种模糊关系。语言这个工具,为了适应交际的需要,不但具有明确性,而且也具有模糊性。当然,这里讲的模糊,不同于通常所说的含混不清。含混意味着令人费解,而模糊语言却能满足人们的交际需要。正因为如此辨识(1)句是承接复句还是因果复句是不必要的。或者说,称之为承接复句或因果复句都有一定的依据,前者是从事理方面说的,后者是从逻辑方面说的。(2)句呢,因为用了"所以",可归于因果句。(3)句用了"于是",可归于承接句。复句的类别是以关联词语为标准的,"所以"和"于是"都属关联词语。把(2)句归于因果句,把(3)句归于承接句,这是根据显性关系加以归类的结果。指明复句的显性关系,并未否定它们的隐性关系。比如(2)句的显性关系是因果关系,承接关系则是它的隐性关系。(3)句的情况恰好相反,承接关系是显性关系,因果关系是隐性关系。(4)句属并列关系,它的显性标志通常是不用关联词语,或者称之为零标志。(5)句在(4)句的基础上添了"却",表示转折关系。这并不是说(4)句隐含转折的意思,通过"却"让隐性关系变成显性。(5)句有一个预设:南方人的丈夫是南方人。有这个预设,(5)句中的转折关系才存在。(4)句并没有这个预设,所以它不隐含转折关系。

双重标准不可取,双重依据却是经常采用的。例如下列图形正说明四种复句(因果句、假设条件句、转折句、让步句)采取的是双重依据。

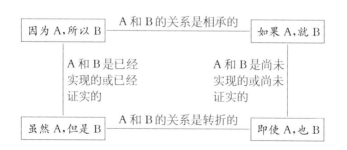

依据是双重的,标准是什么呢? 是关联词语。下列句子没有关联词语,必须通过一定的关联词语去理解,而这特定的关联词语是由语境提供的。

有了他的帮助,事情就好办了。

这个句子提供的依据是,分句之间的关系是相承的。语境须提供另一种依据。或者说明事情已经实现,那么当归入因果句,即通过"因为……所以"去理解。或者说明事情尚未实现,那么当归入假设条件句,即通过"如果"去理解。

有些复句有双重依据,归类时也可以侧重一个方面。先看下边的图例。

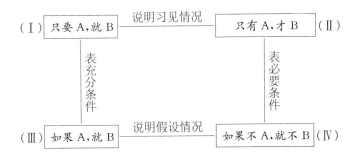

通常不把上列句式归为四类。或者依据逻辑关系,把(Ⅰ)和(Ⅲ)归为一类,(Ⅱ)和(Ⅳ)归为一类。或者依据事理关系,把(Ⅰ)和(Ⅱ)归为一类,(Ⅲ)和(Ⅳ)归为一类。

从上边的说明可以知道:

第一,用"即使……也"的句子,有双重依据,可以单独列为一类。也可以依据单一的特点,或者归入"如果……就"一类,或者归入"虽然……但是"一类。

第二,用"如果……就"的句子,表示充分条件,所以可以与"只要……就"归入同一类。用"如果不……就不"的句子,表示必要条件,所以可以与"只有……才"归入同一类。若是采取另一种依据,不妨把用"如果……就"的句子与用"如果不……就不"的句子归入同一类,而把用"只要……就"与"只有……才"的句子归入同一类。

(二) 关联词语

人们大都认为关联词语虽然不是与名词、动词等并列的词类,但是至少该属于词法范畴的。其实,关联词语与词类的性质很不相同。词类是独立于句子结构之外的,而关联词语却依存于句子结构。离开了句子,无所谓关联词语。

这样看来,关联词语与句子成分倒比较接近,可以称之为关联成分。可是关联词语又不能与句子成分并列,因为有些关联词语在句子中本来就充当状语。当然,大多数关联词语并不充当句子成分,它们属于超层次的语言单位,是挂在句子上边的一些零碎。

人们总是把关联词语与复句联系在一起的。当然,有些语法书也注意到复句形式充当单句成分的情况,如"不但内容好而且韵律美的歌曲是大家喜爱的"。可是关联词语还有更广泛的运用范围。例如:

（1）只有人民才是创造历史的动力。

（2）只要努力就能争取胜利。

（3）无论谁都得遵守纪律。

（4）不管什么时候都要提高警惕。

（5）即使困难也要完成任务。

这些单句使用了关联词语,都隐含着条件关系,当作条件复句（包括假设条件）的紧缩形式也未尝不可。

（三）联合复句和偏正复句

联合短语和偏正短语的一个重要区别是:前者原则上可以多分,后者只能二分。比如"中国美国"是两项组合,当然只能二分。但是增加了项目,如"中国美国日本",就可以多分了。偏正短语则不然,增加了项目,仍旧只能二分。例如"中国上海"延长为"中国上海浦东",仍旧只能二分。联合复句和偏正复句的差别有些类似。例如:

（1）前边是山,后边是水。

（2）棉花纺成纱,纱织成布。

（3）或者你去,或者我去。

（4）因为风太大,所以比赛改期了。

（5）如果再烧一会儿,水就会开的。

上边的句子各增加一个分句:

（6）前边是山，后边是水，中间是一片肥沃的土地。

（7）棉花纺成纱，纱织成布，布做成衣服。

（8）或者你去，或者我去，或者我们一块儿去。

（9）因为风太大，所以比赛改期了，我在家休息。

（10）如果再烧一会儿，水就会开的，汽也马上会冒出来。

（6）、（7）、（8）三句延长了关系，可以多分，是联合复句。（9）、（10）两句增加了分句，没有延长关系，只能二分，属偏正复句。用"不但……而且"的句子，关系可以延长，所以归入联合复句。例如：

（11）他不但学习好，而且工作好，尤其是思想好。

（12）不但事情多，而且时间少，更何况要求高呢？

按照这个标准，用"与其……不如"的句子，用"与其……宁可"的句子，"宁可……决不"的句子，只能二分，宜归入偏正复句。

偏句和正句是怎样划分的？表达逻辑关系的复句是以客观事实为依据的：表原因的分句是偏，表结果的分句是正；表条件的分句是偏，表结果的分句是正，如此等等。所以，说话的重点不一定在正句，也可以在偏句。例如：

问：屋子里为什么这么热？

答：因为生了炉子。（偏句，说话的重点）

表达心理关系的复句是以主观判断为依据的。试比较下列句子，客观事实一样，由于说话人的态度不同，偏正关系恰好相反。

（1）我们虽然取得了成绩，但是还有不少缺点。

（2）我们虽然有不少缺点，但是取得了成绩。

（1）句的重点在"还有缺点"，（2）句的重点在"取得成绩"。

（四）多重复句的切分

多重复句的切分采取由大到小，层层剖析的方法。有时会有一些争论。下边举《松树的风格》中的一个句子为例，这个句子曾引起争议。

①你看它不管是在悬崖的缝隙间也好，②不管是在贫瘠的土地上也

好,③只要有一粒种子——④这粒种子也不管是你有意种植的,⑤还是随意丢落的,⑥也不管是风吹来的,⑦还是从飞鸟的嘴里跌落的,⑧总之,只要是有一粒种子,⑨它就不择地势,⑩不畏严寒酷热,⑪随处茁壮地生长起来了。

这个复句包含了十一个分句,它们之间的逻辑关系可以概括为:

不管 A,只要 B,就 C。

这种句式也可以变换为:

只要 B,就 C,不管 A。　　只要 B,不管 A,就 C。

举例如下:

(1)不管是白猫还是黑猫,只要能捉老鼠,就是好猫。

(2)只要能捉老鼠,就是好猫,不管是白猫还是黑猫。

(3)只要能捉老鼠,不管是白猫还是黑猫,就是好猫。

对这些复句进行切分,第一次该切在何处? 如(1)句,正确的切法是切在"只要"的前边。就是说,第一分句和后边的分句组成第一层,它们之间的关系属"无条件"。第二分句和第三分句组成第二层,它们之间的关系属"充分条件"。要特别指出的是,所谓"无条件"并非排斥任何条件,只不过说明某些事实不成为条件。充分条件的特点是有了这个条件,必定得出某种结果。至于其他条件,可能与结论有关,也可能与结论无关。加上"不管"、"无论"之类的分句,目的在指出无关的条件,即通常所说的"无条件"。

如果改变以上的切分方法,对(1)句先切在第二和第三分句之间,这显然是不合理的。因为第一,这样切分无法解释第一分句和第二分句之间的逻辑关系;第二,按照这种切分,把直接成分加以变换,如"就是好猫,不管是白猫还是黑猫,只要能捉老鼠",不成话。

按照(1)句的切分原则切分(2)句,宜切在"不管"的前边。就是说,第一第二分句和第三分句构成"无条件"的关系。至于(3)句,逻辑关系和(1)句(2)句完全一样,只不过原来的直接成分(用"只要"和"就"连接的分句)被另外的成分隔开,这就是所谓"非连续性成分"(discontinuous constituents)。句子中出现非连续性成分,是由于语用的(pragmatic)需要。从语法分析的要求看,直接成分的切分(即层次分析),是以连续成分为对象的。因此,切分(3)句,须还原为(1)句或(2)句。如果不经过还原,把(3)句切分成下列两种形式中的任何一种,情况将是怎样呢?

  ＊(4)只要能捉老鼠,/不管是白猫还是黑猫,就是好猫。

  ＊(5)只要能捉老鼠,不管是白猫还是黑猫,/就是好猫。

  层次分析的基本要求是:切分下来的语言单位必须是形式和意义相结合、合乎语言规范的单位。如(4)句,"不管……就"构成一个直接成分;如(5)句,"只要……不管"构成一个直接成分,都不合规范,由此可以证明(3)句是无法直接进行切分的。

  类似(3)句的变化,还可以更复杂一些。例如下列(6)句可以变换成(7)句。

  (6)不管是白猫还是黑猫,也不管是家猫还是野猫,只要能捉老鼠,就是好猫。

  (7)不管是白猫还是黑猫,只要能捉老鼠,也不管是家猫还是野猫,就是好猫。

  对照以上的分析,我们再来看看文章开头抄录的句子,不难懂得:

  第一,这个句子属于"不管 A,只要 B,就 C"这种格式,所以,第一次切分应该切在"不管"的前边。

  第二,这个句子的表面顺序是:

①②—③—④⑤⑥⑦—⑧—⑨⑩⑪

(不管)(只要) (不管)(只要)(就)

显然,这里安排了语用变化,一是改变了语序,出现非连续性成分。具体地说,就是把用"不管"引进的内容分析作两处叙述。二是用"只要"引进的内容重复出现。要进行层次分析,必须把非连续性成分改成连续性成分,同时让重复的语句加以合并:

①②④⑤⑥⑦—③⑧—⑨⑩⑪

(不管) (只要)(就)

这就纳入了上述"不管 A,只要 B,就 C"的格式,第一次切在"只要"之前,第二次切在"就"之前,然后再进行下位切分。

也许有人要问:这样岂不是用逻辑分析代替语法分析吗? 毋庸讳言,情况正是如此。通常所讲的分句与分句之间的关系,有的是逻辑关系(如因果关系、条件关系),有的是事理关系(如并列关系、连贯关系),有的是心理关系(如递进关系、转折关系)。用"不管"连接的分句表示"无条件",用"只要……就"连接的分句表示充分条件,都属于逻辑关系。那么,平常人们常说"不能用逻辑分析代替语法分析",这又该如何理解呢? 须要知道,这句话是针对民族语言的表达形式而说的。各民族的语言都有自己的表达形式,不能因为他们的逻辑思维相同,就认为表达形式也一样。比如,思维中的判断都包括主项和谓项,不能因此认为句子必定有主语和谓语。

主要参考文献

朱德熙:"汉语",见《中国大百科全书·语言文字卷》,中国大百科全书出版社 1988 年版,第 128 页。

吕叔湘、王海棻:《马氏文通读本》,上海教育出版社 1986 年版。

黎锦熙:《新著国语文法》,商务印书馆 1924 年版。

吕叔湘:《中国文法要略》,商务印书馆 1982 年版。

王力:《汉语语法纲要》,上海教育出版社 1982 年版。

朱德熙:《语法丛稿》,上海教育出版社 1990 年版。

吕叔湘:《现代汉语八百词》,商务印书馆 1980 年版。

夏允贻:《语素分析问题》,《上海师范大学学报(哲学社会科学版)》1990 年第 1 期。

朱德熙:《语法答问》,商务印书馆 1985 年版。

国家教育委员会、国家语言文字工作委员会:《关于公布"汉语拼音正词法基本规则"的联合通知》,1988 年。

吕叔湘:《汉语语法分析问题》,商务印书馆 1979 年版。

朱德熙:《句法结构》,《中国语文》1962 年第 8、9 期合刊。

А.И.斯米尔尼茨基:《句子、句子的主要成分》,叶军译,《语言学译丛》1960 年第 2 期。

张斌、胡裕树:《汉语语法研究》,商务印书馆 1989 年版。

陆志韦:《汉语的构词法》,科学出版社 1964 年版。

胡裕树主编:《现代汉语使用说明》(重订本),上海教育出版社 1995 年版。

范开泰:《关联词语》,上海教育出版社 1981 年版。

Frank Palmer, *Grammar*, Harmondsworth: Penguin Books, 1971.

C. C. Fries, *The Structure of English*, New York: Harcourt Brace and Co., 1952.

第二章 符号、信息和系统

一、现代语言学的特点和汉语语法研究

在上古时代，人们总想用一种概括的思维方式去探讨各种事物的规律，于是科学与哲学纠缠不清。古希腊的柏拉图、亚里士多德的学说，我国的阴阳五行之说，都是哲学，也用来代替科学，包括语言学。如希腊哲学家讨论"词"与"物"的关系，名词与动词的区分，目的在说明思想领域的不同范畴如何用语言表达出来。许慎的《说文解字》也运用阴阳五行的学说解释语文现象。到了 16 世纪，由于生产力的发展，人们迫切要求深入认识现实和自然，于是产生了实验科学。从实验中体会到不同的客观对象都有自己的规律，分别加以研究，于是产生了许多门类的学科。

"拿证据来"是当时科学家追求真理的口号。伽利略在比萨斜塔上的实验，推翻了亚里士多德"物体落下的速度与重量成正比"的论断。用望远镜观察天体，证明月球并非"明亮如镜"，而银河由无数恒星组成。牛顿的力学定律也由实验中得来。实验科学反对主观臆测，主张积累经验，从中总结规律。

到了 19 世纪末 20 世纪初，人们发现把事物孤立起来研究的方法有许多缺陷。同时有一种思想方法兴起：世界上的事物，就其本身来说，并无价值，只有把它和其他事物联系起来，把它看作整体的一部分，才有意义和价值。例如山上的树木，孤立地看，它们并无价值，可是联系周围的气候变化、水土保持，它们就有价值了。在语言学方面，最先接受这种思想的是被称为现代语言学之父的

瑞士语言学家索绪尔(F, de Saussure, 1857-1913)。他强调语言的系统性,强调语言单位之间的关系,都是这种思想的表现。他曾举例说:下象棋的时候,掉了一个棋子可以拿一个纽扣来代替,因为纽扣代表的关系未变,所以照样可以使用。这就是说,关系重于实体。

现代(modern)这个词,通常指时间,区别于古代。可是在科学上,它还另有含义。比如拉丁语通行于公元前 5 世纪到公元 5 世纪的欧洲。罗马帝国衰亡之后,拉丁语分化为葡萄牙语、法语、西班牙语、意大利语、罗马尼亚语。人们把它们称之为现代语(modern Language),以区别于拉丁语。又如现代派绘画(modern painting),指 19 世纪后期以曲线为主的画风,不完全是时代的概念。所以,现代语言学也有独特的含义。这包括两个方面:

第一,注重从整体观察局部。所谓整体是相对的,它有不同的层次。高层次的学科对低层次的学科来说,它就是整体。对整体的考察,也可以有不同的角度。如符号学、信息论、系统论等都是从某一个角度对事物作整体的考察,其成果可以用来指导各门学科的研究。

第二,注重相关学科的联系。这种联系有疏密之分,联系密切的就互相渗透,形成交叉学科。例如新兴的语言学有心理语言学、社会语言学、数理语言学、神经语言学、应用语言学等。就每个科学家来说,不可能精通所有的相关学科,但是他的研究视野不能局限于本学科,否则就会受到限制。德国有位化学家曾说:"一个只知道化学的化学家,他未必真懂化学。"其实,语言学也是如此。作为语言学家,不一定同时是心理学家、逻辑学家、数学家,但是我们应该懂得利用这些学科的研究成果,特别是理论和方法的具体运用。

从符号学的角度看汉语语法,我们将着重考虑下列问题:

(1) 语言符号(包括文字)的特点的问题。

(2) 句法、语义和语用这三个平面的关系的问题。

从信息论的角度看汉语语法,我们将着重考虑下列问题:

(1) 编码与解码问题(句子的理解因素)。

(2) 信息噪声问题(歧义问题)。

（3）信息预测问题（句子的理解策略）。

（4）信息类别问题。

（5）信息量的问题（动词的"向"、成句因素）。

从系统论的角度看汉语语法，我们将着重考虑下列问题：

（1）语言系统和语法系统的性质问题。

（2）语言的子系统之间的关系（语法和语音、词汇之间的关系）。

（3）中间现象问题。

二、与语言符号有关的问题

（一）符号和语言符号

符号包括能记（表现成分）和所记（被表现成分）两个方面，它们互相依存，不可分割。由于对这种依存关系有不同的理解，符号这个术语的含义有广有狭。广义的符号指能够代表某一事物的标志，诸如图形、足迹、密码等都包括在内。就是说，能记和所记的关系可以是相似的、相关的，也可以是约定的。狭义的符号仅指能记与所记之间有约定关系（社会约定或自我约定）的一种，如电报号码、化学符号、交通标志之类；当然，也包括语言。语言学讲的符号是狭义的，与狭义的符号（sign）相区别的符号，可称之为记号（mark）。

语言符号的能记是声音，所记是意义。它实际上是一种"集"（set），每个语言符号都包括许多成员（members）。例如"我"的声音是"wǒ"，意义是自己，但并没有确指某一具体对象。在具体运用时，"我"或者指张三，或者指李四，这里体现出符号的转化。就是说，原有的语言符号（声音和意义的结合）变成了能记，而所指的具体对象成为它的所记。这里的所记有人也称之为意义，为了与前者的意义相区别，可以称之为内容（content）。其间的关系如下表：

	声音	意义	内容
语言中的词	能记	所记	
言语中的词	能记		所记

文字是记录语言的符号系统,各种文字记录语言的方式尽管不同,从符号学的角度看,它们都必须记录声音和意义。在这里又体现出符号的另一种转化:原有的语言符号(声音和意义的结合)变成了所记,而书写形体成为它的能记。列表如下:

	声音	意义	文字
口语中的词	能记	所记	
书 写 的 词		所记	能记

可以看出:所谓表音文字和表意文字的区分,只能说明记录语言的方式上的差别,不能说明文字的性质有什么不同,因为文字记录的不是单纯的声音或意义。

在平日的说话和写作中,我们除了使用语言符号,也使用非语言符号,特别是书面语中更是如此。例如标点符号,是书写形式和意义的结合,当然不属语言符号。许多科学上的符号通常是不可发音的,或者是没有固定的发音的,也不属语言符号。象声词是不是语言符号?这就有不同看法。通常把象声词与一般词同等看待,有些人却不以为然。从信号系统的角度来考察,象声词的声音是第一信号系统的刺激,一般词则属于第二信号系统。因此,象声词所引起的反应与一般词所引起的反应是有区别的。把象声词当作非语言符号,不是没有根据的。

(二) 符号的类别和语言符号的特点

美国哲学家皮尔斯(C. Peirce)把符号分为三类:

(1) 性质符号(qualisign)。指备用的符号。这种符号有确定的能记,但无明确的所记。必须用在具体环境之中,所记才能确定。例如离开了五线谱的音符,它可以代表不同的音;只有放到五线谱中一定的位置上,它的音高音长才能认定。

(2) 个体符号(sinsign)。能记是可以感觉得到的实体,如声音、光线、实物等,每个符号所表示的所记是明确的。

(3) 法则符号(legisign)。这种符号不是独立的对象,它的能记也不只是具体的事物,而是一种规定的结构或法则。当然,这种结构或法则是以具体事物为基础的。例如电报用数字编码代表汉字,就是利用十个阿拉伯数字构成的法则符号。

语言符号是不是也有这些类别呢? 答案是肯定的,不过情况更为复杂。复杂的情况正显示出语言符号的一些特点:

第一,语言符号往往兼有多重性质,也就是说,从不同的角度可以归入不同的类别。例如词是备用单位,属于性质符号;它同时也是法则符号,因为每个词都有特定的功能。短语也是如此。

第二,作为法则符号,短语与词也有区别。词是现成的单位,短语则可以生成。生成是语言符号的重要特点。

第三,语言符号是一个复杂的系统,每个单位都处在与别的单位的特定的关系之中。语言单位的线性排列规则、层次结构方式都是这种复杂系统的体现。

在口语或书面语中,除了使用语言符号以外,有时也掺杂非语言符号。例如音标,有声音而无意义;标点符号,有意义而无声音。这些都不是语言符号,有时还把语言符号当作非语言符号来使用。例如:"'不'是副词。"这里的"不"已经从它所在的系统中抽了出来,当作一般符号来指称,整个句子跟"A是大写字母"、"? 是问号"没有什么两样。

哲学家研究语言符号,目的在解释怎样通过语言这个中介去认识客观世界。语言学家研究语言符号要着重说明语言这一传达信息的工具是如何发挥作用的,怎样才能使发射信息的人和接收信息的人有共同的理解。毫无疑问,要达到这个目的必须有共同的"密码本"。由于语言符号所表现的是个简单的序列,即一个符号挨着一个符号,而它所包含的意义或内容却是十分复杂的,用一种密码本(比如:一部词典)是难以解决问题的。语言学者早已发现,句子的意义是许多因素(interpretant)综合而成的,如词义、语义、句法、层次、语气、口气等,这些属句内因素,此外还有句外因素。不少人从某一方面或某几个方面进行研究,大都有所发现。也就是说,做了一些局部的解码工作。当然,这是十分重要的。在另一方面，人们也在考虑如何把经验内容的分析加以概括，得出更高层次的结构，以便于人们掌握。打个比方吧，树上的果实累累，人们把它们摘了下来，总不能让它们遍地分散，于是有人准备了筐篓，以便于存放。没有果实，筐篓是无用的；有了果实而无筐篓，不免有无所措手足之感。

(三) 符号的有关因素和语法分析

语言既然是符号系统，分析符号的有关因素自然是一种最基本的解码工作。

索绪尔分析符号，指出能记和所记是密切相关的两个方面，正如同一张纸的正面和反面一样。他所说的能记是音响形象，所记是概念。皮尔斯认为符号的有关因素除了 mark（相当于能记）、object（相当于所记）之外，还有 exponent（解释者）。索绪尔认为言语活动中的主要部分是语言，而言语是次要的。他主张语言研究应该是纯粹的语言符号系统，所以不考虑解释者的作用。皮尔斯是个实用主义哲学家，他认为概念和意义的明确与否应该从效果上考察。符号的使用效果当然与解释者有关。比如"好"，使用汉语的人都了解它们的声音和意义，可是在具体使用时，有时表示赞同，有时表示不满，这里的决定因素是解释者。

美国哲学家莫里斯（Charles Morris, 1901-1979）继承了皮尔斯的观点，不过分析得更为细致。他认为除了符号的表现形式（能记）、符号的对象（所记）、解释者之外，还有符号出现的条件（使用环境）、反应倾向（具体内容）与使用效果有关。举例说吧，"蜜蜂的舞蹈"是能记，"圆圈舞"所代表的意义是所记，所有的工蜂是舞蹈的解释者。可是要真正理解舞蹈的含义还必须懂得舞蹈出现的环境和所指内容。比如，舞蹈沿着蜂窝壁垂直向上进行，表明食物所在地与太阳同一方向。此外，舞蹈的节奏快慢表明食物丰富的程度和食物源的距离。皮尔斯和莫里斯的共同之处在注重了主观的作用，不过莫里斯更注意到具体的客观环境。在分析符号有关要素的基础上，莫里斯把符号学（semiotics）分为三个部分：

(1) 句法学(sytactics)

(2) 语义学(semantics)

(3) 语用学(pragmatics)

句法学研究符号与符号之间的关系,语义学研究符号与思维反映(客观方面)之间的关系,语用学研究符号与解释者(主观方面)之间的关系。通常称之为 three dimensions,即所谓三个平面。其实应该理解为"三维",好比一个立体的长、宽、高。

传统的语法研究是平面的研究,只涉及句法和语义两维。从理论上讲,句法学可以撇开语义学和语用学加以研究,实际上句法上的概念都有意义的基础。通常所说的联合、偏正、主谓、述宾莫不如此。比如,联合关系实际上是以概念的划分为基础的。偏正关系包括修饰语和中心语。有些修饰语的作用在限制中心语的外延,如"长篇小说";有些修饰语的作用在突出中心语的内涵,如"打虎的武松"。这些都是逻辑关系。从广义上讲,逻辑关系也属事理关系,它是语义范畴。当然,有意义基础并不等于用意义作标准,正如同有些语言的名词有"性"的范畴,语法上的阴性阳性以生物的性别为基础,但生物的性别并不能作为区分名词的性的标准,这道理是一样的。

那么,主谓关系和述宾关系有没有语义的基础呢?答案是肯定的。当然,也有人有另外的看法,认为主谓关系和述宾关系是纯句法的。这主要是有形态变化的语言给人们的一种错觉。比如在英语里,动词要跟主语的人称和数一致,这就很容易使人误解为根据动词的形式去认定主语。其实,说话的人是先确定主语再选取相应的动词形式的。问题是主语是怎样确定的呢?美国语言学家科姆里(Bemard Comrie)分析了"典型主语",即在许多语言中人们公认的并无争议的主语。这种主语的特点是施事兼话题。这就是说,典型主语不但有语义的基础,而且有语用的依据。至于非典型主语,是比照典型主语略加变通来确定的。以汉语为例,非典型主语有下列各种:

(1) 主语是施事,不是话题。如:你出去!

(2) 主语是话题,而非施事。如:自行车骑出去了。

(3) 双主语,前者是话题,后者是施事。如:这个字我不认识。

附带要说明的是:如果采取上列分析方法,遇到"我哪儿也不去"、"我这个字不认识"之类的句子,就不宜当作双主语句或主谓谓语句。句中的"我"是典型主语,后边不可能再出现非典型主语。胡裕树主编的《现代汉语》,把句中的"哪儿"和"这个字"当作前置宾语,道理大概就在这里。

述语和宾语之间的语义关系多种多样,以受事(广义的)宾语为典型,这也是显而易见的。但是,无论如何,句子分析仍须依据形式,即透过线性排列,发现其中隐含的种种关系,包括句法关系、层次关系、语义关系,等等。怎样去发现呢?像汉语这种缺乏形态变化的语言,语序、虚词、实词的词性自然是重要的依据。但是仅有这些依据,常常只能描绘出句子的间架,不能精确显示句子的含义。习惯上还要利用词义的分析作为补充。例如动词接上名词,可能产生述宾关系或偏正关系。在理解"分配粮食"时,意义上排斥偏正关系;在理解"分配方法"时,意义上排斥述宾关系。这就给人一种错觉,认为懂得词义就能分析句子。事实当然并非如此,因为句子的意思不是词义的机械的相加。

句子的意思既然是许多复杂因素的综合,有些语言学者采取了另一种角度来研究问题,即不根据句子或句法结构探求含义,而是把语言的意义看成一个独立的网络加以分析。这就是广义的语义学。这种语义学与莫里斯所指的语义学已不尽相同,因为它无所不包。例如英国的利奇(Geoffrey Leech, 1936-　)把语义分为七种:

(1) 理性意义(Conceptual Meaning)

(2) 隐含意义(Connotative Meaning)

(3) 社会意义(Social Meaning)

(4) 感情意义(Affective Meaning)

(5) 反映意义(Reflected Meaning)

(6) 搭配意义(Collocative Meaning)

(7) 主题意义(Thematic Meaning)

这里的内容把词义、语义、语用都包括了。语义学这个概念并不十分确定,这里不必一一介绍。要指出的是：语义学和句子的语义分析不是一回事。我们讨论三个平面，着眼点是析句。如前边所说，析句时句法和语义是紧密相关的。

从析句的角度讲语义，通常区别于词义。词义是在词典中可以注明的，语义却须在句法结构中体现。最能体现这种关系的当属动词和名词的组合。有些词，如表示时间、处所、工具之类的，既可以从词义角度加以分析，也可以从语义角度加以分析。比如"下午"指正午之后的一段时间，这是词义。在"下午开会"中说明某种举动的时间，于是体现语义。至于"下午开会"属主谓结构还是偏正结构，这属句法分析。句法分析是在一系列平行的、对比的、同义的结构中辨别同异，然后才给予一定的术语来指称的。术语不必强求一致，辨别同异的原则却是应该共同遵守的。

传统语法分析句子，当然要涉及语义，如施事、受事等。但从总体上看，语义分析失之粗略。正如许多论文所指出的："饭吃完了"、"饭吃饱了"、"饭吃多了"，补语指向不同，分析的结果一样。"这些书我都读过了"、"这本书我们都读过了"、"我都读过了这本书"，状语指向不同，分析时也不加区别……如此等等。目前有不少文章研究各种句法成分的语义指向，正是想弥补传统分析方法的不足。

传统语法也好，转换生成语法也好，都要研究句子的合法度。通俗一点讲，就是辨正误的问题。我们当然不能从句法的合法度去辨识句子的正误，一方面因为短语并非都可以构成句子；另一方面因为句子的灵活性远较短语为强。即使对此大家有共同的认识，但是下列句子是否合法仍有不同看法：

　（1）他姓王。

　（2）他是北京人。

　（3）他有一双手。

按照转换生成语法的解释，(1)句包括三个词，有六种排列方法，这里是唯一合法的形式。(2)句包括四个词，有二十四种排列法，这里也是唯一合法的。(3)句包括五个词，有一百二十种排列法，其中只有两种合法的，这里举出的是当中的一种。可是照某些功能语法学者看来，(1)句、(2)句提供了新信息，可以成句;(3)句没有提供新信息,简直是废话,它的合法度值得怀疑。当然,如果有一定的言语背景,"他有一双手"这句话也是成立的。比如,有人问起某人依靠什么生活,回答说"他有一双手",这就不是废话了。

所以,句子的信息量成为许多语言学者所关心的问题,而信息量的多少不仅是语句本身的问题,还与接受者的条件以及说话的环境密切相关。这些正是语用学要研究的问题。

语言环境是千变万化的,语用学既然是一门科学,必须使之条理化。语言学又是一门形式科学,语用学既然是语言学的分支,它必须研究种种表达形式。例如句子的预设和隐含义的显示,焦点和疑问点的表达,发端句和后续句的特点,自足句和非自足句的区分……均在讨论之列。英国的奥斯汀(J.L.Austin,1911-1960)把句子分为有所述之言(a constative utterance)和有所为之言(a performative utterance),是从语用角度区分的句类。传统语法把句子分为陈述、疑问、祈使、感叹四类,并非严格的语用类别,因为疑问句也可以表感叹,陈述句也可以表示祈使,如此等等。奥斯汀也注重表达形式,他阐述了有所为之言和有所述之言的种种表达手段,包括语调、虚词、句法形式以及其他显性表达手段(explicit performative formula),值得我们参考。

由于语用学是一门新兴的学科,研究的范围还不十分确定,研究方法也还在探索,所以语言学者的看法并不完全一致,甚至有人怀疑这门学科能不能成立。从科学发展的历史来看,这大概也属一般规律。

三、与信息传达有关的问题

(一)句子的理解因素

理解句子的意义,首先得理解词义。词义是词典中规定的。可是句子中的词义并不等于词典中的词义。这是因为:

第一,词一般是多义的,用在句子当中通常只体现一种含义,这就须依据语境(包括上下文)作出选择。例如副词"太"有两种含义,一是表示程度过分,一是表示程度极高。如果出现在中性形容词前边就选择前一种意义,如"人太多"、"水太热"。如果出现在褒义形容词前边,就选择后一种含义,如"太好了"、"太棒了"。诸如此类的选择,一般词典并未注明,语法书宜加以适当的提示。

第二,词典中的词只有形式(form)、意义(meaning),没有内容(content)。也就是说,词用在句中,才有所指。例如"他",语音形式是 tā,基本意义是称自己和对方之外的人。用在句子当中或者指张三,或者指李四,这是它的内容。

句法结构是理解句子的另一要素。

名词、动词、形容词组成句法结构,两两直接搭配(不用虚词),可以有九种方式。表达的关系包括主谓、述宾、偏正、联合、述补、同位等六种。举例如下:

名 + 名	动 + 动	形 + 形
主谓(今天晴天) 偏正(木头桌子) 联合(北京上海) 同位(诗圣杜甫)	偏正(巡回医疗) 联合(说说笑笑) 述补(赶走)	联合(健康快乐) 述补(忙坏)
名 + 动	动 + 名	形 + 名
主谓(工人制造) 偏正(电话联系)	述宾(吃中餐) 偏正(分配方案)	偏正(重要人物)
名 + 形	动 + 形	形 + 动
主谓(事情繁忙) 偏正(芝麻大)	述宾(喜欢安静) 述补(打扫干净)	偏正(快吃) 述补(累死)

这九组结构大都表示多种关系,如何区分不同的关系呢?大体可以采取下列方法。

第一,用扩展的方法来鉴别。主谓结构之间大都可以插入某些副词,如"今天已经晴天"、"工人曾经制造"、"事情不繁忙"。偏正结构之间大都可以插入结构助词,如"木头的桌子"、"巡回地医疗"、"分配的方案"、"重要的人物"、"很快地吃"。有些偏正结构不能插入结构助词,前边可以添加介词,如"用电话联系"、"像芝麻大"。联合结构之间可以插入连词,如"北京和上海"、"说说而且笑笑"、"健康而且快乐"。述补之间大都可以插入"不"或"得",如"赶不走"、"打扫得干净"、"忙不坏"、"累不死"。述宾结构之间大都可以插入量词短语,如"吃一顿中餐"、"喜欢一种安静"。

第二,单双音节的搭配有时能帮助人们辨识结构类型。例如:

单音动词+双音名词→述宾结构

　　　写+稿子→写稿子

　　　筹+经费→筹经费

　　　评+论文→评论文

双音动词+单音名词→偏正结构

　　　复写+纸→复写纸

　　　筹备+费→筹备费

　　　评论+文→评论文

第三,词义和逻辑因素有时也决定结构类型。例如"诗圣杜甫"中的两个名词的外延一致,所指对象相同,所以属同位关系。

理解句子的另一要素是语义关系。

词义是词典中规定的,语义却是在句法结构中体现的,它反映的是客观事物之间的联系。如名词与动词之间可以有施事、受事、工具、处所、时间等方面的联系。名词与名词之间可以有领属关系或非领属关系。副词或形容词限制或描写别的词语,也属语义关系。

要辨别语义关系,先得明确语义指向。语义指向通常与句法结构关系是一致的,如动词指向宾语,修饰语指向中心语,等等。可是也有不一致的情况,值得注意的正是这种情况。例如副词"都"用作状语,句法上指向后边的中心词语,可是语义指向有种种情况:

　　(1)铂、汞、金、银、铜、铁,都是重金属。

　　(2)这本书我们都读过了。

　　(3)这些书我都读过了。

　　(4)这些书我们都读过了。

"都"表示总括,这些句子中的"都"总括前边的词语。(1)句总括列举的事物。

(2)句指向"我们"。(3)句指向"这些书"。(4)句指向"这些书"和"我们",如果重读其中一项,指向重读的词语("这些书"或"我们"),又如:

    (5)我找不到别人写。

    (6)我找不到材料写。

    (7)我找不到地方写。

这些句子的结构相同,在句法上没有区别。在语义上并不相同:(5)句中"别人"是"写"的施事。(6)句中"材料"是"写"的受事。(7)句中"地方"是"写"的处所。

    当然,句法结构对于理解语义关系并非没有作用。这种作用包括两个方面,一是应该如何理解,一是不能怎样理解。例如一个名词出现在单向动词后边,构成述宾关系,可以理解为施事,不能理解为受事。如"王冕死了父亲"中的"父亲","他们来了客人"中的"客人"。单向动词前边的名词与动词后边的名词可以有领属关系,如"王冕"与"父亲","他们"与"客人";也可能没有领属关系,而是整体与部分的关系,如"他们来了三位"。一个名词出现在双向动词之前,构成主谓关系,可能是施事,也可能是受事,如"鸡不吃了"。必须由语境提供另一个"向",才可以决定施受关系。名词出现在双向动词后边,构成述宾关系,可以是受事,不可能是施事。两个名词出现在动词前边,通常靠近动词的名词是施事,如"这个字我不认识"。如果靠近动词的是时间或处所名词,施事出现在时地名词之前,如"我们下午动身"、"大家屋里休息"。含有对比意味的句子,受事可以靠近动词,而施事出现在受事前边,如"我这个字不认识(只认识那个)"。

    语义的理解可以扩大到逻辑语义方面。试比较下边几个用"都"的句子。

    (1)大衣都很贵。

    (2)到处都是鲜花。

"都"总括前边词语所指事物,可是这两句的句首并未列举多项事物,为什么仍旧用"都"? 原来(1)句中的"大衣"包含了下位概念,即各种大衣,如长大衣、短大衣、冬大衣、秋大衣,等等。(2)句中的"到处"是一个整体概念,它由许多部分组成。既然如此,就可以用"都"总括。

又如：

（3）我打算明天或后天动身。

（4）你开空调或使用电扇就可以凉爽一些。

"或"表示选择，前后项属联合关系。可是（3）句表示的是析取，即二者择一。
(4)句表示的是合取，即可以选择一项，也可以同时选择两项。

再如：

（5）曹丕和曹植是诗人。

（6）曹丕和曹植是兄弟。

（7）曹丕和曹植是政敌。

三句的句法关系相同，可是加以变换，它们的逻辑语义并不一样：

（5）′曹丕是诗人，曹植也是诗人。

（6）′曹丕是兄，曹植是弟。

（7）′曹丕是曹植的政敌，曹植是曹丕的政敌。

句子当中的词是一个挨一个排列着的，可是它们之间的关系却是有亲有
疏。也就是说，是按层次组合的。

层次（level）与层级（rank）是两个不同的概念。打个比方吧。把西瓜一切
为二，再把半边西瓜加以切分，这是层次分析。把西瓜区分瓜皮和瓜瓤，同时认
定后者是主要成分，这是层级分析，或者叫找中心的分析方法。布龙菲尔德在
他的《语言论》中提到两个概念，一个是 head，一个是 center。例如"this fresh
milk"中的"fresh milk"是 head，可以译作中心语。"all this fresh milk"中的
"milk"是 center，可以译作中心词。因为中心词和中心语这两个概念常常混用，
于是产生一种说法：找中心词的分析方法也体现了层次，其实它与层次分析（或
称之为直接成分分析）是两码事。当然，分析简单的句子，如"好天气！"，看不出
head 和 center 的区别，遇到复杂一些的结构，差别就十分明显了。

理解句子还须懂得句子的语气和口气所表达的意义。

句子的语气（modality）分为陈述、疑问、祈使、感叹四种。根据什么标准划
分的？ 有人说根据用途，有人说根据使用目的，有人说根据语调。就工具来说，

目的和用途是一码事。比如锯子的用途是用来拉开木石钢材之类,它的使用目的也在于此。语言也是一种工具,用途和目的也完全一致。可是疑问句的用途并不全用于提问,例如:

  (1) 能不能帮我把行李搬上车?(祈使)

  (2) 这东西不是很好吃吗?(陈述)

陈述句和感叹句也常用来表示祈使。例如:

  (3)(儿子对父亲说)你说过今天陪我去参观历史博物馆的。(要求父亲陪他出去)

  (4)(顾客对店员说)这双鞋太小了!(要求换一双)

可见四种句子的划分并非根据用途或目的,而是根据语调(intonation)。同样的语调可以有不同用途,区别的关键在于口气(tone)。

  口气是利用语音的轻重缓急、高低变化表达的感情色彩,如委婉、强调、期望、迟疑、坚定、活泼、否定等。每种语气的句子有其主要用途,掺入某种口气,用途可以改变。

  以上谈的句子的理解因素,包括词义、句法结构、语义、层次、语气和口气,都属句内因素。此外还有句外因素,主要有下列几种。

  预设 指理解句子的前提,例如:

  (1) 我早就瞧见你了。

  (2) 他明天从家里动身?

(1)句中的语气词"了"表示出现新情况。既然"早就瞧见",怎么是新情况?原来说话的人预设对方并不知道"我早就瞧见",所以从听话人的角度理解,应属新情况。(2)句属是非问,要求对方回答。如果重读"明天",预设双方已知道"他从家里动身";如果重读"家里",预设双方已知道"他明天动身"。书面上可用"是"加在"明天"或"从家里"前边,指明疑问点。

  社会意义 弗里斯曾经举一个例子:

John Smith can swim a hundred yards in forty-five seconds。

(约翰·史密斯能够在 45 秒钟内游完一百码)

他解释说:"这句话的语言意义是完全清楚的。你会想象得出,游泳是怎样的一种动作,一百码是多长一段距离,45秒是多长时间。但是这算游得快还是慢呢?……除非你知道这个时间比世界纪录还快4秒钟,否则你就看不出这句话的社会意义。"社会意义实质上是人们头脑里储存的社会文化生活等方面的知识所赋予语言的意义。只有说话人和听话人有某种共识,句子的社会意义才会体现出来。我们知道,言语活动往往涉及许多方面,人的大脑中储存的文化知识也并非完全相同,所以同样一句话,不同的人虽然都能听懂,但是仍旧可以有不同的理解。

暗示意义　社会意义并非完全属于对话双方的。暗示意义指说话人有意使听话人透过字面去理解的某种隐含的意义,这种意义是属于对话双方的。例如电影《尼罗河上的惨案》中有一段对话:

　　侦探波洛问路易丝:"你没有看见或者听见什么可以提供我们的?"

　　路易丝回答说:"怎么可能呢?先生!我的客舱是在船的另一边。"她偷眼看看赛蒙,继续说:"当然,假如我……睡不着觉,假如……假如我在甲板上,也许我会看见那个凶手进出我家太太的客舱。可是事实上……哦,我求求你,事情就这样。"她故意问赛蒙:"还要我说什么?"

　　赛蒙非常注意地听完路易丝的叙述,然后亲切地对她说:"并没有人怀疑你什么,放心吧,路易丝,我会照顾你的。"

　　路易丝说:"先生,你真好。"

路易丝和赛蒙的对话中,有些句子的隐含意义是局外人听不懂的。路易丝问赛蒙:"还要我说什么?"暗示她是见到凶手的,说出来或不说出来,关键在你赛蒙。凶手赛蒙回答"我会照顾你的",是一种承诺,暗示"你不要说出来,我会给你好处"。路易丝心领神会,于是说了"你真好"。彼此心照不宣。

联想意义　联想意义不属于句子的表达内容,而是一种单纯的理解因素。例如鲁迅谈到读《红楼梦》,有种种联想:"经学家看见《易》,道学家看见淫,才子看见缠绵,革命家看见排满,流言家看见宫闱秘事。"讲的是不同的人对作品的不同联想。又如《红与黑》的作者司汤达有一次在街头徘徊观望,目的是想收集一些创作材料。旁边有人问他是干什么的,他随口回答说:"我是观察人心的。"
周围的人听了就纷纷躲开,因为他们联想到当时封建王朝的恐怖统治下的密
探。可见联想也不是毫无根据的。

(二) 多义与歧义

词大都是多义的,语义、句法结构、层次关系等,也有多义的。多义的语言
单位用在句中,由于上下文的限制,一般不产生歧义。如果上下文不能使意义
单一化,那就出现歧义了。下边谈谈歧义的种种表现。

词义不明确引起的歧义。

(1) 他已经走了一个钟头了。

(2) 小店关门了。

(3) 我不想吃饭了。

(4) 他干了一天活。

(5) 你在体育馆的前一站下车。

(6) 我当你说过多少次了。

(1)句中的"走"可以作"行走"讲,也可以作"离开"讲。(2)句中的"关门"可以指
停业,也可以指营业时间已过。(3)句中的"饭"可以指米饭,也可以泛指每天定
时吃的食物。(4)句中的"一天"可以指整整一天,说明他工作勤奋;也可表示仅
仅一天,不是更多的时间,也许指一周之中只干了一天活,说明他工作懒惰。
(5)中的"前"可以指往前,"前一站"指过了体育馆的那一站;如果以体育馆为立
足点,面向"你",那么,"前一站"指不到体育馆的一站。(6)中的"当",可以念
dāng,是"向"的意思,也可以念 dàng,是"以为"的意思。这种差别在口语里是
明显的,歧义出在书面上。下边两句也是口语里有差别而书面上有歧义的
例子。

(7) 我想起来了。

(8) 他开了抽屉拿五块钱出来交给我。

(7)句中的"起来"念轻声,表示重新想起忘记的事情。把"起来"念成"重轻"音,

表示准备起床了。其实,这里的"想"也有两种含义,一是"动脑筋",一是"打算"。(8)句的"出来"读音不同,也可以有不同的理解。也有相反的情况:在书面上意义明确,用口语表达反而产生歧义。例如:

(9) 我喜欢《秋夜》。

由于使用了书名号,当然指作品。在口语里宜说成"鲁迅的《秋夜》"。

句法结构不固定引起的歧义。

(1) 我们打算试验改良品种。

(2) 研究方法十分重要。

(3) 开会吧,学生家长都到齐了。

(4) 领导群众要注意些什么,文件上都写清楚了。

(5) 没有计划不行。

(1)句中的"改良品种"是述宾结构还是偏正结构,不明确。(2)句中的"研究方法"也有类似的歧义。(3)句中的"学生家长"是联合结构还是偏正结构,难以确定。(4)句中的"领导群众"可以理解为述宾结构,也可以理解为联合结构。(5)句中的"计划"兼属动词和名词,如果是动词,"没有"是副词,"没有计划"是偏正结构;如果是名词,"没有"是动词,"没有计划"是述宾结构。

句法歧义常见于动宾与偏正的交叉,类似的例子如:

出租汽车　　出口商品　　学习文件

预约日期　　保留意见　　规定地点

表演节目　　下放干部　　印刷材料

语义关系含糊引起的歧义。

(1) 鸡不吃了。

(2) 我让他打了。

(3) 这个人谁都不认识。

(4) 关心的是他的母亲。

(5) 她是去年生的小孩。

(1)句施受关系不明确,要么是某人不吃鸡了,要么是鸡不吃食了。(2)句中的

"让"兼属介词(相当于"被")和动词(构成兼语式),因而产生歧义。(3)句可以理解为"这个人不认识谁",也可以理解为"谁都不认识这个人"。(4)句中的"关心的"或者指他所关心的,或者指关心他的,二者必居其一。(5)句中的"是"可以是动词,全句的结构为"她是……小孩";也可以是语气副词,全句的结构为"她……生小孩"。

值得注意的是语义引起的歧义常常由于动词属双向动词,句中只出现一个"向"(施事或受事),要正确理解句子的含义,须在语境(包括上下文)中找回另一个"向"。

层次难以切分引起的歧义。

弗里斯曾举了算术方面的例子来说明。

运算"五加四乘以六减三",用算式写出来有下列不同的形式,其实就是层次问题。

$$(5+4)\times(6-3)=27$$
$$5+4\times(6-3)=17$$
$$5+(4\times6)-3=26$$
$$[(5+4)\times6]-3=51$$

再看看下边的一个标题:

中国医学研究

如果理解为"中国/医学研究",研究的对象包括中西医学,研究的区域不包括外国。如果理解为"中国医学/研究",研究的对象限于中国医学,研究的区域包括国内国外。

比较下边的句子:

(1) 江苏和浙江的舟山地区下了雨。

(2) 江苏和浙江交界的地区下了雨。

(3) 江苏和浙江的部分地区下了雨。

(1)句和(2)句都只有一种分析方法,(3)句的主语却有两种切分方式:

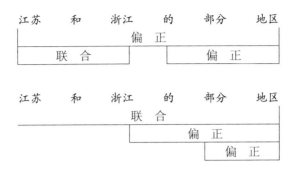

语气、口气表达不清引起的歧义。

（1）我只买了半斤糖果。

（2）他仅仅给了我十元钱。

（1）句可以理解为"我没买别的什么"，或者理解为"我没多买糖果"，甚至还可理解为"我没干别的事"。（2）句可以理解为"他没多给"或"他光给了钱，没给别的什么"，或"他只给了我，没给别的人"。

（三）歧义的消除

消除歧义，一般依靠上下文。

唐代诗人张继写过一首《枫桥夜泊》的诗，末句"夜半钟声到客船"，曾经引起争议。有人认为指夜半钟声送到了客船，有人认为指夜半钟声之中到了一条客船。就字面而论，两种说法都讲得通。可是诗的题目是"枫桥夜泊"，说明船是停靠在桥边的，所以只能取前一种说法。

改换词语或句式也是消除歧义的常用方式。例如：

（1）我们要学习文件。（有歧义）

（2）我们需要学习文件。
（3）我们须要学习文件。 }（无歧义）

（4）他们很重视中国医学研究。（有歧义）

（5）他们很重视中国的医学研究。
（6）他们很重视中国医学的研究。 }（无歧义）

(7) 下午我们小组讨论。（有歧义）

(8) 我们小组下午讨论。

(9) 我们下午小组讨论。 （无歧义）

(10) 他拿了五块钱出来交给我。（有歧义）

(11) 他把五块钱拿出来交给我。

(12) 他拿了五块钱，出来交给我。 （无歧义）

四、信 息 类 别

（一）指称与陈述

词是声音与意义的结合。这里的意义，更准确地说，该称为含义（sense）。例如"人"这个词，词典中指出它的意义，包括"属于高等动物"、"运用两足直立行走"、"会制造工具进行劳动"、"能以语言进行思维"等。可是，一个并不了解这些意义的小孩，却能正确地使用"人"这个词来进行交际。这当然不是说小孩运用的词没有意义，而是说他所理解的意义不属于通常所指的代表概念的本质特征的那些意义。这里，我们得到一种启示：在通常的情况下，人们在交往中运用同一个词，达到互相理解，最重要的是词代表的概念的外延能够一致。小孩所说的"人"与大人所说的"人"内涵不尽相同，这不妨碍日常的交际；对外延的认识一致才是对话的基本要求。这是不是说外延可以不受内涵的制约呢？自然不是。内涵和外延互相制约，这是颠扑不破的。在词语的具体运用中，掌握哪些确定的内涵去制约外延，往往因人而异。从理论上讲，概念的本质特征最能确定它的外延。在实际运用时，人们往往综合某些非本质的特征，也能起到规定外延的作用。小孩对"人"的认识，就是综合某些特征的结果。孤立地使用某一特征去规定事物的范围，好比盲人摸象。把许多特征综合起来认识事物，这些特征即使是非本质的，由于"模糊集合"的作用，也能达到精确的目的。这正是人类认识客观世界的一种高明手段。

人类认识客观事物，从感觉开始，逐步形成概念，然后加以命名，这就是指称(refer to)。被命名的事物也叫指称(reference),这里的指称指的是用词语表示的概括的对象,例如"人"。当人们运用这些词语进行交际时,就赋予指称以特定的内容(content)。例如"前边来了一个人"中的"人"。有了内容的指称是所指(referent),但通常也叫它指称。

单用指称可以进行交际,当然,它必须有内容。也就是说,须有所指。例如有人指着地图上的某个地点说:"上海。"又如孩子见到来人叫一声:"妈妈!"可是人们在交际中经常是说了指称之后,又对指称进行陈述。如"上海位于长江入海口"、"妈妈从外地回来了"。指称与陈述构成的句子不一定与主谓句对应。例如:

　　(1) 多好听的歌声!

　　(2) 出太阳了。

两个句子都是非主谓句。(1)句中的"多好听"是陈述,陈述的对象是"歌声"。(2)句只出现陈述,它必有指称,隐含的指称是当时当地。

朱德熙曾经正确地指出:有指称,不一定有陈述;有陈述,必有指称。他还论述了陈述可以转化为指称。在汉语里,指称也可以转化为陈述,如"今天中秋"、"他上海人"。值得注意的是:转化为陈述的指称,并不包含内容。

(二) 定指与不定指

词典中的词,无所谓定指与不定指。词用在句子当中必有所指。有所指才能区分定指与不定指。

定指与不定指是以说话人的想法为准,还是以听话人的理解为准?答案是与两方面都有关。陈平曾指出:"发话人使用某个名词性成分时,如果预料受话人能够将所指对象与语境中某个特定的事物等同起来,能够把它与同一语境中可能存在的其他同类实体区分开来,我们称该名词性成分为定指成分。"简单地说,定指是说话人预料受话人能够确定某一词语所指对象。反过来说,说话人认为对方不能确定所指对象,属不定指。下边句子中带旁点的词语属定指。

（1）孙悟空曾大闹天宫。

（2）正方形有四条边。

（3）有一个字很难认，我把它写出，请你看看。

（1）句中的"孙悟空"和"天宫"并非实有的人和事物，但说话人预料受话人知道所指的内容。（2）句中的"正方形"是泛指（generic），也属定指。（3）句中的"一个字"是非定指，因为说话人知道对方不会了解所指。后边的"它"却是定指，因为说话人知道对方了解指的就是前边提到的那个字，这叫同指（coreference）。同指也属定指。

汉语里的定指与不定指与英语里的有定与无定并不完全相当。英语用 the 表有定，用 a/an 表无定。表无定的 a/an 也用来表示泛指。如前边的（2）句译成英语是：

a square has four sides.

（三）旧信息和新信息

陈述句通常是先说出已知信息（旧信息），在此基础上传达未知信息（新信息）。

旧信息并非都由有指的词语构成。例如：

（1）他的老师当得好。

（2）他的老师教得好。

（1）句中的"老师"属无指，（2）句中的"老师"属有指，但是两句中的"他的老师"都属旧信息。在语言链中，往往是新信息不断转化为旧信息。例如：

徐州南郊有座云龙山，山顶有放鹤亭，为宋代文人张天骥所建。

第一分句的"云龙山"是新信息，在第二分句中成了旧信息。第二分句的"放鹤亭"是新信息，在第三句中（承上省略）是旧信息。

新信息的重点叫焦点（focus）。焦点的表现形式有：

第一，自然焦点，即焦点出现在句末。试比较：

（1）他把那扇大门打开了。

（2）他打开了那扇大门。

第二,对比焦点,用对比的方式指明焦点。例如:

　　(3) 这个人硬的不吃,软的也不吃。

　　(4) 我上海到过,天津也到过。

第三,标记焦点,用重读表示焦点或者用副词标记焦点。下边是用副词标记焦点的例子。

　　(5) 你找校长吗? 他就是校长。(用"就"指示焦点)

　　(6) 是他把窗户玻璃打碎的。(用"是"指示焦点)

这两个句子比较特殊,新信息的焦点出现在句首。这种句子有两个特点,一是承接上文(或问话)发表意见,二是用副词标示焦点。"就"用在焦点之后,"是"用在焦点之前。

五、语 法 系 统

(一) 语言系统和语法系统

任何系统都包括许多成分或单位。系统并不是简单的各个成分的总和,它是有规律地按层次和等级组合起来的。也就是说,每个单位处于一定的关系之中。研究系统,重要的是研究这种关系。

系统可以分为封闭性系统和开放性系统。封闭性系统是静态的系统,如机械系统。机械的零件可以更换,但各个成分之间的关系并未改变。开放性系统是处于活动状态之中的系统。当然,不同的开放性系统,活动的程度和方式并不相同,但是它们有共同的特点:

第一,系统内部的因素互相影响,同时,外部因素可以影响内部因素的平衡。

第二,在活动之中不断发展,往往出现中间现象或新的格式。语言是一个复杂的系统,它包括一些子系统,如语音系统、语汇系统、语法系统。整个语言系统的发展与外部因素有关,即随着社会的发展而发展。子系统在发展中也互相影响,最明显的是语音与语汇、语音与语法的相互作用。例如北方话入声的消失与双音词的增加相关,以避免同音词过多。普通话中一些带后缀"子"的双音词,在广州话里大都使用单音词,有些单音词保留了入声韵,其中还有一些古语词。试比较:

普 通 话	广 州 话
鸭 子	鸭〔ap〕
袜 子	袜〔mel〕
凿 子	凿〔tʃɔk〕
谷 子	粟〔ʃuk〕
翅 膀	翼〔jɪk〕

实词虚化与语音弱化的关系十分密切,助词"了"、"着"、"过"原来都是实词,常接在动词后边用作补语。例如旧诗词中的"了"、"着"、"过"当然不念轻声,可是它们接在动词后边,作用跟现代汉语的助词十分接近。

(1) 几时献了相如赋,共向嵩山采伏苓。(张乔《赠友人》)

(2) 整了翠鬟匀了面,芳心一寸情何限。(宋祁《蝶恋花·情景》)

(3) 世间甲子须史事,逢着仙人莫看棋。(许浑《送宋处士归山诗》)

(4) 六年不死却归来,道着姓名人不识。(白居易《恻恻吟》)

(5) 盛衰阅过君应笑,宠辱年来我亦平。(苏轼《和致仕张郎中春昼》)

(6) 请教且与,低声飞过,那里有,人人无寐。(南宋 无名氏《御街行》)

已经完全虚化了的是时态助词"了"、"着"、"过"。没有完全虚化的如趋向动词,请看例句:

(1) 请进! 快来! ("进"和"来"是一般动词)

(2) 请进来! ("进"是一般动词,"来"是趋向动词)

(3) 请走进来! ("进来"是趋向动词)

(4) 快上! 快去! ("上"和"去"是一般动词)

(5) 快上去! ("上"是一般动词,"去"是趋向动词)

(6) 快跑上去! ("上去"是趋向动词)

如果单从意义上讲,上边的"进"、"来"、"进来"、"上"、"去"、"上去"都是趋向动词。如果把趋向动词作为动词的一个附类，也就是说，这一类词虽属动词，但又有虚词性，那么，上边例子中加着重号读轻声的才称得上趋向动词。采取后一种观点，是把依据和标准分开看待的。

方位词作为名词的附类也是由于它带有虚词性。方位词大都不读轻声，它的虚词性主要表现在起附着作用上边。有些学者把方位词称为后置词(postposition)，而把介词称为前置词(preposition)，也就是认为它们有共同之点，即附着于名词等实词，不过是位置不同，一前一后而已。方位词附着于名词，如"桌子上"、"长江以南"，不同于名词与名词构成的偏正短语。偏正短语如"父亲身边"、"学校对面"、"长江尽头"，当中可以插入"的"，而方位短语却不能，这样看来，"屋子外边"、"学校里面"、"桌子上头"中的"外边"、"里面"、"上头"也都是一般名词，它们虽然表示方位，但不属方位词。方位词作为名词的附类，并不只是因为它表示方位，重要的是它有功能上的特点。

附带要说明的是：附类不同于小类。动词分为及物动词和不及物动词，量词分为物量词和动量词，名词分为处所名词、时间名词等，这些都是小类，不是附类。小类是大类的下位划分，附类却不属下位划分。目前通行的汉语语法书，虽然不列附类，却在名词后边特提方位词，在动词后边特提趋向动词等，多少含有承认附类的意味。

有些新兴格式已经为人们所接受，可是语言学家仍在争论，争论的焦点不在能不能存在，而在说明为什么能存在。举个例子吧。

"除非……才"与"除非……不"并存，这是早已公认的。可是下边的句子究竟有无区别，看法很不一致。

（1）除非你去请他，他才会来。

（2）除非你去请他，他不会来。

有人认为两句的意思完全一样，也有人认为有区别。有什么区别，说法也不一致。其实"除非……才"中的"除非"相当于"只有"，"除非……不"中的"除非"相当于"如果不(是)"，它们都表示必要条件。前者从正面说，指明有 A 才有 B；后者从反面说，指明没有 A 就没有 B。

（二）内部结构和外部功能

　　语素、词、短语、句子都是语法单位,这些单位都有自由与粘着之分。拿普通话语音来作比,元音是自由单位,可以单独构成音节,可以互相组合成复合音节,还可以与辅音组合成音节。辅音是粘着单位,不单独构成音节。

　　语素是构词材料。自由语素(成词语素)与粘着语素(不成词语素)的组合情况如下。

　　　　自由语素单独成词:人　茶　走　来　好　快

　　　　自由语素组合成词:铁路　大门　上街　下地　美好　高大

　　　　自由语素与粘着语素组合成词:杯子　苗头　老虎　厨房　离婚　粮食
（带旁点的是粘着语素）

　　　　粘着语素与粘着语素组合成词:友谊　介意　焦距

　　词也可以分为自由与粘着两类。能单说或单用(单独充当句法成分)的是自由词,不能单说或单用的是粘着词。词的粘着与自由之分大体与通常所说的虚实之别相当。为什么是“大体”? 因为有些实词既不能单说,也不能单用,如量词。词是构成短语的材料,有些固定短语当中还掺杂了语素。如“谨小慎微”、“任重道远”、“民富国强”中的“谨”、“慎”、“微”、“任”、“道”、“民”、“富”、“国”,从现代汉语的角度看,它们都不是词,是语素。

　　词和短语之间有中间形式,如“胖娃娃”、“老实人”、“洗干净”之类,通常不插入结构助词,在一定的语境中才能扩展,吕叔湘称之为短语词。此外,如“袖珍英汉词典”、“大型彩色纪录片”等,吕先生称之为语法词的,也属词与短语的中间形式,不妨归入短语词。

　　句子由词或短语构成。能单独构成句子的词是极少数能单说的词,并非所有的短语都能成句。

（三）自足的句子和非自足的句子

　　要讨论自足的句子和非自足的句子必须先分清具体的句子和抽象的句子。

　　具体的句子有形式(form)、意义(meaning)和内容(content),抽象的句子只

有形式和意义,没有内容。例如:

(1) 老王!

(2) 注意!

(3) 下雨了!

(4) 我今天不出去。

有了语境,这些都是具体的句子。(1)句是一个名词构成的句子,它必有所指。(2)句隐含两个名词性成分,即施事与受事。谁注意,注意什么,这就是句子的内容。(3)句隐含时间和地点,什么时间、什么地点在下雨,这是理解句子不可缺少的。(4)句中的"我"和"今天"也都有所指。不难看出,所谓内容就是句子中名词性成分(显性的和隐性的)必有的所指。

所谓句子的自足与不自足多指抽象的句子。如果把具体的句子也包括在讨论范围之内,那么,缺乏时间因素的句子大都是不自足的。

句子不自足与句子结构残缺是不同的概念。例如下列句子属结构残缺。

(1) 他昨天把教室打扫。

(2) 如果还按照宽行大垄的种植方法,那么增产的潜力是不大的。

(1)句是"把字句",述语动词"打扫"必须带上一些附加成分,结构才完整。比如可以说成"打扫得干干净净"、"打扫了一遍"等。(2)句是复句,前边分句用上介词"按照",它的后置成分是"……方法",缺少动词。应该说成"按照宽行大垄的方法种植"。

有些句子的结构是完整的,可是语义上还欠缺些什么,属不自足的句子。试比较下列各组句子:

(3) a. 他上大学。(不自足的句子)

b. 他上大学了。

c. 他准备上大学。

d. 他在北京上大学。

e. (问:他毕业之后有何打算?)

答:他上大学。

(4) a. 他答应。（不自足的句子）

　　b. 他不答应。

　　c. 他没有答应。

　　d. 他答应吗？

　　e. 他答应？

以上两组的 a 句不自足，原因是缺少时间因素。(3)组的 b 句用上语气词"了"，表示出现新情况。所谓新情况是以说话时间为基准的。c 句用上"准备"，表示事实属于未然。d 句的"在"是副词"在"（正在）与介词"在"的归并(haplogy)，说明动作在进行中。e 句的时间因素隐含在问话之中，理解时必须加上隐含的时间因素。(4)组的 b 句和 c 句都用上否定副词，判断的是已经发生的事实。d 句和 e 句是疑问句，也隐含时间因素。

(5) a. 我吃了饭。（不自足的句子）

　　b. 我吃了三碗饭。

　　c. 我吃了饭就动身。

　　d. 我吃了亏。

(5)组的 a 句不自足，仍旧是由于缺少时间因素。"了"表示完成，在句中没有说明时间的词语。如果说成"我昨天吃了饭"、"我今天吃了饭"等，时间明确了，却是废话。b 句加了数量词，叙述已经实现的事实。c 句接上后续部分，叙述尚未实现的事实。它们都符合表达的要求。d 句和 a 句相比，形式相同。可是在一般情况下，d 句只用来说明已有事实，所以并不缺少时间因素。

(6) a. 桃花红。（不自足的句子）

　　b. 桃花是红的。

　　c. 桃花红了。

　　d. 桃花红得十分可爱。

(6)组的 a 句缺少时间因素。b 句用"是……的"格式，表示全称判断，时间是泛指的。c 句的"桃花"属特指，句末用上"了"说明新出现的情况。d 句助词"得"后边用短语充当补语，表示已经实现的事实。

(7) a. 他跑得快。(时间歧义)

　　b. 他可能跑得快。

　　c. 他跑得像流星一样快。

(7)组的 a 句的时间不明确,可以指可能出现的情况,也可能指已经出现的事实。b 句和 c 句就不产生歧义,b 句指可能性,c 句指既成事实。

　　句子既叙述客观现实,又表示说话人对事实的主观态度。主观方面主要是语气,每一个句子必定有特定的语气。客观方面主要是时间因素。句子表示时间有多种多样的方式,有显性的,也有隐性的,这是成句的必要条件。

六、语言单位的对立和不对称现象

(一) 语言单位的对立

　　现代语言学的发展趋势之一是重视方法的研究。这里所谓研究方法的重视,与其说是创造什么新的方法,不如说是自觉地运用曾经使用过的一些有效的方法,使它更系统、更严密,从而行之有效。当然,并非没有改革,只是改革是在不同范围内不断地进行的。汉语的研究当然也是如此。最明显的例子是我们根据汉语的特点广泛采用结构主义语言学的一些方法。比如用"替代法"辨识语素,用"分布分析法"给词分类,用"直接成分分析法"描写语言单位的内部结构,用"变换法"解释同形异构的现象,等等。这些被人们称为结构主义的方法,只不过是美国描写语言学的方法。结构主义语言学除了描写语言学之外,还有布拉格学派和哥本哈根学派,它们都有各自的分析方法,值得我们借鉴。本文想谈谈布拉格学派的一种方法在汉语分析中的应用。

　　布拉格学派注重的是语音的研究,在音系学方面有重大贡献。其实,音系学的一些理论原则、基本概念和研究方法对语法和语义的分析也很有启发。例如研究音位,以对立为基础,元音的舌位有"高—低"的对立,辅音的发音方法有"清—浊"的对立,等等。许多语言学者已经在语法和语义的分析中使用了"对立"的概念,而且在方法上又有所发展。在这里,我们特别要提到布拉格学派的代表人物之一——雅可布逊(R.Jakobson，1896-1982)。他曾经提出：对立的双方可以分为无标记项(unmarked member)和有标记项(marked member)。例如/p/和/b/，/t/和/d/，/k/和/g/对立，浊音是有标记项，与之对立的清音是无标记项。值得注意的是：这里讲的"标记"有其特定的含义，所谓"有标记"指的是具有某种区别意义的特征。对立双方的区别主要表现在有标记项上边，于是出现不对称现象。这种概念不仅仅用于语音分析，也适用于语言的其他层次上边。在语法上，例如 boy 是无标记项；boys 是有标记项；work 是无标记项，worked 是有标记项，这些都是显而易见的。语义上的有无对立并不表现在词形变化上，因此容易被人忽略。例如 deep 和 shallow 对立，前者是无标记项，后者是有标记项。我们虽然可以说 deep water(深水)，也可以说 shallow water(浅水)，但是如果要了解水的深度，就只能问"How deep is it?"，而不能问"How shallow is it?"。这个例子说明什么呢？第一，在语义上，无标记项和有标记项的对立有其特点；第二，词语搭配上的选择限制也是一种标记。下边我们要谈的是汉语在这方面的一些表现。

(二) 不对称现象

　　汉语里对立的形容词有两种情况：一种是同义互相排斥的，即"非此即彼"。如"真—假"、"对—错"、"正—反"。这属于二项对立。一种是词义对立但不排斥中间概念的，如"大—小"、"高—低"、"深—浅"。这属于多项对立，在问程度的时候，基本格式是：

　　　　　多 + 形容词?

运用这个句式时，有下列限制：

　　第一，不能用二项对立的形容词。例如不能问"多真?"、"多正?"、"多对?"。只能问"多大?"、"多高?"、"多深?"。

　　第二，受不对称规律的限制。例如可以问"多大?"，不能问"多小?"；可以问"多深?"，不能问"多浅?"，等等。有一个例外："多多?"不能说，须说成"多少?"。

　　第三，不能用双音节形容词。双音节形容词前边加"多"构成感叹句，而不是疑问句。试比较：

多大？　　多高大！

多远？　　多辽远！

多重？　　多沉重！

必须补充说明：有些单音节形容词，如"黑—白"、"红—黑"、"方—圆"、"圆—扁"之类，完全是习惯形成的对立，也不能用于上述问式。

　　在形容词对立情况的分析中，我们最感兴趣的是那些不对称的现象。然而这种现象并非形容词所特有。有些成对的动词，特别是单音节动词，在某种句式中也有不对称的现象。例如：

　　　　减—加

　　可以说"把他的工资给减了"，通常不说"把他的工资给加了"，但是可以说"把他的工资给增加了"。

　　　　关—开

　　可以说"把收音机关了"，通常不说"把收音机开了"但是可以说"把收音机打开"。

　　　　脱—戴

　　可以说"请把帽子脱了"，通常不说"请把帽子戴了"，但是可以说"请把帽子戴上"。

　　方位词的使用也有不对称的情况。例如：

　　　　前—后

　　吕叔湘先生曾经指出："前"可以指过去，也可以指未来，"后"只能指未来，不能指过去。例如，"前天"、"前年"、"前人"、"前辈"、"前事不忘"、"前车之鉴"的"前"指过去。"前程远大"、"前途无量"、"前景光明"的"前"指未来。"后天"、"后人"、"后年"、"后辈"、"后顾茫茫"、"后患无穷"的"后"都指未来。

　　如果有人在公共汽车上问售票员该在什么地方下车，售票员回答说："在中山公园前一站下车。"这就有两种解释：一是尚未到达中山公园的那一站；一是超越了中山公园的那一站。如果说"中山公园后一站下车"，就只有一种解释。

这种不对称现象与一方有、另一方无的"有无对立"稍有不同,它是一种全与偏的对立。布拉格学派曾举 dog 和 bitch 为例,说明某种对立的情况。dog 包括雄狗和雌狗,bitch 则专指母狗,这也是全与偏的对立。又如:

上—下

"上"既指实际方位,又可以指表面。"下"指实际方位,不与指表面的"上"相对待。例如"桌子上—桌子下"、"床上—床下"是对称用法。而"地球上"如果指"地球表面",那么与之相对的是"地球里",而不是"地球下"。同样,"手上"如果指的是"手的表面",那么,相对待的是"手中",而不是"手下"。

吕叔湘先生还指出:代词"这"可以指上文,也可以指下文;"那"只能指上文,不能指下文。这也属于全与偏的对立。

其实,词义的对立,除了有与无的对立、全与偏的对立之外,还有一种交错对立。比如英语里有 deep breathing,而没有 shallow breathing;有 shallow beach,而没有 deep beach。汉语里也有类似情况:有"深呼吸"而无"浅呼吸";有"浅滩"而无"深滩"。

再以"大—小"为例。有不少名称只有"大"没有"小",吕先生曾举数例:

大海	大陆	大战
大殿	大楼	大厅
大粪	大衣	大庆
大赦	大使	大饼
大自然	大少爷	大团圆
大本营	大后方	大革命
大扫除	大舌头	大杂烩

名词中也有只有"小"没有"大"的。例如:

小辈	小丑	小贩
小费	小工	小吃
小卖	小偷	小鞋
小百货	小动作	小辫子

　　小伙子　　小品文　　小时候

　　小心眼　　小意思　　小市民

　　有一种正负对称的情况:原有语言单位前边加上表示否定意味的语素,于是构成对立的形式,如"错—不错"、"简单—不简单"、"怎么样—不怎么样"。"错"的反义词是"对",可是"不错"是"好"的意思。"简单"的反义词是"复杂",可是"不简单"是"有能耐"的意思。"怎么样"表示疑问,"不怎么样"并非对疑点的否定,而是"不太好"的意思。这是另一种对立和不对称的现象。有一些带否定语素的语言单位,如"不得已"、"非卖品",并没有与之对立的不带否定语素的形式,不妨这么看:它们的对立形式为"零"。这属于特殊的不对称观象。

七、语法分析的心理学基础

　　语法分析最早是和哲学联系在一起的。古希腊学者的著作中提到名词、动词、主语、谓语之类的术语,只是为了说明思想认识方面的问题。17世纪出现的唯理语法在分析方法上提出了一些基本原则,实质是以拉丁语为规范,以逻辑为准绳。这种观点对传统语法的分析方法有深重的影响,一直受到现代许多语言学家的责难。把语法分析和逻辑分析混为一谈,自然是不恰当的,但是语法分析和逻辑分析并非毫无关系,这个问题我们不打算讨论。现代语法学的分析方法却是和心理学密切相联的,不同的分析方法跟不同的心理学派有密切联系。没有听到什么人指责在语法分析中运用了心理分析的方法,但是不同的语法学派常常互相责备,认为自己的分析方法所根据的心理学方法是科学的,而别人所依赖的心理学基础是不可靠的。往往各有所见,各有所偏。

　　心理学是19世纪80年代才建立起来的。早期运用的方法是内省法,即通过自我观察来发现心理现象,完全依赖主观体验。这种方法与传统语法有吻合之点,但是无论如何不能认为传统的语法分析方法是受了早期心理学的影响。反对把人的心理现象当作纯粹的内在心理活动来研究的是行为主义(behaviorism)心理学。它的基本理论是 1913 年华生(J. B. Watson)提出来的,即用"刺激—反应"(Stimulus-Response, SR)来解释人类的行为。与此相关的是认为人们的学习过程可以概括为"尝试与错误"(trial and error,简称试误),即经过反复试验,从失败中吸取教训,然后取得预期的效果。布龙菲尔德等结构主义学者运用这种理论来说明言语活动。语言是表义的,什么是意义呢? 他们认为意义是说话人发出的声音(刺激)使听话人引起预期的反应。由此可见,结构主义并非不讲意义,只不过对意义另有解释罢了。结构主义提倡用替换法辨识语素,实际上是运用试误的方法。为什么"枇杷"是一个语素,而不是两个语素? 因为用任何已知的语素替换"枇"或"杷",都不能引起预期的反应。也就是说"X 杷"或"枇 X"不是音义结合的语言单位。为什么"工人"是两个语素? 因为可以替换成"客人、大人、古人"或"工厂、工程、工具"等,之后都能引起预期的反应。不难看出,意义在这里不是确定语素的标准,但是它是测定语言单位能否成立的依据。本来,语言单位是声音和意义的结合,这一点结构主义也是承认的。结构主义还提倡直接成分分析。对语段进行切分,也属试误过程。比如把"他们来了"切分成"他"和"们来了",后边这组声音不能表达意义,所以要重新尝试切分。

行为主义心理学主张对行为作客观的考察,尽可能排斥主观意识的作用。既然人类的行为是对刺激的反应,而学习又是一种试误的过程,那么,主观方面的积极作用自然被忽视了。拿言语活动来说,持行为主义观点的人总认为说和听(或者读和写)是一件事的两端。至于析句,说明语句是怎样表达的,就自然能达到理解的目的了。可是不少语言学者并不这么认为。叶斯柏森早在 1938 年出版的 *Essentials of English Crammar* 中就曾经谈到:在言语活动中,必须区别表达(expression)、隐含(suppression)和印象(impression)。表达是说出来的语句,隐含是说话人该表达而没有说出来的内容,印象是听话人所获得的信息。

不难想象,听话人所获得的印象,不但来自表达的语句,而且来自隐含的内容,但远不止此,还来自听话人的经验,包括直接的经验和间接的经验。看来,用言语进行交际,并不是一种单向的活动,不能认为一方发送信息,而另一方接受信息,应该把交际双方都作为积极的主体,这就是现代认知心理学(Modern Cognitive Psychology)的观点。根据这种观点来考察言语活动,听或读的方面的积极性主要表现在:对信息加以辨识;对信息加以整理;对信息加以处理。

整理信息,指把语言的线性单位加以编排,以便于理解。现代认知心理学认为人们听别人说话,接受一个一个单词,必须依次纳入暂时记忆的领域,到听完一句话才能串起来理解。然而人的暂时记忆的容量是有限的,必须把语言材料编成记忆的形式,即所谓块(chunk)。例如"天空出现彩云"是三块,"东方的天空隐隐约约出现朵朵彩云"经过编排,仍旧是三个组块。他们通过实验,证明语句的合适的信息数量是 7±2 块。这里把语句的结构单位看作一个变数(一个词、一个短语……)是符合人们的认知规律的。因为在理解语句的过程中,人们不是对一个个的词作出反应,而是对块作出反应。所谓作出反应,是指人们把块的内部结构纳入经验积累中得到的种种范畴和模式,这是一种不依靠临时的推理来识别言语的活动。在这里,没有理由否定试误的作用,因为这种识别能力通常是经过试误的过程才获得的。而且,语言在发展,试误的过程永远不会终止。况且,直接成分分析其实也是一种整理过程。有了块,还必须整理出层次,否则是不能达到交流思想的目的的。

处理信息,指按照一定的目的作出储存信息或进行反馈的决定。一般地说,陈述句和感叹句是供储存的,疑问句是要求用语句反馈的,祈使句则要求用行动反馈。但也不尽然。例如儿童指着橱窗里的玩具对母亲说:"那个小娃娃真可爱!"这是感叹句,可是真实的含义是要求母亲购买玩具。又如有人问你:"能不能把钢笔借给我用一用?"这是疑问句,却并不要求你用语言回答,要求的是把钢笔递给他。

现代认知心理学是 20 世纪 50 年代兴起、60 年代流行的,几乎与乔姆斯基(N. Chomsky)的转换生成语法的兴起同时。两者的基本观点(例如把人脑看成是接受信息、加工信息、传达信息的装置)十分接近,当然不是偶然的。一方面由于信息论的影响,另一方面由于旧的认知心理学(完形心理学)给他们以启迪。完形心理学又称格式塔(Gestalt)心理学,它认为学习的过程不是试误,而是领悟,类推是语言习得的重要途径。这些观点看到事实的另一面,所以有启发性。它的缺点是没有重视人们在生活中积累的语言模式,未能深入说明语言现象。

现代语言学的主流在美国。科学的心理学的建立虽然在德国,但是有影响的流派都在美国兴起。语言学和心理学的思潮相互影响,这不但由于科学本身有内在联系,而且也因为在美国这个地方,两者观点的交流具有十分有利的条件。无怪人们一提起语法分析的心理学基础,想到的就是上边讲的那些内容。

然而我们把眼光放远一点,一定还会发现新的景象。比如在前苏联,语言学也好,心理学也好,一直有它自己发展的道路。他们的旗帜是以马克思列宁主义的方法论为基础,强调与各种唯心主义和机械唯物主义的斗争。对于西方的各种学派,曾广泛地进行批判。然而近年来不少学者认为本国科学的进展应该与世界科学的发展密切联系,批判与吸收应该是相关而不是相背的。不管你承认不承认,事实的确如此:科学的进展是打破国界的。比如行为主义心理学是在美国兴起的,可是它吸取了巴甫洛夫信号系统的学说。又如现代认知心理学把人的感性认识和理性认识联系起来等合乎辩证法的观点,当然接受了当代哲学的影响。另一方面,前苏联的心理学和语言学,它的发展也往往概括了世界上科学的某些成就。在这里,我们想提一提"定势"(set)的问题。

提倡定势理论是前苏联心理学特有的派别。什么是定势? 简单地说,指的是已进行的定向活动形成的简化形式。他们认为不仅在知觉当中,而且在心理活动的各个领域都有定势。在知觉当中,生理上无意识的自我调节自然属于定势。在别的方面,包括言语活动,无不包含定势。定势的表现是没有推理过程的,但常常是已有的逻辑思维简约的结果。我们常说的"语感"大都如此。

定势理论广泛应用于语言研究方面。比如,定势有不同的控制范围:有些语言定势是全人类的,有些语言定势是全民族的,有些定势是某些地区的,有些定势是个人的……这些理论对我们很有启发。如今有些语言学者强调语言共性的研究,有些语言学者强调民族语言的个性的研究,其实可以并行不悖,大可不必争长论短。

近年来,随着对外文化交流的频繁,语法学者对新兴的分析方法大都很感兴趣。这当然是好事,但是有几种倾向也值得注意:第一,认为最新的方法就是最好的。其实科学上新的成就都是在已有的成就的基础上发展的,旧的方法往往被消化吸收,并非完全摒弃。而且,科学在不断发展,所谓最新的方法,并非十全十美。比如现代认知心理学,可算是最时兴的了,可是批评的文章并不少见,而且愈来愈多了。我们必须了解一种学说、一种方法的来龙去脉,知道它的长处和短处,才能充分利用。第二,人家把老祖母的衣服找出来当作时装,有人也以为是最新创造。比如目前有些语法分析的文章(特别是海外发表的),运用的是内省法,例句是杜撰的,有人也加以引用。这种情况只有加强科学发展史的修养,才能避免。第三,老是跟在人家后边,亦步亦趋。学习外国的东西是应该的,但须有个立足点。我们的语言有什么特点,我们需要解决什么问题,我们迫切需要的是什么,这就是我们的立足点。排斥外来的东西当然不对,一味引进,毫不考虑实用,至少是浪费。

主要参考文献

胡裕树、范晓:《试论语法研究的三个平面》,《新疆师范大学学报(社会科学版)》1985 年第 2 期。

施关淦:《关于语法研究的三个平面》,《中国语文》1991 年第 6 期。

莫里斯:《指号、语言和行为》,罗兰、周易译,上海人民出版社 1989 年版。

文炼、夏允贻:《歧义问题》,黑龙江人民出版社 1985 年版。

朱德熙:《自指和转指》,《方言》1983 年第 1 期。

吕叔湘:《汉语语法分析问题》,商务印书馆 1979 年版。

乔姆斯基:《句法结构》,邢公畹等译,中国社会科学出版社 1979 年版。

汤廷池:《国语语法与功用解释》,载《汉语词法句法论集》,台湾学生书局 1988 年版。

布龙菲尔德:《语言论》,袁家骅、赵世开、甘世福译,商务印书馆 1985 年版。

冯志伟:《现代语言学流派》,陕西人民出版社 1987 年版。

沈阳、郑定欧主编:《现代汉语配价语法研究》,北京大学出版社 1995 年版。

涂纪亮主编:《语言哲学名著选辑》(英美部分),生活·读书·新知三联书店 1988 年版。

汤廷池:《国语语法研究论集》,台湾学生书局 1970 年版。

贺阳:《汉语完句成分初探》,《语言教学与研究》1994 年第 4 期。

黄南松:《试论短语自主成句所应具备的若干语法范畴》,《中国语文》1994 年第 6 期。

竟成:《汉语的成句过程和时间概念的表达》,《语文研究》1996 年第 1 期。

Li and Thornpson, *Mandarin Chinese*, Berkeley: University of California Press, 1981.

Rumelhart, D. E., *Theoretical models and processes of reading*, Newark: International Reading Association, 1985.

第三章　领悟与节律

一、句子的理解策略

　　句子的理解策略的研究和通常所说的句子分析不是一回事,虽然它们的关系十分密切。句子分析是把已经完成的句子加以解剖,使用的材料主要是书面语言;句子的理解策略的研究是从听话的角度考察接收信息的过程,探讨人们如何逐步懂得全句的意思。这种策略当然也适用于书面语言,不过,我们不把句子当作一次出现的整体符号,而看作一种动态的符号串,一个符号接一个符号显示出来,使接收信息的人逐步理解,直到达到目的。打个比方吧,人们研究消化系统,可以有不同的角度,或者着眼于了解食道和肠胃的功能,或者着眼于消化的过程。前者须进行生理解剖,后者则采取种种测试方法,包括对不同年龄的人的消化吸收情况的测定。当然,要了解消化过程,须先进行生理解剖。

　　句子分析和句子理解策略的研究,它们的着眼点不同,但是后者以前者为基础。如果要对理解句子的过程作科学的分析,就必须对句子的表意因素作细致的解剖。粗略的解剖不可能作为复杂的理解过程的描述基础。比如有人认为句子的意义不过是词义加上句法结构构成的,在这种认识的基础上研究句子的理解过程,最多只能说明对简单句子的理解。国内外有些心理学家,以幼儿作为研究对象,他们考察的结果大体一致,即词义策略在幼儿的理解过程中占首要地位,句法次之。对成人来说,特别是理解复杂的句子,情况又如何呢? 要回答这个问题,必须了解句子的意义究竟有哪些因素在起作用。通常称之为句子的理解因素(interpretant)的,包括句内因素和句外因素。句内因素包括词义、语义、句法、层次、语气、口气等;句外因素即语境,也是十分复杂的。理解因素的分析为探讨句子的理解过程创造了必要条件,而各种理解因素在不同的情况下所起的不同作用,正是有待于深入研究的问题。情况虽然复杂,但是可以把理解策略归纳出一些类型来,或称之为理解模式。常见的有下列四种。

(一) 词语提取策略

句子总是在旧信息的基础上传达新信息。所谓旧信息是交谈双方共知的,有时用词语表达出来,有时依靠语境暗示。接收信息的人当然把注意点集中到新信息上边,往往抓住新信息中的关键词语,据以探索全句的意思。这种策略只适用于简单的句子,特别是动词谓语句。人们利用动词的格框架(case-frames),把词义(动词的意义)和语义(动词与名词性成分的关系,主要是施受关系)融为一体,从而掌握全句的意思。例如下列两组词有不同的框架:

　　　　a. 战胜　看懂　听见〔_A(O)〕

　　　　b. 战败　揭露　改善〔_O(A)〕

比如用"战胜"造句,须出现施事,或出现受事或不出现受事:

　　　　甲队战胜了乙队。

　　　　甲队战胜了。

用"战败"造句,须出现受事,不一定出现施事:

　　　　甲队战败了乙队。

　　　　乙队战败了。

同一个动词可以有不同框架,而不同框架表示动词的不同含义。以"笑"为例:

　　　　笑$_1$　〔_A〕　他笑了。

　　　　笑$_2$　〔_AO〕　他笑你。

即使是简单的动词谓语句,也不是都能单凭动词的格框架就可以理解全句的意思的。例如"爱"的框架是〔_AO〕,幼儿区别"妈妈爱宝宝"和"宝宝爱妈妈",还得借助于语序。又如"做"的框架也是〔_AO〕,儿童在游戏时一会儿说:

"我做爸爸,你做妈妈。"一会儿说:"我做饭,你做菜。"他们能区别"做"的不同含义,是因为语境的限制。

总之,利用动词的格框架理解句子的含义,是一种简便的策略,幼儿初学语言,常常运用这种策略,但是在许多情况下,这种策略不是自足的,须有其他条件作补充。

(二) 词语预测策略

信息交流是一种双向活动,一方面是表达(包括说和写),一方面是理解(包括听和读)。听和读的方面并非完全处于被动地位,往往根据自己的经验作选择性理解。比如某人听到别人叫他的名字,他首先判断声音出自熟人还是生人。如果是熟悉的人,他再根据具体情况作出反应。如果是陌生人,他也可能作出种种猜想。总之,理解过程伴随着猜测;人们对此大都是不自觉的,但事实的确如此。猜测的范围与接收信息人的文化修养、交谈背景、双方关系等密切相关,但语言学家关心的是语句结构方面猜测,而一切具体的合乎逻辑的思想也是离不开语言结构的。这方面的现象已被一些语言学家所重视,例如霍凯特(C. F. Hocket)在他的 *Grammar for the hearer*(《听话者的语法》,1961)中认为人们听话时总是一边听,一边预测,一边修正,一边理解的。

从心理学的角度考察,语言预测的基础是联想。语言符号引起的联想受两种规则的支配,一是聚合规则(paradigmatic rules),一是组合规则(syntagmatic rules)。人们在长期的言语活动过程中,把语言符号加以分类(不一定是词类),这是聚合;把符号与符号的连接关系加以确定,这是组合。例如人们听到数词后边出现"个"或"只",马上会归为一类;听到"点"或"些",会归入另一类。前者可称为定量量词,后者可称为不定量量词。在人们的头脑中,定量量词常与个体名词同现,不定量量词常与抽象名词或集体名词同现。当然,这里只不过是为了叙述的方便,实际上储存在人们脑子里的认知知识,并没有贴上一个个的标签。在我国传统的语文教学中,童蒙入塾,要学习对偶,其实是培养对聚合规则和组合规则的自觉理解。拿今天的眼光看,似嫌陈旧,但是这种训练确实能收到一定的效果,其合理之处,仍值得发扬。

当然,不能认为句子的理解完全依靠预测。预测不过指出理解的方向。譬如行路,有了方向的指引才不会到处摸索。这样就可以用较短的时间,花较小的气力,最有效地到达目的地。作为理解的策略,词语预测必然具有民族语言的特点。关于汉语的情况,我们还缺乏全面的系统的研究,但是不少语法学者已经注意到这方面的问题。例如:

发端句和后续句　听到发端句,预测后续句,这是较常见的现象。最明显的是带有"因为"、"如果"、"虽然"之类的句子,必有相应的后续句。此外还有一些值得注意的语言格式,试比较:

可以自足的句子	须有后续句的句子
中国人民站起来了。	中国人民站了起来,……
你通知他一下。	你通知一下他,……
大家夸着你呢。	大家夸着你,……
他刚从北京回来。	他从北京回来,……

不难看出,语序、虚词以及表示时间的词语能影响句子的独立性。发端句促使听话的人预测,预测的内容虽不十分确定,但有一定的范围。

指称和陈述　在具体交谈中,出现指称,不一定有陈述;出现陈述,必定有指称。例如有人指着地图中的一个圆点说:"上海。"这是指称,没有陈述。又如有人说:"下雨了!"这是陈述,必有指称,那就是某时某地。虽然不说出来,听话的人能够领会。可是有些指称必有陈述,例如"老王"是指称,如果称呼对方,不必有陈述;如果指称第三者,必有陈述。又如"研究问题"、"改善关系"、"提高水平"是陈述,而"问题的研究"、"关系的改善"、"水平的提高"是指称。这些由陈述转变而来的指称要求有所陈述。也就是说,听话的人预测有后续词语。

一般地说,人们接收了指称信息,总是预测下边有陈述信息出现,可是下边可能出现另一个指称。例如有人说出"下午",接着说出"我们",听话的人先是等待对"下午"有所陈述,后来便把它当作没有陈述的指称,作为全句的背景说明,再等待对"我们"有所陈述。下边如果出现"开会"、"休息"、"参观"等,预期才得到满足。在这里,有两种指称,一种是"下午",一种是"我们"。前者只表示叙事的背景或相关事物,属广义的指称(reference),后者有所述,属狭义的指称,可称为所指(referent)。

附加信息和主要信息 句子中必定有主要信息,但不一定有附加信息。附加信息出现,必然跟着出现主要信息。有些词专用作附加信息,如非谓形容词和副词。有些短语也属附加信息,如介词短语。名词性短语用作附加信息的如:

> 大规模(生产) 小范围(试验)
>
> 高速度(运行) 长时间(鼓掌)

数量短语通常用作附加信息,但是也可以代替主要信息。如果用 ABB 的形式重叠,多用作主要信息,如"一个个身强力壮"、"一朵朵争奇斗艳"。如果用 ABAB 的形式重叠,只用作附加信息,如"一本一本阅读"、"两个两个排列整齐"。此外,结构助词常用作附加信息的记号,可是带"的"的词语也可以成为主要信息,即通常所说的"的字短语"。

动词和宾语 能带宾语的动词,有的是必须带的,有的是可带可不带的。前者即所谓粘宾动词,它们的宾语比较简单,也就容易预测。比如"归咎"、"归罪"、"归功"后边必定出现人或集体;"自称"、"通称"、"简称"后边必定出现事物或人的名称。至于可带宾语的动词,情况较复杂。有的只能带名词性宾语,有的只能带非名词性宾语,有的兼而有之。有的只能带一个宾语,有的能带双宾语。总之,在我们的经验中,已经把动词分为若干小类,以便于预测。

(三) 尝试组合策略

构成句子的词一个一个地出现,词和词不断地发生组合关系,直到体现整个句子的意思。比如先出现语言单位 A,再出现 B,人脑子里的语言知识库对输入的信息不断扫描,提出一种假设,即认为 A 和 B 有某种句法关系。也可能认为 A 和 B 之间没有直接关系,于是让 A 储存在短时记忆里,等待 C 的出现。C出现之后,可能有种种情况:或拆散已经组合的 AB,或将游离的 A 跟 BC 组合,等等。例如：

> 我的家在东北松花江上。
>
> 双方尽了最大努力。

人们一边听，一边将词组合成板块，储存在短时记忆里，直到理解全句为止。前一句中，"我的家"组成一个板块，"在东北"组成第二个板块。出现"松花江上"的时候，拆散第二个板块，让"东北"与"松花江上"组合，然后与前边的"在"组合。后一句中，"双方"成一个板块，"尽了"与"最大"不能组合，自成板块。"努力"出现，先与"最大"组合，再与"尽了"组合。

行为主义心理学用"刺激—反应"来解释人类的行为，同时认为学习的过程可以概括为"尝试与错误"（试误），即从失误中吸取教训，取得经验，以便顺利地收到预期的效果。按照这种理论说明句子的理解过程，那就是不断尝试、不断纠正，让词与词的组合得到合理的解释。这种过程是后出现的单位控制着前边的单位。而预测的策略恰好相反，是前边的单位控制着后边的单位。词语预测策略和尝试组合策略是互相联系、互相补充的。如果理解的过程仅仅是试误的过程，那么，人的脑子不过是一种机械装置，靠有规则的运算达到理解的目的。人之所以比机器高明，是因为能发挥主动性。在理解句子的过程中，不断预测；由于预测指明理解的方向，大大缩短了试误的过程。当然，在预测过程中也伴有试误的手段。吕叔湘先生曾经说：

> 反复试验是人类以及别的动物的生活中经常运用的手段，说话和听话也不例外。听人说话，听了一个词，根据他的语法和词汇知识预期底下可能是一个（或哪几个里边的一个）什么词，也许猜对了，也许猜错了，一个个词顺次猜下去，猜测的范围逐步缩小，猜对的机会逐步加多，最后全对了，就叫做听懂了。

这是对预测和试误的关系的最好说明。

（四）模式对照策略

人类的认识过程中，类推常常起着重要的作用，这是难以用试误的手段来解释的。例如把一个三角形用投影放大,人们凭视觉能发现两者相似,这是类推的结果。在类推活动中,人们往往抓住事物的特征去推断整体。例如了解三角形的两边及其夹角,或了解它们两角及其夹边,就可以推断整个三角形的形状。理解句子也常运用这种策略。听别人说话,把接收的部分信息和已有的经验联系起来,发现它们有一致的地方,于是用来推断句子的含义,这就是模式对照策略。

长期使用某种语言的人,脑子里储存了各种各样的句子模式。一种是语气模式,如疑问句、陈述句等,通常称之为句类(kinds of sentence)。一种是结构模式,如主谓句、非主谓句等,通常称之为句型(types of sentence)。一种是特征模式,宜称之为句式(patterns of sentence)。句类和句型是根据整个句子辨认的,必须等句子说完才能确认。句式则不然,不一定听完全句,只要掌握了某些特征,就可以推断句子的模式,从而理解句子的基本意义。下边举"是字句"为例:

(1) 明天是……

(2) 箱子里是……

(3) 好是好,……

(1)句说明日期,(2)句叙述存在的事物,(3)句表示与字面相悖的另一层意思。再以"把字句"为例:

(4) 你把这杯酒……

(5) 我把你这个人……

(4)句要求对事物加以处置,(5)句表示某种情绪。这些句子不用说完,只要出现在特定的语境中,听话的人就能明确地理解。

在实际的交谈过程中,理解策略总是综合运用的,不过往往有所侧重。而且,不同年龄、不同文化程度的人、不同的交谈内容等,在策略的运用上都有差异。从总体上研究这方面的问题,对充实语言学的普遍原理有重要意义。从联系教学实践来研究这方面的问题,考察不同年龄的学生的理解策略,有针对性地培养他们的理解能力,这无疑是更为迫切的课题。

二、句子的理解与信息分析

用词组成句子,得依照一定的规律。传统语法用词类和句子成分之间的对当来说明这种规律。转换生成语法则认定句子中词与词之间有一种内在的逻辑关系,或称之为深层结构,或称之为别的什么。实际的句子是在这个基础上形成的。从深层结构转换成表层结构,得有一定的规则来控制,否则就会生成不合法的句子。比如汉语的"羊"、"吃"、"草"三个词,有一种内在的关系:"羊"是施事名词,"吃草"是动作,其中"吃"是动词,"草"是受事名词。把这三个词排成线性序列,有六种形式:羊吃草、草羊吃、羊草吃、草吃羊、吃羊草、吃草羊。前三种序列是成立的,后三种是不合法的。人们可以用一条规则来控制:及物动词与施事、受事同时出现时,施事必须出现在动词之前。

可是乔姆斯基认为合法的句子,有些语法学者(例如某些功能语法学派的学者)却表示怀疑,比如"羊吃草"、"草羊吃"、"羊草吃"都算作合法的句子,在具体运用时,它们有没有差别呢? 比方说,在某一语言环境之中,只宜用其中一种格式,而不宜用另外两种,那就等于说,只有一种是合法的了。例如有人问:"羊在吃什么?"只能说"羊吃草",而不能说"草羊吃"或"羊草吃"。

当然,乔姆斯基完全可以为自己辩护,因为他曾申明:他的语法是解释性语法,而不是描写性语法。他认为传统语法和结构主义语法是描写性的,而转换生成语法是解释性的。其实,解释性的语法也有两种,一种是语言能力的解释,一种语言规律的解释。乔姆斯基的解释属于前者。至于语言规律的解释,必须以描写为基础。离开了语言事实的描写,就不能发现规律;没有发现规律,也就谈不上解释。乔姆斯基的语法既然着重研究语言事实的成因,他就可以不考虑语言的具体运用。传统语法和结构主义语法着重分析语言事实,要从中发现运用的规律。教学语法的主要内容是说明语法规律,充分利用传统语法和结构主义语法的研究成果是理所当然的。当前,人们已经感到要提高语法教学的质量,不能停留在规律的描写上边,必须对规律加以解释。就是说,不但要讲是什么,必须分析为什么。句子是信息的载体,从语用上看,信息的分析在语言分析中也是重要的。

(一) 显示的信息

检验句子是否正确,一般人依靠语感。懂得语法的人常常凭借语法知识,但并不排斥语感。他们认为:凭语感判别正误是不自觉地掌握规律,凭语法判别正误是自觉地掌握规律;方式不相同,结果是一致的。乔姆斯基说:

> 检验一部为 L 语编写的语法是否完善、是否有效的一个方法就是看一看照这部语法生成的句子实际上是否符合语法;也就是说,说这种语言的本地人是否认为这样的句子可以接受等。

这就不但认为语感和语法互为表里,而且把语感看成是检验语法的准绳了。

然而事实并非尽是如此,有时会出现语感和语法规则有矛盾的情况,我们常常会发现不同的人(虽然他们都是说同一种语言的本地人)对同一个句子的合法度持不同意见,甚至说法完全相反。原来通常所讲的语感是一个笼统的概念,它的内涵并不十分确定。从心理学的角度考察,语感不过是一种语言定势。所谓定势指的是长期的定向活动的简化形式。动物的无意识的自我调节(如眼前有异物晃动,眼皮立刻合上),属先天的定势。人类的大量定势是后天形成的。语言定势是人们在日常交际活动中所形成,形成的条件十分复杂。因此,不能看成是单向的、统一的活动方式。语言定势有不同的层次,或者说,言语的定向活动的范围有大小之别。大范围的是世界各种语言的共同定势;范围较小的,如民族语言的定势;更小的,如方言定势、个人言语定势,等等。定势既然有许多层次,笼统称之为语感,并用来作为判断句子合法度的依据,自然不免似是而非。比如《红楼梦》里史湘云把"二"念成"爱","二哥哥"说成了"爱哥哥",这只是一种个人定势,当然不能用作评定正误的标准。那么,什么范围的定势最值得重视呢? 这可不能一概而论。比如,要说明某种语言的特点,自然要研究那种语言专有的定势。如果要解释那种语言的规律,较大范围的定势往往更能作为理据。正因为如此,句子的信息分析在各种语言的研究中都有重要意义。

关于信息安排,有两种公认的定势:第一,从旧信息到新信息;第二,须满足听话人要求的信息量。

句子传达信息,通常是在旧信息的基础上传达新信息。旧信息即已知信息,句子中常有词语表示。例如我们看到一样东西,要赞美它,用英语说:"It's really wonderful!"句中的"It"表示旧信息,指的是那样东西。也可以不说出旧信息,单讲"really wonderful!"听话的人能理解,因为知道指的是什么。又如听到别人说"下雨了",通常想到的是"此时此地"。这个旧信息是不必说出来的。在句法分析上,如果把"下雨了"、"出太阳了"之类当作省略了主语,那显然是不恰当的,因为它们都是完整的句子,不缺少什么成分。在语用平面上,要理解它们的含意,必须有个共同的基点,即已知信息。又如"昨天下雨了","昨天"是已知信息,对话双方所理解的"昨天"都是以"今天"为基准。再如"昨天北方下雨",双方都懂得"北方"是就我国范围而言的。如果有人说"北边下雨了",情况有些不同。"北边"的基准是什么,双方的理解可能不一致,除非有语境的控制。从句子结构方面看,有些句子的旧信息用词语表示;有些句子的旧信息隐含在语境之中,句子里没有词语表示。从具体理解方面看,即使有词语代表旧信息,它的指称意义仍旧依靠语境(包括上下文)才能获得。上边举的"It"、"昨天"、"北方"都是如此。

　　用词语表示的旧信息,通常出现在句首。在汉语里,主谓谓语句的大主语都代表旧信息。如"他胆子小"中的"他","京剧我爱听"中的"京剧"。用"有"打头的句子引出新信息,旧信息隐含在语境之中,如"有人找你","有一些现象还无法解释"。隐含的旧信息可以是特指的,也可以是泛指的。值得注意的是:"有"在某些情况下可以省略,如"有人来了"可说成"人来了"。这样,"人来了"产生了歧义:"人"或者是定指,或者是不定指(即省略了"有")。如果在"来"前边加上"都","人"就是定指了。当然,新信息也可以出现在句首,如"谁来了"中的"谁"。

　　新信息的重点叫做焦点(focus),通常出现在句末。"王冕死了父亲"的焦点是"父亲","王冕父亲死了"的焦点是"死了"。"我们打败了敌人"的焦点是"敌人""我们把敌人打败了"的焦点是"打败"。

　　疑问句的焦点是疑问点,它是未知信息的中心。疑问点常用疑问代词或"×不×"的形式表示。"×"如果是判断动词"是"或助动词,疑问点出现在它们的后边。如"是不是他",疑问点在"他";"能不能来",疑问点在"来"。是非问的疑问点常由语境选择。"你去年在上海收到我的信吗?"如果时间和处所都是已知信息,那么,疑问点在"我的信"。如果时间和"信"是已知信息,那么,疑问点在处所。如果处所和"信"是已知信息,那么疑问点在时间。值得注意的是语气词有时有决定疑问点的作用。例如:"你知道他什么时候收到我的信吗?"疑问点在"知道";"你知道他什么时候收到我的信呢?"疑问点在"什么时候"。

通常把句子分为陈述、疑问、祈使、感叹等四类。从句子传达信息的特点来看,这样的分类未必合适。有些句子表达的内容只要求对方接受,即储存信息;有些句子说出之后,要求对方有所行动,即反馈信息。疑问句要求言语反馈,祈使句要求行为反馈,陈述句、感叹句呢,也可以是促使对方作出反馈的。例如小孩对父亲说:"今天是星期天。"真正的意思是要求父亲带他上公园。又如顾客对店员说:"能把那顶帽子给我瞧瞧吗?"真正的意思是要对方行动,把帽子拿给他。正因为如此,英国语言学家奥斯汀把句子分为两类:

有所为之言(a performative utterance)

有所述之言(a constative utterance)

前一类是使信息反馈的句子,后一类是使信息储存的句子,试比较下列句子:

(1) {a. 快跑!
    b. 跑得快。

(2) {a. 请你帮帮忙。
    b. 请他帮帮忙。

(3) {a. 我邀请你参加晚会。
    b. 我已经邀请你参加晚会。

各组中的a句是有所为之言,b句是有所述之言,它们的区别或者表现在形容词、副词上边,或者表现在人称上边,当然还可以有别的显性表达形式(explicit formula),包括语序和句式,都值得研究。

如果我们对别人说:"你有一双手。"人家会感到莫明其妙,因为人人都有一双手,这句话没有提供任何新信息。如果你对某人说:"你有一双灵巧的手。"对方能了解你的赞美之意。又比如有位农村青年来到城市,想知道该如何维持生活,你对他说:"你有一双手。"他能理解你的意思。可见句子表达意思,要有一定的信息量。信息量不够,句子的结构虽然完整,它的合法度仍可怀疑。有些句子给人家的印象是语意未完,原因往往在于此。比如有人说:"我有一个朋友。"你一定想听下去,这句话不宜句断。当然,句子信息量的多少不仅是语句本身的问题,还包括接受者的条件以及语言环境的情况等。

(二) 隐含的信息

《文心雕龙》说:"夫人之立言,因字而生句,积句而成章,积章而成篇。篇之彪炳,章无疵也;章之明靡,句无玷也;句之清英,字不妄也。振本而末从,知一而万毕矣。"这是从表达方面说的,可是从理解方面看,即使对词句全都了解,未必能尽合作者原意。这是因为理解常常与表达有距离,症结往往在隐含方面。研究语言,可以从表达方面分析,也可以从理解方面分析,要做到殊途同归,必须研究隐含的问题。

通常认为隐含是一种语义现象,它不同于省略,省略是一种句法现象。吕叔湘先生举例说:

> 在"他要求参加"和"他要求放他走"里边,可以说"参加"前边隐含着"他","放"前边隐含着"别人",但是不能说省略了"他"和"别人",因为实际上这两个词不可能出现。

语义上的隐含成分,虽然不能在句子中出现,但是可以用词语指称,诸如施事、受事、时间、处所、工具等,都能用词语表示。此外,还有一种隐含,它使不确定的信息变成确定的信息。先看例句:

> (1) 如果说,十月革命给全世界工人阶级和被压迫民族的解放事业开辟了广大的可能性和现实的道路,那末,反法西斯的第二次世界大战的胜利,就是给全世界工人阶级和被压迫民族的解放事业开辟了更加广大的可能性和更加现实的道路。

(2) 如果胡须长就表示有学问，那么，山羊最值得崇敬了。

我们知道，用"如果……就(那么)"的复句属假言判断，表示的是充分条件。充分条件的复句各分句的真假情况和全句的真假情况是：

	"如果……"分句	"那么……"分句	全句
Ⅰ	真	真	真
Ⅱ	真	假	假
Ⅲ	假	真	？
Ⅳ	假	假	真

上边的两个例句都并列了两件事，隐含的意思是，两件事要么全真，要么全假。那就是说，在真值表内只能属于Ⅰ和Ⅳ，不可能是Ⅱ和Ⅲ。上文(1)句中的"如果……"是已知信息，对话双方都认为是真："那末……"是新信息，应当也认为是真。(2)句中的"那么……"是已知信息，对话双方都认为是假，"如果……"是新信息，应当也认为是假。

在口语中提供隐含的信息，还有消除歧义的作用。

句子产生歧义有种种原因，如词义、语义、层次、句法、语气以及语境等，都可以造成歧义。消除歧义也有种种办法，如更换词语、改变结构、提示语境等。最常见的消除歧义的方法是补充信息。特别是在口语中，话已经说出来了，为了避免误解，于是加以补充说明。这种说明可以是直接的解释，更巧妙的则是提供一种隐含的信息，让听话人(或读者)去选择正确的理解。例如：

(3) 或者你去，或者我去，有一个人去就行了。

(4) 或者你去，或者我去，或者我们一块儿去。

使用"或者……或者"，可以有两种理解，即供选择的两项可以是相容的，也可以是不相容的。(3)句补充"有一个人去就行了"，说明原意是两项中选择其一。(4)句补充"或者我们一块儿去"，说明原意是两项可以并存。当然，并非所有用"或者……或者"的句子都须有补充说明，有些句子的含义已经暗示相容或不相容，自然不会产生歧义。

（三）心理的揣摩

用"不但……而且"的复句,通常称之为递进关系的句子,意思是说后边分句比前边分句的意思更进一层。如果揣摩一下表达心理,通常把前一分句看作已知信息,后一分句表达未知信息。当然,表达的重点在后。比如,某甲看到一篇青年的习作,称赞不已;乙对甲说:"他不但文章写得好,书法也很不错。"如果甲看到他的书法,大加赞赏:那么乙就会说:"他不但书法好,文章也写得不错。"

用"虽然……但是"的句子,通常称之为转折复句,意思是说前一分句说出一个事实,后边分句不是顺着这个事实推论出结论,而是说出与此相反的情况。其实,说话人的心目中认为听话的人有一种已知信息,这个信息包括某种事实和由此推论出的结果,说出来的未知信息却与预期的结果相反。比如有这么两个句子:"他虽然十六岁了,但是像个小孩。""他虽然十六岁了,却像个大人。"说前一句话的,认为十六岁已经是大人了,说后一句话的人,认为十六岁仍属小孩。作为旧信息,说话和听话人应该都如此认识。

上边谈的一些问题只不过想说明语法分析有多种角度,并不是要否定已有的各种有效的分析方法。提高语文水平,不外听读说写四个方面。听和读是理解,说和写是表达。在理解方面,重要的是区别异同;在表达方面,重要的是认清正误。而且,区别异同和认清正误是息息相关的。信息分析与句子理解的关系密切,与表达也并非了不相涉的。

三、动词的"向"

动词的"向"是理解动词句的核心。

（一）"向"的性质

"价"(valence),或称之为"向",也有人称之为"位"。这个词来源于化学。在化学中用它来表示原子在分子中结合或置换其他元素的一定数目。第一个系统地将这一概念引入语言学的是法国的泰尼埃(L.Tesnière,1959)。在语言学中这个概念所表示的是动词或形容词(在一些语言中还有名词等)的一种支配能力,亦即它们在句中对一定数量补足成分的要求。这里我们以泰尼埃举的下列句子为例:

    (1) Alfred donne le livre à Charles.(Alfred 给 Charles 那本书。)

其中的动词"donner"就是一个三向动词,因为它在句中支配三个补足成分:"Alfred"、"le livre"和"Charles"。

    语法学家从化学中借用"向"这个概念,并不是要说明一个个句子的语义表现,而是要说明动词(或形容词等)造句时所受的语义制约。也就是说,动词离开了句子,并没有失掉"向"。

    动词的"向"不等于数理逻辑中谓词的"元",数理逻辑把命题里说明的思维对象称之为个体,表示个体的词称为个体词(individual term),把表示个体的性质或说明个体和个体之间关系的词,称为谓词(predicate)。一个谓词可能涉及一个个体,这就是一元谓词;可能涉及两个个体,这就是二元谓词。从逻辑的角度看,谓词可以有三元、四元以至 n 元。例如:

    (2) Jack gave Jill the apple.(Allwood,1977)(Jack 把苹果给了 Jill。)

    (3) Jack bought Jill a watch for five pounds.(Allwood,1977)(Jack 花
    五英镑为 Jill 买了一只手表。)

在上述例句中,(2)句中的"gave"是个三元谓词,(3)句中的"bought"是个四元谓词。这里要说明两点:第一,一个动词的"向"的数目与这个动词用作谓词的"元"的数目可以是一致的,如动词"give"是三向的,它在(2)句充当谓词时也是三元的;但也可以是不一致的,如动词"buy"是双向的(Somebody buys something),但它在(3)句中充当谓词时却是四元的,因为它带有四个主目:"Jack"、"Jill"、"a watch"和"for five pounds"。第二,谓词"gave"和"bought"相关"元"的数目是在句子当中确定的,离开了句子,动词失掉了谓词的资格,也就无所谓"元"了。在这里,所谓"元"是句子中语义的表现。

    综上所述,可以看出:"向"是就动词说明造句时的语义制约,而谓词"元"则是就句子说明语义表现。

对动词的支配能力,传统语法也作了研究,它们把动词分为及物与不及物,这是为了说明动词造句时所受的制约。不过带不带宾语的问题,是句法问题,而不是语义问题。句法安排是定位的,而语义关系是不定位的。

然而语义的分析在语法上要求找到形式上的表现。在这方面,许多语法学家都作了尝试,一般学者都是从词性或句法成分着手来说明动词"向"的表现的。例如斯托克韦尔(R.P.Stockwell,1986)曾确定基本句中典型的谓语是"动词或形容词",而其补足成分(他称之为参与者)则"通常属于语法学家称之为名词的那个句法类";泰尼埃在谈及行动元(actant),亦即本文中的补足成分时,则确定了它们的词性是"名词词组",而其所充当的句法成分则是"主语"、"宾语"等。

现在的关键则在于如何确定动词的"向"。

(二)"向"的确定

动词具有"向",是动词在各种场合具体运用时所有的一种语义功能,所以语言学家都是从动词活动范围之内归纳出"向"的。在归纳过程中,人们要剔除一些说明语或所谓的背景成分。

在德语中,一些语法学家,如民主德国的赫尔比希(G.Helbig)等早就采用了各种手段来区分德语动词的必有行动元(obligatorische Aktanten)、可有行动元(fakultative Aktanten)和自由说明语(freie Angaben)。

所谓必有行动元,就是动词在句中必需的,如不出现句子就不符合语法的补足成分;可有行动元则是在一定语境下可以不出现,但又是动词在语义上所联结的补足成分;而自由说明语则是与动词之间无语义关系的,说明时间、处所、方式等的修饰语,它的数量是不受限制的。例如:

(4) Er legt das Buch auf den Tisch.(Helbig/Buscha,1984)(他把书放在桌上。)

(5) Er steigt in die StraBenbahn ein.(Helbig/Buscha,1984)(他登上有轨电车。)

(6) Er arbeitet in Dresden.(Helbig/Buscha,1984)(他在德累斯顿

工作。)

(4)句中的"auf den Tisch"(放在桌上)表示"必有行动元",(5)句中的"in die StraBenbahn"(进入有轨电车)表示"可有行动元",而(6)句中的"in Dresden"(在德累斯顿)则是"自由说明语"。

赫尔比希在这里首先把必有行动元和可有行动元与自由说明语区分了开来。按照他的观点,这种区分是一种深层的区分,因为自由说明语可以看成一种缩略句,是可以回复到完全句的,而必有行动元或可有行动元则是不能回复成句子的。在将上述例句作相应变换时证明了这一点:

(4′) * Er legt das Buch, als er auf dem Tisch war.(Helbig/Buscha, 1984)(* 当他在桌上时,他放书。)

(5′) ? Er steigt ein, als die StraBenbahn da war.(Helbig/Buscha, 1984)(? 当有轨电车在那里时,他登上车。)

(6′) Er arbeitete, als er in Dresden war.(Helbig/Buscha, 1984)(当他在德累斯顿时,他曾工作过。)

(6)句中"in Dresden"之所以是个自由说明语,是因为这个句成分转换成句子后,整个句子(6′)句还是成立的,而(4)句和(5)句转换成(4′)句和(5′)句后就不是这种情况,因为"auf den Tisch"和"in die StraBenbahn"分别是必有行动元和可有行动元。

其次,赫尔比希又对必有行动元和可有行动元加以区分,按照他的观点,这种区分是表层的,且是与上、下文有关的。在这里,他采用了省略法(WeglaB-probe)。所谓省略法,就是略去一个句子成分,看留下的句子结构是否还符合语法。如符合,那么略去的成分不属动词的必有行动元;如不符合,则它是该动词的必有行动元。如上述句中:

(4″) * Er legt das Buch.(Helbing/Buscha, 1984)(* 他把书放。)

(5″) Er steigt ein.(Helbig/Buscha, 1984)(他登上车。)

(6″) Er arbeitet.(Helbig/Buscha, 1984)(他在工作。)

(4)句中"auf den Tisch"是个必有行动元,因此略去这个成分后,(4″)句就不合语法,反之,"in die StraBenbahn"和"in Dresden"分别是可有行动元和自由说明语,因此省略后,(5″)句和(6″)句两个句子仍然符合语法。

就汉语而言,朱德熙在1978年首先就"我切肉"和"这把刀我切肉"问题进行了探讨。按照朱先生的观点,动词"切"在前句中是双向动词,而在后句中则是三向动词。接着文炼又提出"切"即使在后句中也仍是双向动词,因为"切"在语义上既与"肉"联系,又与"我"联系,但不与"刀"直接联系。最近,吴为章在《"X得"及其句型——兼谈动词的"向"》一文(以下简称吴文)中再次对此例进行了探讨,并从"位置"和"意义"两项限制出发,认为在诸如"我明天要在砧板上用这把刀替她切肉"的句子中只有"我"和"肉"是决定动词"切"的"向"的"必有成分",因而"切"是双向动词。在这里我们认为同样可借用德语中的省略法来确定汉语中动词的必有成分(亦可称"必有行动元"),例如:

　　(7)<u>我明天要在砧板上用这把刀替她</u>切<u>肉</u>。

划线部分均可省略,剩下的"我切肉"不能再缩略了,因而动词"切"就要求两个必有成分,是个双向动词。(在一定的语境中,甚至可讲成:"我切。"如:"这些肉谁切?""我切。"但这需要一定的语境,不属这里的讨论范围。)这种省略法相对于吴文所提出的从位置和意义角度来分析似乎更为简单易行。

吴文认为,决定汉语动词"向"的是一个句子中与它同时出现的必有的成分。我们认为,决定汉语动词"向"的不仅有"必有成分",而且还有"可有成分"(或称为可有行动元)。在此,须对"可有成分"与"自由说明语"之间划一界限。这里我们以汉语动词"学习"为例,它可以用在下列句子中:

　　(8)<u>我们</u>在学习。

　　(9)<u>我们</u>在学习<u>外语</u>。

　　(10)<u>我们</u>明天学习<u>外语</u>。

在这里,"学习"是一个双向动词,其中一个"向"是个必有成分"我们",而另一个"向"则是个可有成分"外语"。而"明天"则是一个自由说明语。

现在的问题是如何区分可有成分和自由说明语。在这里我们可先把(10)句中的动词抽象化,写成:

（10′）我们明天 V 外语。

然后再来分别看一下"明天"和"外语"这两个成分与"V"的关系。"明天"可以修饰相当数量的动词："明天打扫(教室)"、"明天讨论(问题)"等，但"外语"对其前面动词的选择范围就窄得多，通常只限于"学习、讲、读、听……"等动词，因而两者在句中同"V"之间的制约关系是不同的，其中语义上结合紧密的，如这里的"外语"，就是可有成分，而结合松散的，如这里的"明天"，就是自由说明语。如何区分可有成分和自由说明语的问题相当复杂，有待进一步探讨。而之所以要引入"可有成分"这一概念，是因为要顾及汉语中动词的各种不同的性质。举例来说，动词"姓"和上述的"学习"都是双向动词(传统语法称之为"及物动词")，但动词"姓"要求两个必有成分，如：

（11）他姓王。

而"学习"则要求一个必有成分和一个可有成分；并且汉语中大部分双向动词都属后一类(即它的一个"向"，即传统语法中的"宾语"，在句中不一定出现)，引入"可有成分"这一概念后就较为确切地区分了上述两种情况。

（三）与"向"有关的几个问题

1. 被动句中动词的"向"

在汉语中，当那些要求两个必有成分的双向动词用于被动句中时，则其中的一个必有成分转成了可有成分，如：

（12）他销毁了文件。

→（12′）文件被(他)销毁了。

（13）他打破了碗。

→（13′）碗被(他)打破了。

(12)句、(13)句中的"销毁"和"打破"都是双向动词，都要求两个必有成分，但在(12′)句、(13′)句中原来句中的一个必有成分，即施事"他"都成了可有成分。

2. 兼"向"问题

即使是同一种形式的动词也往往有不同的语义关系，这就产生所谓兼"向"

的问题。例如:

动词"成",作"成功"讲时是单向的:

(14)事成了。

作"变为"讲时是双向的:

(15)沙漠成绿洲。

动词"笑",作"露出愉快表情"讲时是单向的:

(16)他笑了。

作"讥笑"讲时是双向的:

(17)他笑我。

这里我们再以汉语动词"吊"为例,根据《现代汉语词典》的释义,可描述如下:

吊:① 作"悬挂"讲,双向动词,通常与时态助词"着"连用,可带一个必有成分,一个可有成分

必有成分——➤悬挂的对象:

(18)一盏灯笼吊着。

可有成分——➤悬挂的地点(通常由"名词+方位词"构成):

(19)门前吊着一盏灯笼。

② 作"用绳子等系着向上提或向下放"讲,属三向动词,带三个必有成分,即施事、受事、处所(或趋向)。例如:

(20)他把那根绳子吊在梁上。

(21)我把那盏灯吊在天花板上。

(22)他把和好的水泥吊上去。

这种区分和描述如果作为今后编辑《现代汉语动词"向"词典》的基础,也是值得尝试的。

3. 非名词性成分表示"向"

吴文提到:"国外语言学者在引进'向'这一概念时,是以自己的民族语言的特点为出发点的,因此,他们只考虑到动词和名词之间的搭配关系。"赫尔比希

和布沙(J.Buscha)所著《德语语法》(1984年第8版)所列出的能充当动词行动元(Aktant)的成分就有十九种之多,除名词性成分之外,还有介词短语、不定式结构、从句、作状语或表语用的形容词等。因而,决定"向"的因素,不限于名词性成分,这一点在其他语言中也不是罕见的。

即使在汉语中,虽然以前没有这方面的理论,但却有这方面的实践。这里我们以朱德熙(1982：52)所述动词"同意"的宾语为例:

(23) 同意/参加 （宾语是动词）

(24) 同意/参加这次会 （宾语是述宾结构）

(25) 同意/大家都去 （宾语是主谓结构）

(26) 同意/坐火车去 （宾语是连谓结构）

(27) 同意/立刻参加 （宾语是由副词充任修饰语的偏正结构）

我们认为这里作宾语的动词、述宾结构、主谓结构、连谓结构、副词充任修饰语的偏正结构等就是动词"同意"的一个"向"。

4. 虚义动词的"向"

汉语中,诸如"作"、"进行"、"加以"、"给以"、"予以"等虚义动词是一类特殊的动词。其特殊之处在于它们真正的语义是由其动词宾语来体现的,因而很难脱离其动词宾语来谈论虚义动词的"向"。较好的做法是把虚义动词及其动词宾语作为一个整体,即作为一个动词结构来看待,再来确定其整个动词结构所要求的必有和可有成分的数量。

就虚义动词结构的"向"而言,主要有如下特点:

第一,所谓虚义动词结构的"向"就是指该动词结构中的动词宾语在句中从语义角度出发所要求的必有成分和可有成分的数量,这类成分与虚义动词本身大多不直接发生关系;

第二,虚义动词结构的一个"向"可以是其中动词宾语语义上的施事,它一般出现在主语位置上。例如:

(28) 他对这个问题作了说明。

也可出现在逻辑主语(如主谓谓语中的主语)位置上:

(29) 这个问题他作了说明。

第三,虚义动词结构的另一"向"可以是其中动词宾语语义上的受事,它一般出现在状语位置上(通常以介词结构形式出现)。例如:

(30) 他对这个问题作了说明。

也可出现在定语位置上:

(31) 他作了对这个问题的说明。

有时出现在话题主语的位置上:

(32) 这个问题他作了说明。

第四,虚义动词结构大多是双向的,就是说如果没有上、下文的帮助,在句中大多必须出现其中动词宾语在语义上的施事和受事。虚义动词结构与它们的组合方式,大致有以下几种情况:

Ⅰ　主语(施事)+状语(受事)+虚义动词结构:

(33) 他　　　　　对这个问题　　　　　作了说明。

Ⅱ　状语(受事)+主语(施事)+虚义动词结构:

(34) 对这个问题　他　　　　　　　　作了说明。

Ⅲ　主语(施事)+$\frac{虚义}{动词}$+定语(受事)+$\frac{虚义动词}{的动词宾语}$

(35) 他　　　　作　了　　　　对这个问题的　　　说明。

Ⅳ　$\frac{话题}{主语}$(受事)+$\dfrac{\frac{逻辑}{主语}(施事)+虚义动词结构}{主谓谓语}$

(36) 这个问题　　　　　他　　　　　作了说明。

但在汉语中,双向的虚义动词结构如同有些双向动词那样,在特定的格式中,例如在一些含被动意义的句式中,其动词宾语原先所要求的一个"必有成分"成了"可有成分",如:

(37) 机器正在(由工人们)进行改装。

当然动词"改装"也是个双向动词。如:

(38) 工人们正在改装机器。

这里"工人们"和"机器"都是必有成分,但当"改装"作为虚义动词"进行"的宾语一起形成虚义动词结构用在上述句式时,"(由)工人们"则成了可有成分。

另外还有一些句子,如:

(39)我们正在进行讨论。

无论从语法角度或从实际应用来看都是成立的,但从理解角度看,其中动词宾语"讨论"是要补充一些内容的,例如:

(40)我们正在对这个问题进行讨论。

这里"对这个问题"就是一个可有成分。

5.形容词的"向"

汉语中的形容词可看成是一类特殊的动词,它们也有"向"。日本奥田宽曾对现代汉语主谓谓语句中形容词作谓语时的"向"作了探讨。按照他的观点,汉语的形容词可以分成两类:一类是诸如"好、大、小、高、低、长、短"的形容词,是单向的,例如在下面句中:

(41)他年纪很大。(奥田宽,1982)

与形容词"人"直接发生联系的是"年纪",而不是"他",因而下列句子在汉语中是成立的:

(41′)年纪很大。

反之,

(41″)＊他很大。

则不成立。

另一类是诸如"积极、仔细、努力、认真……"的形容词,是双向的,如:

(42)他学习很积极。(奥田宽 1982)

这里"积极"表示人对某一事物的态度。但这里需要注意的是,其中一个是必有成分"他",另一个是可有成分"学习",因为在汉语中,下列句子也是成立的:

(42′)他很积极。

奥田宽对两者采用了添加介词"对"或介词词组"在……上"的方法来加以区别。其中含前一类形容词的句子添加"对"或"在……上"后句子不成立,而含

后一类形容词的句子添加后则成立,例如:

    (41)他年纪很大。

    → * 他对年纪很大。

    → * 他在年纪上很大。

    (42)他<u>学习</u>很积极。

    →? 他对学习很积极。

    →他在学习上很积极。

这是对汉语形容词"向"的初步探索,是否还有三向的或更高"向"的形容词等问题都有待进一步探讨。

四、汉语语句的节律

节律即节奏的规律。什么是节奏? 简单地说,指的是事物有规律的重复和变化。单有重复而无变化,或者单有变化而无重复,都不能构成节奏。寒暑代迁,朔望交替,这是自然界的节奏;秋收冬藏,晨兴夜寐,这是人类社会的节奏。自然界的节奏是客观存在的,人们力求发现它的规律,以便于适应和利用。人类社会的各种节奏有客观的基础,同时常伴有主观的安排。语言方面的节奏属于后者。

语言节律的客观依据主要体现在两个方面:一是构成节奏时有特定的可供选择的要素和方式;二是在安排节奏时要考虑到某些选择限制(selection restriction)。选择限制虽然不能形成节奏模式,却是构成节奏时必须遵守的准则。这种准则有不同的层次。首先是民族语言特点的限制。比如用汉语写诗歌,可以利用音色构成节奏,也就是押韵。可以利用音高构成节奏,即配置平仄。还可以利用音长(包括停顿)构成节奏,即安排音步。但是,我们不能像印欧语那样利用词的重音来表现节奏,这属于民族语言特点的选择限制。其次是语体的限制,这主要表现在不同的语体在选择节奏要素方面的差异。如格律诗须押韵,散文则避免用韵。在旧体诗歌中,近体诗的平仄安排有一定的格式,即所谓律句,古体诗则避免使用律句。古体诗如果都用律句,就失去了它的风格了。当然,这并非说不同语体的节奏的构成没有共同之处,事实上在许多方面都有必须遵守的共同的原则。

(一) 节拍特点与节奏焦点

　　节拍是节奏的单位。在汉语里,节拍和意群通常是吻合的。不论是诗歌还是散文,每个句子可以分割出若干意群,意群和意群之间有明显的停顿,这就构成节拍。这种节拍的划分多少带有主观的性质,不过并非无规律可循。能停顿的地方有时也可以不停顿,但是不能停顿的地方不能划分出节拍来。当然,像格律诗那样每句都有固定的音步,那就不存在划分不一致的情况了。现代认知心理学认为人们理解句子时对组块(chunk)作出反应,而组块的划分常受个人文化修养的影响,这种理论与节拍划分的实际情况是十分吻合的。组块是短时记忆的单位,它是个变数,可以是一个词或一组词,而节拍作为意群的表现形式,其实也不过是一种短时记忆的惯例罢了。

　　在汉语里,值得注意的是不同长度的节拍所显示的特点,我国古代有不少文论家谈到这方面的问题。《文心雕龙·章句》中说:

　　　　若夫笔句无常,而字有常数,四字密而不促,六字格而非缓,或变之以三五,盖应机之权节也。

《文镜秘府论》说:

　　　　然句既有异,声亦互舛,句长声弥缓,句短声弥促。施于文笔,须参用焉。就而品之,七言以去,伤于太缓,三言以还,失于至促,惟可以间其文势,时时有之。至于四言,最为平正,词章之内,在用宜多,凡所结言,必据以为述。至若随之于文,合带以相参,则五言六言,又其次也……然大略而论,忌在于频繁,务遵于变化。

这里讲的"句"当然不是语法上所严格规定的句子,可以理解为语段,也就是根据停顿切分出来的意群。上边的议论有几点值得注意。

　　第一,四音节语段有显著的特点,它给人以稳定的感觉,所以被广泛采用。

第二,要避免使字数相同的语段频繁出现。语段字数有奇有偶,相间使用才能相得益彰。

我们知道,《诗经》以四言为主,它的基本结构方式是两个双音节成分的组合。双音节语言单位与单音节语音单位相比,多具有稳定和独立的特点,两个双音节语言单位用在一起,这个特点就更为突出。可是频繁使用四音节语段,虽能表现庄重、平稳的风格,却带有板滞、单调的意味。既要保留平稳的优点,又要避免板滞的缺点,较常用的安排是让成对的三音节出现在作品之中,例如:

(1) 出东门,不顾归;来入门,怅欲悲。(《乐府诗·东门行》)

(2) 举秀才,不知书。察孝廉,父别居。(《抱朴子·审举》)

(3) 说凤阳,道凤阳,凤阳本是好地方。(《安徽歌谣》)

三音节的语言单位的特点是活泼、轻快,但是单独使用容易使人产生一种不稳定的感觉。如上边的(3)句,有一个"说凤阳",还要来一个"道凤阳",道理就在这里。两个不稳定的单位连在一起,正如负负得正一样,就变成稳定的了。

稳定感大概是人们对视听形式的一种普遍的要求。在语言方面,稳定或不稳定的感受主要来自节奏焦点(rhythm focus)。节奏焦点与信息焦点(information focus)通常是一致的。句子要传达新信息,新信息的重点即信息焦点。汉语表示信息焦点有种种方式,比如可以利用重读,可以使用某些副词,可以用对比形式,而最常见的方式是依靠语序的安排,即让信息焦点在句末出现。正因为句尾的信息最易引起注意,所以它所代表的节拍也最能引起共鸣。格律诗的节奏安排比较固定,但也有一定的灵活性。相对地说,诗句末尾的音步(即末了三字)其灵活性最小,如押韵的规定、平仄的安排,都有严格要求。这也说明诗歌中的节奏焦点的重要性。散文的情况当然不同,它并不需要考虑全句的音步如何安排,但是作者对节奏焦点仍旧是重视的。有些作者在句末有意识地安排稳定的节奏,使人感到庄重、和谐。典型的例子如范仲淹的《岳阳楼记》,频繁使用四字短语,但并不显得板滞,多少有一些诗的韵味了。白话文也常有在节奏焦点频繁使用四字短语的,下边举朱自清的《背影》的开头一段为例:

　　我与父亲不相见已二年余了，我最不能忘记的是他的背影。那年冬天，祖母死了，父亲的差使交卸了，正是祸不单行的日子。我从北京到徐州，打算跟父亲奔丧回家。到徐州见着父亲，看见满院狼藉的东西，又想起祖母，不禁簌簌地流下眼泪。父亲说："事已如此，不必难过，好在天无绝人之路！"

我们当然并不认为散文必须如此写作，不过在散文中适当注重节奏焦点的安排，大概是我们的一种传统。句末使用了双音节动词，我们常常要在动词前边添上"加以"、"进行"之类，凑成四音节语段，也是一种旁证。

(二) 上句与下句

　　节奏焦点的刻意安排能给人以稳定感，但是节奏的形成却是由不稳定到稳定，不断变化，不断反复，然后产生平衡的效果的。平衡有两种不同的表现形式，一种是对称的形式，它好比天平以中轴为基准，两边有相等的部分；另一种是不对称的形式，它好比秤杆的支点两边长短不一，但仍旧能够保持平衡。典型的对称平衡是对仗，它包括上句和下句。律诗中间四句用对仗，共两联。每联的上句不用韵，末了的音步由三音节构成，是不稳定的节拍；下句用韵，节奏焦点再出现三音节，于是转为稳定的了。两个三音节音步虽然不是连续出现，但因为都处在节奏焦点的位置，所以效果与连续出现的相同。

　　不对称的平衡形式多种多样，仍旧可以分为上句与下句，上句属不稳定成分，下句则使不稳定变为稳定。常用的方法有下列几种。

　　一是句调上扬属不稳定形式，句调下抑属稳定形式，一扬一抑，构成上下句，这是常见的。把"问"和"答"、"因"和"果"、"起"和"承"作为上下句的例子俯拾即是。当然，这里讲的"句"，也可能不止一个句子。正因为如此，上下句在长度上通常是不对称的。

　　二是以仄声收尾的句子为上句，以平声收尾的句子为下句，这是由来已久的。不必认为只有文人学士撰写对联才遵循这一习惯，许多民间谚语也都如此。例如："一只碗不响，两只碗叮当。""人不可貌相，海水不可斗量。""冰冻三尺,非一日之寒。"道理很简单,平声字较仄声字更能使声音延长,使人感到语气完满。

三是利用节奏焦点的奇偶搭配来达到平衡的目的。这又包括一些不同的搭配方式。常见的如:

(1) 山,快马加鞭未下鞍。惊回首,离天三尺三。(毛泽东《十六字令》)

(2) 悲,故人知未知? 登楼意,恨无上天梯。(马致远《散曲》)

以上两例的上句节奏焦点和下句节奏焦点都是奇音步,互相配合以达到平衡,

(3) 帘外雨潺潺,春意阑珊。……梦里不知身是客,一晌贪欢。(李煜《浪淘沙》)

(4) 风乍起,吹皱一池春水。(冯延巳《谒金门》)

以上两例的上句的节奏焦点是奇音步,下句的节奏焦点是偶音步(由四字构成),由奇而偶,也是一种平衡形式。

(5) 斑竹枝,斑竹枝,泪痕点点寄相思。(刘禹锡《潇湘神》)

(6) 云笼月,风弄铁,两般儿助人凄切。(马致远《散曲》)

以上两例的上句由两个奇音步组成,已经是一种稳定的格式,下句再接上一个三音节或四音节音步,是将稳定格式加以延伸,达到平衡。

上边列举的是几种常见的格式,在此基础上还可以扩展变化。举例限于词曲,是因为词曲最能显示音步安排的灵活性。至于散文,情况虽然不会相同,但基本格式大体一致,即根据节奏焦点安排上下句,达到上口的目的。刘勰说:"是以声画妍蚩,寄在吟咏,吟咏滋味,流于字句。"这是十分确切的。

有这么一个故事。抗日战争时期,在重庆的一些诗人和演员曾经在某饭店举行一次朗诵会。赵丹临时赶到,应邀参加表演。他站起来拿了一张纸朗诵得十分动听,大家都不知道他念的是谁的作品。有人把那张纸拿来一看,原来是饭店里的菜谱。这就说明,虽然内容决定形式,但是人们的节奏感是从语音形式得来的。话还得说得周密一些,如果赵丹手里拿的是一纸拗口令,怎么也不能朗诵出抑扬顿挫的声调来。

(三) 常规与变例

　　按照常规,形式与内容吻合,节拍表示的是意群。可是实际上有不少变例。变例并不否定常规,正因为肯定常规的存在,才显示变例的特殊。这里包括两种情况:一种是无意识的变例,也就是人们习焉而不察的;另一种是有意识的变例,大都属某些作家在修辞方面的创造。前者如四字成语通常由两个双音节单位组成,读出来则在当中稍作停顿,如"风调—雨顺"、"称心—如意"、"屈指—可数"这里的停顿表示意群的切分,是一种常规。可是另外有些成语,人们照旧在当中停顿,其实并不反映意群的关系,例如下列成语的意群分割是:

　　　　无—可非议　　　不—动声色　　　一衣带—水

　　　　呆—若木鸡　　　病—从口入　　　如—出一辙

人们注重的是成语的整体意义,停顿不能正确表示意群,也并不在意。

　　另一种情况可举崔颢的《黄鹤楼》诗为例:

　　　　昔人已乘黄鹤去,此地空余黄鹤楼。

　　　　黄鹤一去不复返,白云千载空悠悠。

　　　　晴川历历汉阳树,芳草萋萋鹦鹉洲。

　　　　日暮乡关何处有,烟波江上使人愁。

这首诗被称为绝唱,且不论诗的意境如何出神入化,就表达形式而言,却有不少变例。历来认为它有几个特点:第一,前三句反复出现"黄鹤"二字,通常认为是格律诗的大忌;第二,"黄鹤一去不复返",除第一字外,全用仄声。"白云千载空悠悠",末音步连用三个平声字,两句又不讲对仗,这也是违反常规的。我们还可以补充一点,崔诗前四句的意群划分不同于一般律诗。一般律诗的意群安排是前四后三(如"清明时节—雨纷纷"之类),而崔诗却是前二后五(如"昔人—已乘黄鹤去"等),这就使意群与节拍脱钩了。尽管如此,由于崔诗的后边四句完全入律,这正是在常规中突出变例,而这种变例又能造成一种磅礴的气势,自然属难能可贵的了。

　　在格律诗中,意群的安排打破常规的例子并不少见,不过大都是八句之中有一两句属变例而已。下边再举几个例子:

（葡萄美酒夜光杯，）欲饮—琵琶马上催。（王翰《凉州词》）

酒债—寻常行处有，（人生七十古来稀。）（杜甫《曲江二首》）

五更鼓角声—悲壮，三峡星河影—动摇。（杜甫《阁夜》）

格律诗节拍与意群的安排比较固定，多少显得板滞。在常规中插入一两个变例，能使文气变为活泼。

当然，变例如果成为通例，也就当认为是常规了。例如京剧的唱词，如西皮快板之类，节拍的安排是"2＋2＋3"，因为末尾音步是三音节，通常有上下句，如"一见马谡跪帐下，不由老夫咬钢牙"之类。可是用导板作为唱腔的上句，虽然字数也是"2＋2＋3"，下句并不一定用相同的节奏，常见的是一连串短句合起来作为下句。这种情况起初是变例，后来属常规了。此外，京剧里有时有了上句而无下句，下句用一套锣鼓点代替，即所谓"扫头"。因为用得不普遍，在目前还只能视为变例。总之，常规与变例既有区别，又有联系，而它们之间的关系也并非一成不变。

在散文中，一般地说，有问必有答，有因必有果，有起必有承，总之，有上句必有下句。但是也可能只出现上句而无下句，在作品中当然不可能有什么音响成分来代替下句，不过，下句代表的信息总是隐含在文字之中的，其中的奥妙确也不难意会，可以算作无音响的"扫头"吧。

五、散文节奏的几个问题

（一）整与散

散文的特点是散。所谓散，是与整相对而言。语言上的整，主要指对偶和排比。关于排比，这里要作一点说明。中央电视大学《现代汉语》给排比下的定义是：

把结构相似、意思相关、语气一致的三个或三个以上的短语、句子排列起来，以加强语势，表现深厚的感情。这种辞格叫排比。

中央电视大学《简明现代汉语》的说法是：

排比是用几个结构相同或相似、语气一致的语句表达相关内容的修辞方法。

前一种定义把排比的单位规定为"三个或三个以上",这是目前一种较通行的说法,考其来源,是以张弓的《现代汉语修辞学》为依据。后一种定义则认为排比的单位也可以是两个。考其来源,陈望道的《修辞学发凡》就是这么说的:

同范围同性质的事象用了组织相似的句法逐一表出的,名叫排比。

同时指出:

排比格中也有只用两句互相排比的。

散文中运用整句,除了对仗之外,经常出现两句相排的形式。这种形式,不同于对偶,还是归入排比为好。全篇文章运用成双成对的句子,这是整而不散的骈文。骈文在古代曾经盛行,但由于形式板滞,影响内容,所以很少有好的作品。但是散文中适当运用整句,既可以使文章波澜起伏、气势磅礴,又可以使语言节奏分明、朗朗上口。我国中学实行六年制以来,语文课本的选文中出现频率最高的是《岳阳楼记》。这固然与作者提倡的"先天下之忧而忧,后天下之乐而乐"的思想有关,而文章整散结合,增强了表达效果,也是一个重要因素。

在鲁迅的散文中,常常使用成对的排比句。如:"从喷泉里出来的都是水,从血管里出来的都是血。""我的确时时解剖别人,然而更多的是无情面地解剖我自己。""和朋友谈心,不必留心;与敌人对面,却必须刻刻防备。""浪费别人的时间等于谋财害命,浪费自己的时间等于慢性自杀。"这些意义深刻的句子,由于使用了排比的形式,成为大家十分熟悉的警句。

整散结合指的是散中有整,整中有散。表达效果从比较中即可看出:

（1）后山一条大路,两旁、四周都是海棠。人们坐在花下,走在路上,既望不见花外的青天,也看不见花外还有别的世界。花开得正盛,来早了,还未开好;来晚了,已经开败。每一朵花都在微风中枝头上颤抖着说出自己的喜悦。（李广田《花潮》）

（2）后山一条大路,两旁、四周都是海棠。人们坐在花下,在路上走,既望不见花外的青天,花外还有别的世界也看不见。花开得正盛,早来了,还未开花;来晚了,花已经开败。每一朵花都在微风中枝头上颤抖着说出自己的喜悦。

不难判断:前者整散结合,节律铿锵,不论是朗读还是默读,都可以领略其中妙处。后者则完全失去了这种韵味。

(二) 启下与承上

问句和答句交替使用,可以形成节奏。例如:

人的正确思想是从哪里来的? 是从天上掉下来的吗? 不是。是自己头脑里固有的吗? 不是。人的正确思想只能从社会实践中来,只能从社会的生产斗争、阶级斗争和科学实验这三项实践中来。(毛泽东《人的正确思想是从哪里来的》)

上下句交替使用,也可以形成节奏。所谓上下句指的是一句(或几句)启下,一句(或几句)承上。在汉语里,有些句式一出现,就暗示还有下文,如用"如果"、"因为"、"虽然"、"即使"、"不但"之类的句子是上句,它们必定有相应的下句。单独出现一组上下句,当然无所谓节奏;交替出现则使人有节奏感。值得注意的是:汉语里大部分句子既可以作为上句,也可以作为下句,但有些句子只能作为上句,不能作为下句。例如"下雨了"、"来客了"既可以用作上句,也可以用作下句;"下了雨"、"来了客"却只能充当上句,就是说,它们必须有下文。比如"下了雨,旱情可以缓过来了。""来了客,你要好好招待。"又如"他说着说着"、"他打定主意"之类必须有下文承接。如:"他说着说着,竟忘乎所以了。""他打定主意,不参加比赛了。"如此等等。上下句交替出现形成节奏比运用排比更为常见。例如:

长辈的训诲于我是这样的有力,所以我也很遵从读书人家的家教。屏息低头,豪不敢轻举妄动。两眼下视黄泉,看天就是傲慢;满脸装出死相,说笑就是放肆。我自然以为极应该的,但有时心里也发生一点反抗。(鲁迅《忽然想到》)

散文的句子长短不一。长短句安排得恰当，这也能形成节奏。举个简单的例子，这里有三个长短不一的句子，可能的安排如下：

（1）我们今天的工作很多，要上课，要完成课外作业，还要参加全校的排球比赛。

（2）我们今天的工作很多，要参加全校的排球比赛，还要上课，做作业。

（3）我们今天的工作很多，要上课，要参加全校的排球比赛，还要做作业。

句子中有三个并列项目。(1)句采取最常见的排列方式，由短到长。(2)句先长句，后短句。短句并列，接在长句之后，这种格式，在古文中多见；用在现代散文中，也很自然。(3)句两短句夹一长句，无节奏感。

（三）平声与仄声

这里讲的声调即字调。旧格律诗用字讲求平仄，必须依照一定的规律。散文没有这种严格的要求，但有两点值得注意：第一，句子要避免连用较多的平声或仄声，就是说，力求平仄协调；第二，在语段中，各个句子的末一字的声调要错落有致。

先说第一点。举两个报纸上出现的标题为例：

（1）常思英雄泪满襟

（2）观众感赞剧目新

(1)的声调安排是"平平平平仄仄平"前边连用四个平声字，念起来不顺口。可以把"思"改为"念"，情况就好些。(2)的声调安排是"平仄仄仄仄仄平"，中间仄声字太多。可以把"感赞"改为"赞扬"，全句成为"平仄仄平仄仄平"，就合乎节律了。

再说第二点。诗歌也好，散文也好，句末的声音给人的印象最深。拿格律诗来说吧，末一个音步（句末三个字）规定较严，平仄不能随意安排。在末一音步中，第三个字又最严。散文虽然没有什么规定，但是句末用字也有忌。一般地说，忌接连出现同样的字。例如接连几句的末尾都用"了"或"的"收尾，这就宜加改变。虽然不出现同样的字,接连出现同音字,也宜避免。散文不是韵文,押韵反而显得不伦不类。除非有意在散文中插入韵文。从积极方面说,如果在句末恰当安排抑扬交替的字眼,更可以增强节奏感。

六、格律诗的理解问题

(一) 不同层次的理解

对诗歌的理解和对散文的理解一样,有不同的层次。

我们很赞成叶斯柏森在他的 *Essentials of English Grammar* 中曾经指出的,在语言活动中,要区分表达(expression)、隐含(suppression)和印象(impression)。表达是字面的意义,隐含是没有说出来、包含在语句中的意义,印象是听话的人从作品中获得的联想意义。

为了说明表达和隐含的区别,他曾举两句话加以比较:

(1) Would you please sell me two third class tickets from London to Brighton and back again, and I will pay you the usual fare for such tickets?

(2) Two third returns, Brighton.

(1)句把要表达的意义全说出来,没有什么隐含的内容。(2)句比较简洁,听话的人须根据语境去理解句子的含义。当然,对(2)句的理解,首先得懂得表达出来的词语的含义,这属第一层的理解;根据语境进一步理解它们的含义,这是第二个层次。在日常交谈中,并非每一句话都有隐含的意义;诗歌却不然,由于语言精练,不少含义都未直接表达出来。当然,这种隐含义是以诗歌的内容及作者的背景作为依据的。例如:

> 国破山河在,城春草木深。
>
> 感时花溅泪,恨别鸟惊心。
>
> 烽火连三月,家书抵万金。
>
> 白头搔更短,浑欲不胜簪。(杜甫《春望》)

司马光说:“山河在,明无余物矣;草木深,明无人矣。”这是对第一联的隐含义的说明。"感时"隐含对"国破"的伤感,"恨别"隐含对离散的亲人的怀念。第一联写景,第二联写情,连起来是见景生情。"烽火连三月"隐含战事持续,"家书抵万金"隐含音讯隔断;一是忧国,二是忧家。心中的忧伤自然会影响身体的衰弱,所以才有末联的描写。这内在的联系都隐含在词句之中。

作品的意义包含在作品的词句之中,但读者并非只能被动地从作品文辞中去理解和欣赏。有人认为作品只是乐谱,读者才是演奏家。作家的"创作意识"能否实现,要依赖读者的"接受意识"。读者在理解作品时发挥能动作用,这就是理解的第三个层次。例如画家齐白石曾画了一幅画,画的是一个儿童玩具不倒翁,另外题诗一首:

能供儿戏此翁乖,

倒不须扶自起来。

头上齐眉纱帽黑,

虽无肝胆有官阶。

理解这首诗,读者须懂得:第一,不倒翁是怎样的玩具;第二,不倒翁的形象是穿官服、戴官帽(乌纱帽)的;第三,"肝胆"并非 Liver and gall,而是指良心(conscience)。诗隐含讽刺意味是不言而喻的。据说曾经有人问作者是不是有所指,作者笑而不答。读者可以根据自己的想法认为有所指,但这毕竟是读者的事。印象或联想来自作品,但它们不一定是作品本身所包含的内容。

上边所谈的可以归纳为几点。

第一,理解诗歌首先得懂得词句的含义,包括:

Ⅰ 词义 如"白头搔更短"中的"短",不是指长度,而是"少"的意思。"此翁乖"的"乖"是乖巧的意思。

Ⅱ 语义 主要是施受关系。乐府民歌《焦仲卿妻》中有"君既为府吏,守节情不移"两句。"守节"的施事是谁,有三种说法,一指焦仲卿,二指刘兰芝,三指他们两人。如果联系下文及这几句话的语气判断,当是刘兰芝指自己。

Ⅲ 句法关系 王维《山居》诗中有"鹤巢松树遍","鹤巢"是主谓结构还是偏正结构?它的下句是"人访荜门稀",两相对照,不难看出"巢"是动词,含义是栖息。"鹤巢松树"是主谓宾结构。

Ⅳ 层次结构 一般地说,格律诗的语音停顿能反映结构层次。五言诗的停顿是 2—3,七言诗的停顿是 2/2—3,都反映意群和层次的划分。例如:

白日—依山尽,黄河—入海流。(王之涣《登鹳雀楼》)

清明/时节—雨纷纷,路上/行人—欲断魂。(杜牧《清明》)

但是,除了常规,还有变式。下边句子的意群切分与停顿不一致,当属变式。按意群划分如:

古树老—连石,急泉清—露沙。(温庭筠《处士卢岵山居》)

病—知新事少,老—别故交难。(崔颢《别故人》)

不见—乡书传雁足,唯看—新月吐蛾眉。(王涯《秋思》)

第二,在理解词句意义的基础上,须进一步探讨作品中的隐含内容。包括:

Ⅰ 场景(situation)与角色(role)这些内容在有些诗歌中是隐含的。例如:

葡萄美酒夜光杯,欲饮琵琶马上催。醉卧沙场君莫笑,古来征战几人回。(王翰《凉州词》) 夜光杯、葡萄、琵琶这些实物暗示了处所,"饮"和"催"标示了场景和角色。

Ⅱ 逻辑推理 诗歌的主旨不在说理,但词句之间常隐含某种逻辑关系。例如:

今夜偏知春气暖,虫声新透绿窗纱。(刘方正《月夜》) 上句是果,下句是因。

露重飞难进,风多响易沉。(骆宾王《在狱中咏蝉》) 每句都包含因果关系,前两字为因,后三字为果。

香雾云鬟湿,清辉玉臂寒。(杜甫《月夜》) 每句都包含因果关系,可以在"香雾"、"清辉"后边插入"使"字去理解。

Ⅲ 感情和意志 作者的喜怒哀乐常隐含在字里行间。例如:

人间四月芳菲尽,山寺桃花始盛开。长恨春归无觅处,不知转入此中来。(白居易《大林寺桃花》) 诗中隐含对春光的留恋,对庐山景物的赞美。

山外青山楼外楼,西湖歌舞几时休? 暖风熏得游人醉,直把杭州作汴州。(林升《题临安邸》)　诗中隐含作者对南宋达官贵人醉生梦死的生活感到愤恨。

第三,读者的感受与作者的意向趋于一致,于是产生共鸣。在这个前提下,读者也可以有所创造。由于作品的语句常有意义的不确定性,也由于作品之中每有"意义空白",读者便能根据自己的经验予以补充。常见的情况有:

Ⅰ　多义和歧义　杜甫《奉赠韦左丞丈二十二韵》有"读书破万卷,下笔如有神"。其中的"破",有人认为是"突破",有人认为是"破损",也有人认为是"一语道破"的"破",即彻底了解。这些解释都无不可,因为主旨都在说明博学。刘禹锡《杨柳枝词》有"请君莫奏前朝曲,听唱新翻杨柳枝"。其中的"翻"有人认为是"创作",有人认为"按原曲调谱写",这里有歧义。读者可以各持己见,但必须有这样的共识:作者的意图是提倡文学创新。

Ⅱ　暗示和联想　柳宗元《江雪》:"千山鸟飞绝,万径人踪灭。孤舟蓑笠翁,独钓寒江雪。"字面写景,其中暗示渔翁的孤傲。由此可联想到作者当时被贬到永州的心情。王安石《泊船瓜洲》:"京口瓜洲一水间,钟山只隔数重山。春风又绿江南岸,明月何时照我还。"一般只论及选用"绿"字之妙,殊不知这一个字暗示了作者心中的喜悦。由此可联想到王安石第二次出任宰相时,从钟山经京口到了瓜洲的心情。这些联想都与读者对作者的认知有关。

(二) 汉语特点的体现

拿古汉语跟印欧语言相比较,语音方面元音占优势,词汇方面单音节词占优势,语法方面缺少严格意义的形态变化。这些特点在诗歌中自然都能体现。从理解的角度观察,下列特点值得重视。

第一,不少语言学家认为汉语是话题居重要地位的语言(topic-prominent language),而英语之类是主语居重要地位的语言(subject-prominent language)。尽管对这种说法还有不少争论,但是,无论如何,汉语的格律诗是体现了话题占重要地位的。许多诗句很难分出主语(subject)和谓语(predicate),但是能区分

话题(topic)和陈述(comment)。话题不过是陈述的起点,它与陈述的关系是十分松散的。例如:

迟日/江山丽,春风/花草香。(杜甫《绝句》)

归客/村非远,残樽/夕更移。(杜甫《过南邻》)

春浪/棹声急,夕阳/花影残。(白居易《渡淮》)

第二,句子要传达信息。一般的情况是旧信息在前,新信息在后。新信息的重点即焦点。汉语表示焦点有种种方式,如利用重读,使用某些副词,采取对比形式,而最常见的方式是依靠语序的安排,即让信息焦点在句末出现。汉语的格律诗每句的末三字主要体现节奏焦点,而信息焦点主要是安排在诗的末句(绝句中的第四句)或尾联(律诗中的最后两句),两者是吻合的。例如:

寒雨连江夜入吴,平湖送客楚山孤,洛阳亲友如相问,一片冰心在玉壶。(王昌龄《芙蓉楼送辛渐》)　末句说出作者清廉自守的情怀,是焦点所在。

红豆生南国,春来发几枝,劝君多采撷,此物最相思。(王维《相思》)末句说出正意。

西陆蝉声唱,南冠客思深。不堪玄鬓影,来对白头吟。露重飞难进,风多响易沉。无人信高洁,谁为表予心?(骆宾王《在狱中咏蝉》)　末联抒发了作者写诗的宗旨。

当然,诗歌借物抒情,并不是每首诗都要把感情直接表达出来。一些山水诗通篇写景,就不属于这里讨论的焦点安排的范围了。

第三,人们认为常使用"意合法"是汉语的特点之一,但是对意合法的内涵并无一致的看法。我们认为意合法指的是不用关联词语表示因果、假设条件等逻辑关系。这类关系的确定,如果不用关联词语表示,必须有语境的帮助。例如"天下雨,我不出去",说话时如果正在下雨,则表示因果关系;说话时如果天气晴朗,议论次日的打算,则表示假设条件关系。

诗句中接连叙述相承的两件事,事情又是已经实现的,它们之间的逻辑关系通常是前因后果。前边已经有例说明,下边再补充几个例子。

　　寺远僧来少,桥危客过稀。(许浑《题韦处士山居》)　"寺远"、"桥危"
是因,"僧来少"、"客过稀"是果。

　　自缘今日人心别,未必秋香一夜衰。(郑谷《十日菊》)　意思是说重九
之后(十日)的菊花并未衰败,但是人们对待菊花的心情是有差别的。要了
解这里的含义,须懂得古人在重九之日有登高赏菊的习惯。

　　岭外音书断,经冬复历春。近乡情更怯,不敢问来人。(宋之问《渡汉
江》)　前两句是因,后两句是果。

(三) 格律诗的独特句法

第一,名词性成分并列成句,使人抓住典型事物,形成概括的印象。例如:

　　鸡声茅店月,人迹板桥霜。(温庭筠《商山早行》)　描述的是行人趁早
冒着寒冷赶路的情景。

　　绿蚁新醅酒,红泥小火炉。(白居易《问刘十九》)　描述的是温酒待客
小酌的情景。

　　细草微风岸,危樯独夜舟。(杜甫《旅夜书怀》)　描述的是旅途寂寞的
情景。

第二,律诗要求使用对仗。对仗叙述有代表性的事物,一经排比,能以少胜
多,以点代面,读者便会产生一种概括的印象。例如:

　　几处早莺争暖树,谁家新燕啄春泥,乱花渐欲迷人眼,浅草才能没马
蹄。(白居易《钱塘湖春行》)　前边一联给人的印象是早春的禽鸟欢跃枝
头,后边一联给人的印象是早春的花草生机勃勃。

　　自去自来梁上燕,相亲相近水中鸥。老妻画纸为棋局,稚子敲针作钓
钩。(杜甫《江村》)　前边一联概括眼前的事物,显得悠闲自在。后边一联
概括周围的亲人,个个怡然自得。

　　五岭逶迤腾细浪,乌蒙磅礴走泥丸。金沙水拍云崖暖,大渡桥横铁索
寒。(毛泽东《长征》)　前边一联概括了千山的峻峭,后边一联概括了万水

的凶险。

第三,语序的安排有时根据作者的观察点为依据,于是打破汉语散文语句的一般规律。例如:

香稻啄余鹦鹉粒,碧梧栖老凤凰枝。(杜甫《秋兴八首》) 这里是回忆当时见到的情景。见到香稻才想起是鹦鹉啄余的,看到碧梧才联想凤凰栖宿之处。

片云天共远,永夜月同孤。(杜甫《江汉》) 见到片云才联想到自己,像天那么遥远。想到长夜又联想到自己,和明月一样孤独。

绿垂风折笋,红绽雨肥梅。(杜甫《陪郑广文》) 见到绿叶低垂才察觉是风吹笋折,见到红花绽满才推想是雨水催使梅子成长。

第四,按照一般规律来衡量,句子已属完整,可是后边又补充修饰性的字眼,这在散文中是见不到的。例如:

白云回望合,青霭入看无。(王维《终南山》) "合"指的是"白云","无"指的是"青霭"。

云里相呼疾,沙边自宿稀。(杜甫《归雁》) "疾"指的是"呼","稀"指的是"宿"。

远水兼天净,孤城隐雾深。(杜甫《野望》) "净"指的是"水"和"天","深"指的是"城"和"雾"。

这类格式在散文中见不到。只有像"石角钩衣破,藤枝刺眼新"(杜甫《奉陪郑》)之类与兼语式有些接近。

此外,互文是一种特殊的省略现象,在散文中很少运用,在诗歌中却比较常见,例如:

战城南,死郭北。(汉乐府民歌) 意思是战死在城南城北。

将军百战死,壮士十年归。(《木兰诗》) 意思是将军和战士或战死,或生还。

烟笼寒水月笼沙。(杜牧《泊秦淮》) 意思是水和沙都笼罩在烟和月之中。

秦时明月汉时关。（王昌龄《出塞》）　意思是眼前的明月和关隘仍旧
是秦汉时的明月和关隘。

七、格律诗的表达问题

汉语格律诗有广狭二义:狭义的指起源于南北朝而形成于唐代的律诗和绝
句;广义的还包括词和曲。本文指的是前者。格律诗的特点是形式上有严格的
要求,已形成若干固定的格式。历来研究的人很多,然而大都罗列平仄安排和
语句使用的情况,再举例说明;或者指出常式和变式,然后分类归纳。方法是
从材料中发现规律,但并未究其根源。读者可以借此懂得作诗的蹊径,但是
并不能理解其奥秘。这里试图根据诗歌创作的一般原理,结合汉语的实际,
探究格律形式的依据,同时对汉语格律诗语句结合结构的特点作一点初步的
分析。

(一) 平仄的安排

我国古代诗歌以四字句为主,例如易经的爻辞(大都是上古时代的民歌)
和诗经中的句式多半如此。汉代以后,五言诗占了主要地位。这主要是由于
诗歌的内容日趋丰富,于是要求形式能相应地发展。四字句的音节结构形式
是 2＋2,属偶音步的组合。它的特点是稳定、庄重,但流于板滞。五字句的音
节结构形式是 2＋3,是偶音步和奇音步的组合。它的特点主要体现在奇音步上
边,即活泼、轻快,且富于变化。这是因为三音节组成的奇音步,可以分解为
2＋1,如"明月光"、"地上霜"之类;也可以分解为 1＋2,如"望明月"、"思故乡"之
类。有时也可以分解为 1＋1＋1,如"高复下"、"去又来"等。也许有人要问:五
字句既然是偶音步加上奇音步,为什么主要体现奇音步的特点而不是体现偶音
步的特点呢? 要回答这个问题,必须理解语句中信息分布的规律。一般地说,
句子前边的词语表示旧信息,而后边的词语表示新信息。新信息的重点即焦

点,一般在句末出现。这种规律体现在诗句当中,表现为后边的音步占显要地位。所以,在格律诗中,五言诗也好,七言诗也好,最后的音步(诗句的末三字)要求最为严格。比如平仄、韵脚等,都不能随意安排。正因为如此,为了说明格律诗的节律,最好先从诗句的末尾音步谈起。

三个音节(三个字)构成的音步,平仄出现的可能情况是:

平平平　仄仄仄　平仄平　仄平仄

平平仄　仄仄平　平仄仄　仄平平

所谓节奏,包括重复与变化。譬如击鼓,光有重复,显得单调;光有变化,失之凌乱。既有重复,又有变化,才能体现节奏。根据这个标准来看上列平仄安排,"平平平"、"仄仄仄"有重复而无变化,不可取;"平仄平"、"仄平仄"有变化而无重复,也不可取。其余四种搭配,符合要求,可以采用。接下来要考虑的是次序安排问题。

按照一般的习惯,选用平声韵,而且让第二句和第四句押韵,这正符合既有重复(押韵)又有变化(不押韵)的原则。照这样安排,五言绝句末尾的音步可按下列次序构成:

Ⅰ　a　平平仄　　　　b　仄仄平

　　c　平仄仄　　　　d　仄平平

Ⅱ　a　平仄仄　　　　b　仄平平

　　c　平平仄　　　　d　仄仄平

构成五言诗,要在每个音步前边添上两个字(两个音节,合成一个音步)。最理想的安排应该是:

Ⅰ　a　仄仄平平仄　　　b　平平仄仄平

　　c　平平平仄仄　　　d　仄仄仄平平

Ⅱ　a　平平平仄仄　　　b　仄仄仄平平

　　c　仄仄平平仄　　　d　平平仄仄平

为什么说这种安排最为理想? 我们可以从反面来论证。比如Ⅰ中,a句开头不用仄声而用平声,则成为"平平平平仄",平声重复太多。b句不用平声而用仄声,则仄声重复太多。c 句、d 句改变开头的平仄,都会出现同样的问题。由于添上的双音节音步,它的第二个音节在音长和音重方面都占显著地位,而第一个音节则相反,所以第一个音节的平仄一般可以不作严格要求,即可平可仄。举两首诗为例:

　　(1) 白日依山尽(仄仄平平仄)

　　　　黄河入海流(平平仄仄平)

　　　　欲穷千里目(仄平平仄仄)

　　　　更上一层楼(仄仄仄平平)(王之涣《登鹳雀楼》)

　　(2) 鸣筝金粟柱(平平平仄仄)

　　　　素手玉房前(仄仄仄平平)

　　　　欲得周郎顾(仄仄平平仄)

　　　　时时误拂弦(平平仄仄平)(李端《听筝》)

从上边的诗句来看平仄安排,有下列特点:第一,每一句的平仄既有重复,又有变化。第二,句末音步的安排,由于用韵的关系,已经固定。句首音步的安排,第一句和第二句体现变化(平仄相对),第二句和第三句体现重复(平仄相同,即所谓“粘”)。第二句和第四句又体现变化。每句再增加一个两字音步,诗句由四句增加为八句,都依照上述原则类推。比如七言律诗中四句押韵的平仄安排是:

　　Ⅰ　平平仄仄平平仄　仄仄平平仄仄平

　　　　仄仄平平平仄仄　平平仄仄仄平平

　　　　平平仄仄平平仄　仄仄平平仄仄平

　　　　仄仄平平平仄仄　平平仄仄仄平平

　　Ⅱ　仄仄平平仄仄仄　平平仄仄仄平平

　　　　平平仄仄平平仄　仄仄平平仄仄平

　　　　仄仄平平平仄仄　平平仄仄仄平平

　　　　平平仄仄平平仄　仄仄平平仄仄平

要补充说明的是:两个音节构成的音步,决定它的特点的是第二个音节。所以,七言诗中的第一和第三字的平仄可以自由选择,而第二和第四字的平仄是固定的。此外,如果要采取首句押韵的方式,那就要把第一句的平仄格式改换为末句的形式。如Ⅰ的首句须改成"平平仄仄仄平平",而Ⅱ的首句须改成"仄仄平平仄仄平"。显然,它们不能改换成另外的形式,因为可选择的另一句式正是第二句,如果让第一第二句平仄相同,那就显得笨拙了。

总起来看,格律诗的平仄选择,首先是根据重复变化的原则确定句末音步。然后在这个基础上增添一个音步(五言)或两个音步(七言)。增添的音步要求单句与双句平仄相对,体现变化;双句与下边的单句平仄相同,体现重复。明了了这个道理,就不难解释写格律诗的一些忌讳了。比如"孤平"是写诗的大忌,指的是五言诗出现"仄平仄仄平",七言诗出现"仄仄仄平仄仄平"这样的句式。这是因为句末的平声属于韵脚,除了韵脚之外,像七言诗出现"仄仄平仄仄"这样平声孤立的格式,不符合节奏的规律。五言诗出现"仄平仄仄",也是平声孤立在仄声之间,诗人都避免采用。又如"平头"向称诗病,也是诗人忌讳的。这指的是一联当中上下句开头的字必须平仄相对,不能相同,才符合上边讲的粘对原则。由此看来,两音节构成的音步,虽说第一个音节原则上可平可仄,但也不是没有限制的。

(二) 意群的划分

句子是由词组成的。说话和写文章都是让词儿一个接一个地出现,然而听话的人和读文章的人必须将词加以组合成意群,然后作出反应。这其实是一种信息处理的能力。格律诗有固定的模式,它能提供认识意群的基础。例如五言诗的意群安排是:

×× ‖ ×××

七言诗的意群安排是:

×× | ×× ‖ ×××

这是从大体上来说的。在具体运用时可以有若干变化,例如王翰的《凉州词》:

葡萄 | 美酒 ‖ 夜光杯,　(常式)

欲饮 ‖ 琵琶 | 马上催。　(变式)

　　醉卧|沙场‖君莫笑，（常式）

　　古来|征战‖几人回。（常式）

值得注意的是第二句。尽管读诗的人按照常规把较大的停顿放在第四字和第五字之间，但是从意群上看，应该把"欲饮"和"琵琶马上催"切分。这种变化是在遵循固定格式之中的变化，使诗句的节奏和意群有合有分，更增韵味。类似的情况在格律诗中并不罕见，再举几个例子：

　　古树老‖连石，急泉清‖露沙。（温庭筠《处士卢岵山居》）

　　病‖知新事少，老‖别故交难。（崔颢《别故人》）

　　酒债‖寻常行处有，人生七十‖古来稀。（杜甫《曲江首》）

　　此曲‖只应天上有，人间‖能得几回闻。（杜甫《赠花卿》）

这种形式和内容的矛盾，在散文中是没有的，在新诗中也难见到。论诗的人都认为这种打破常规的句式妙在并不否定原有的节奏，恰恰是在肯定固有格式才显示它的特点的。在散文中，在新诗中，既然无所谓格律，当然就不会出现这种类似切分音的表现形式。

　　在格律诗中，较大的意群是由两句构成的一联。联的结构基础是让两个奇音步并列，兼有奇音步和偶音步的特点。律诗也好，绝句也好，每一联的上下句成为一个相对独立的整体，表达一个完整的内容。柳宗元的《江雪》，"千山鸟飞绝，万径人踪灭"表现的是寥廓和寂静；"孤舟蓑笠翁，独钓寒江雪"表现的是隐逸和孤独。两相对照，写出作者寂寞、淡泊的心情。李白的《静夜思》，"床前明月光，疑是地上霜"，上句写实，下句写虚，合起来是写眼前的景象、感觉。"举头望明月，低头思故乡"，也是上句写实，下句写虚，合起来是写远处的事物，遐想。总之，一联的上下句要合起来看，作为一个意群来理解。

　　值得特别提出来的是律诗的第二联和第三联(颔联和颈联)。这两联要求使用对仗，这就不仅要求平仄相对，而且要求词义虚实相应了。这种形式上的安排所起的作用是以点代面，以少胜多。先举两个例子：

　　清江一曲抱村流，长夏江村事事幽。

　　自去自来梁上燕，相亲相近水中鸥。

老妻画纸为棋局,稚子敲针作钓钩。

但有故人供禄米,微躯此外更何求。(杜甫《江村》)

剑外忽传收蓟北,初闻涕泪满衣裳。

却看妻子愁何在,漫卷诗书喜欲狂。

白首放歌须纵酒,青春作伴好还乡。

即从巴峡穿巫峡,便下襄阳向洛阳。(杜甫《闻官军收河南河北》)

前边一首的第二联写的是"梁上燕"、"水中鸥",作用是概括眼前的事物的一切悠闲自在。第三联写的是"老妻"、"稚子",作用是概括周围的亲人,个个怡然自得。而联合起来可以用一个"幽"字概括。后边一首的第二联和第三联可以用一个"喜"字概括。总之,对仗的最大特点是启发读者由实而虚,由点及面。如果从意群方面考察,律诗的颔联和颈联,在层次关系上大体有两种情况,一种情况是两联合成一个意群,与首联、尾联并列。《江村》的结构就是这样:首联一层意思,总说江村长夏"事事幽"。颔联和颈联是一层意思,从物情和人事来说明。尾联又是一层意思,隐含忧悒和感慨。另一种情况是首联和颔联是一层,颈联和尾联是另一层。《闻官军收河南河北》的结构就是如此。虽然当中两联写的都是"喜悦",但是颔联承上,写喜出望外;颈联启下,写思潮澎湃。看来,律诗八句,大的意群或分为二,或分为三。大意群中有较小的意群,那就是"联"。每联包括上下句,那是更小的意群。每句可分为若干音步,这就是基本的意群了。至于绝句,有的每两句组成一个大的意群,其中上下句各为一个较小的意群。如前边提到过李白的《静夜思》、柳宗元的《江雪》就是如此。有的四句并列,各自成为一个意群。例如王维的《相思》,"红豆生南国"是叙述,"春来发几枝"是疑问,"劝君多采撷"是祈使,"此物最相思"是感叹。四句并列达到借物抒情的目的。意群的安排有一定的规律,同时有固定的形式来表现,但是在肯定固定格式的前提下,又不妨灵活运用。例如在平仄方面,有拗有救;在对仗方面,有常有变;在音步方面,有分有合。

(三) 话题的隐现

国外语言学界流行一种说法:汉语是话题居重要地位的语言。话题和主语是不同平面的术语,说汉语的话题重要并不等于说汉语的主语不重要。尽管对这种说法还有不少争论,但是,无论如何,汉语格律诗的语句是体现了话题占重要地位的,所以,理解诗句必须掌握这个特点。这个特点表现在下列几个方面。

第一,许多诗句很难分出主语(subject)和谓语(predicate),但是能区分话题(topic)和陈述(comment)。它们之间的关系是很松散的,话题不过是提出一个与陈述有关的事物罢了。下边诗句的开头部分是话题,后边部分是陈述。

(1) 香雾‖云鬟湿,清辉‖玉臂寒。(杜甫《月夜》)

(2) 归客‖村非远,残樽‖夕更移。(杜甫《过南邻》)

(3) 青‖惜峰峦过,黄‖知橘柚采。(杜甫《放船》)

(4) 春水‖船如天上坐,老年‖花似雾中看。(杜甫《小寒食》)

当然,我们并非以此证明格律中的句子都不能分析出主语和谓语,事实上大量诗句的结构类型与散文相同,但是,上述句式却是散文罕见的,它们只宜分析出话题和陈述来。

第二,名词性短语可以单独成句,也可以用几个名词性短语并列成句。这属有指称而无陈述的句子,实际也是话题占重要地位的一种表现。例如:

(5) 松柏邙山路,风花白帝城。(杜甫《熟食日》)

(6) 九江春草外,三峡暮帆前。(杜甫《游子》)

(7) 北斗三更席,西江万里船。(杜甫《春夜峡州》)

这种句式多见于五言诗里,它的作用在描述事物,提供抒情叙事的背景,有时也渲染一种气氛,以引起共鸣。

第三,上边是就句论句,所讲的话题是句内话题。在诗歌中,句外话题也是应该予以重视的。有不少诗歌,题目就是句外话题,在理解全诗的时候不能忽视。前边提到张继的《枫桥夜泊》,当中有"夜半钟声到客船"一句,曾经引起争论:有人说是指夜半钟声送到了客船,有人认为是说夜半钟声之中到了一条客船。其实,题目已指明"夜泊",就是说,船是停泊了的,当然只能采取第一种解释。之所以引起争论,是忽视题目所提供的话题缘故。又如温庭筠的名句:"鸡声茅店月,人迹板桥霜。"它的话题已经在题目中点明,那就是"早行"。只有结合话题来理解,才能懂得诗句所表达的意境。现代话语语言学(Text Linguistics)切分话题和陈述,是依据形式和意义相结合的原则。它当然不同于人们分析文学作品时所讲的主题思想,主题思想只不过是全篇内容的抽象概括,它只有一个。话题则是说话的起点,每句话都有;而且,前边句子有话题和陈述,这个陈述又可以成为后边句子的话题,这就是所谓"话题链"。许多佳作常常包含了话题链。例如贾岛的《寻隐者不遇》,前两句一问一答:"松下问童子,言师采药去。""采药去"是陈述,它只说明采药,却未讲清到什么地方采药。寻访者一定要再问何处去,于是童子回答"只在此山中",这就是第三句,它陈述的是处所。这一句指明山中,但未指明方向,寻访者一定还要追问,童子的回答是"云深不知处"。这一句话所陈述的话题隐含在前句之中,总之,四句诗是由话题链贯串的,但是末两句的话题隐而不现,让读者去体会出来,这大概也属诗味隽永的一种表现吧。至于杜甫的《春望》,第一联的上句"国破山河在",话题是"国","山河在"是说什么都破了,只有山河还在。下句"城春草木深",话题是"城","草木深"无非说明城中的人都逃亡了。第二联上句"感时花溅泪"是陈述,它的话题是破碎的山河。下句"恨别鸟惊心"是陈述,它的话题是逃亡的人们。似有一种隐含的话题链,即前句的陈述暗示下句的话题,这正是诗歌语言精练的表现。

八、近体诗的表达和理解

近体诗是唐代形成的,包括律诗和绝句。与古体诗相比较,它的结构比较严谨,规律比较明确。历来的诗话,多详于描写而疏于解释,使人知其然而不知其所以然。这里试图从语言结构方面谈谈近体诗的一些特点。

(一) 时地—景物—情意

诗人写景抒情,或由景生情,或寓情于景,或情景交融,手法不一。但是在全诗的结构上有一种倾向,即须点明时间和处所。举几首人们熟悉的绝句为例。

　　春眠不觉晓,处处闻啼鸟。(孟浩然《春晓》)　先说时间,再说处所。

　　清明时节雨纷纷,路上行人欲断魂。(杜牧《清明》)　先说时间,再说处所。

　　红豆生南国,春来发几枝。(王维《相思》)　先说处所,再说时间。

　　故人西辞黄鹤楼,烟花三月下扬州。(李白《送孟浩然之广陵》)　先说处所,再说时间。

　　白日依山尽,黄河入海流。(王之涣《登鹳雀楼》)　第一句暗示时间,第二句暗示处所。

　　床前明月光,疑是地上霜。(李白《静夜思》)　第一句暗示时间和处所,第二句补充说明时间,即秋天。

　　葡萄美酒夜光杯,欲饮琵琶马上催。(王翰《凉州词》)　"夜光杯"暗示处所,第二句暗示时间。

当然,这只是一种倾向,并不是所有的写景抒情的诗都是如此,但是这种现象的出现并非偶然。要了解这种倾向形成的原因,须区分具体的句子和抽象的句子。举例说吧,"下雨了"这个句子,我们通过它的语音了解它的意义,这不过是对抽象句子的理解。在实际交际场合。当我们听到"下雨了"这一组声音时,人们理解的不只是它的含义,而且须懂得它所指的内容。就是说,要把它放在特定的环境中去理解。比如,指的是此时此地"下雨了",或某一时间某一处所"下雨了",这就是对具体句子的理解。诗句表达的不只是意义,它要求人们在理解意义的基础上了解内容。提供特定的时间和处所正是为了这个目的。

当然,这里指的是写景抒情的诗篇。而且,正如前边所指出,说明时间和处所,可以是明显的,也可以是隐含的;至于开头点明时间和处所,也不过是比较常见的安排。比如王维的《竹里馆》:"独坐幽篁里,弹琴复长啸,深林人不知,明月来相照。"第一句点明处所,末句才说出时间,也是一种巧妙安排。

（二）有所指—有所述—有所为

交际中使用任何词语或句子,或者有所指,或者有所述,或者既有所指,又有所述。有所指,即指称事物;有所述,即陈述现象。有指称,不一定有陈述;有陈述,必定有指称。例如地图上标明的地名是指称,并没有出现陈述,又如"来了"是陈述,必定有所指,或者指"车来了",或者指"人来了",等等。诗句有三种情况:一是既有指称,又有陈述;二是只有陈述,隐含指称;三是只出现指称,并无陈述。现在举温庭筠《商山早行》前四句为例:

晨起动征铎　　陈述,理解时须补上指称。根据下文,指的是旅客。

客行悲故乡　　既有指称,又有陈述。

鸡声茅店月
　　　　　　　有指称,无陈述。
人迹板桥霜

值得特别注意的是末两句,几个词语并列,都是指称。理解这类句子,并不须增添什么陈述的内容,而是要把这些词语所代表的典型事物加以综合,形成概括的观念,从中体会作者心目中的情景。"鸡声茅店月,人迹板桥霜"所描写的是月色清寒时山区早行的景象。

再举白居易《问刘十九》为例:

绿蚁新醅酒
　　　　　　　有指称,无陈述。
红泥小火炉

晚来天欲雪　　有指称,有陈述。

能饮一杯无　　有陈述,无指称。指称隐含在题目之中,即友人刘十九。

前边两句是指称并列,从中可以体会作者在寒冬围炉对酒的情意。

上边举的诗句,或者有所指,或者有所述,都属传达信息的句子;这种句子的作用在使对方理解。此外还有另一种句子,作用在使对方接受信息之后,能作出反应。比如要求对方回答问题、思考问题、开始行动或停止行动,等等。这就是"有所为"的句子,通常是言谈的重点。在格律诗中,这类句子多用疑问或祈使的语句表示,往往出现在末联,这正符合先有所述,然后才有所为的一般规律。末联用祈使语气的,如王维《相思》末两句:

劝君多采撷，此物最相思！

又如王之涣《登鹳雀楼》末两句：

欲穷千里目，更上一层楼。

末联用疑问语气的，如孟浩然《春晓》末两句：

夜来风雨声，花落知多少？

又如白居易《问刘十九》末两句：

晚来天欲雪，能饮一杯无？

至于在诗歌中自问自答，属一般的陈述，不是"有所为"的句子，当然也可以出现在末联，如杜牧《清明》中的"借问酒家何处有，牧童遥指杏花村"。

(三) 连接—照应—隐含

句与句之间的关系，有时用关联词语表示，有时依靠语句本身的意义来说明，即所谓意合法。诗歌中很少用关联词语，意合法则经常使用。例如白居易《大林寺桃花》：

人间四月芳菲尽，山寺桃花始盛开。

长恨春归无觅处，不知转入此中来。

第一句和第二句，第三句和第四句都含有转折意味，虽然不用关联词语，我们完全可以体会其中的含义。

律诗八句，当中两联要求用对仗，对仗是一种特殊的意合形式。它可以通过典型事例的并列，使人产生一种概括的印象。以少胜多，以一当十，以具体代抽象，这是一种艺术的手法，律诗中的对仗正是这种手法的具体运用，而读者在阅读过程中的理解是以意合为中介的。先看杜甫的《蜀相》：

丞相祠堂何处寻，锦官城外柏森森。

映阶碧草自春色，隔叶黄鹂空好音。

三顾频烦天下计，两朝开济老臣心。

出师未捷身先死，长使英雄泪满襟。

第二联写景，所写的景物不多，却给人以寂静的印象。在这里，"自"和"空"

的作用是十分重要的。第三联叙事,使人想到诸葛亮的一生,鞠躬尽瘁,死而后已。

又如温庭筠的《苏武庙》:

> 苏武魂销汉使前,古祠高树两茫然。
>
> 云边雁断胡天月,陇上羊归塞草烟。
>
> 回日楼台非甲帐,去时冠剑是丁年。
>
> 茂陵不见封侯印,空向秋波哭逝川。

第二联写苏武在北国的秋天望着南飞的雁,傍晚赶着边塞的羊,概括了他被幽禁的情景。第三联写苏武回国后的心情,上句写所见,下句写所想。见到的景物是今非昔比,想到的壮年(丁年)已逝,皓首而归。这两句概括了苏武的感慨,也是作者的欷歔。

上边两首诗有共同的特点,即用对仗列举典型实例,用来说明事理的全过程。欣赏律诗,就必须善于概括。当然,对仗的作用并非全都如此,有时也用来叙述事理的承接或因果的推论。例如王维的"山中一夜雨,树杪百重泉",叙述雨后的景色。司空曙的"乍见翻疑梦,相悲各问年",描写久别重逢时的心情。上句和下句是事理的承接。又如白居易的"野火烧不尽,春风吹又生",杜甫的"酒债寻常行处有,人生七十古来稀",上下句有因果关系。前者由因及果,后者先果后因。

格律诗每联中的上下句意思相联,隔句的意思大都相关,这就是所谓照应。例如杜甫的《春望》,第一联"国破山河在,城春草木深",说明"国破,城空"。第三句"感时花溅泪"照应"国破",第四句"恨别鸟惊心"照应"城空"。第三联"烽火连三月"是"感时"的原因,"家书抵万金"说明"久别"的后果。又如李白《静夜思》第一句"床前明月光"是实写,第二句"疑是地上霜"是虚写,合起来写秋夜。第三句"举头望明月"照应第一句,是写实;第四句"低头思故乡"照应第二句,是写虚,合起来写秋思。

照应是诗歌语言精练的一种表现,虽然它的作用不仅仅是为了精练。在诗歌中,为了使语言精练,常常不直接说出某些含义,这就是隐含。隐含不同于省略,省略的词语是可以添补的,诗的字数固定,当然谈不上添补什么词语。下边举几种常见的隐含现象。

因果隐含,例如:

今夜偏知春气暖,虫声新透绿窗纱。(刘方正《月夜》) 先果后因。

露重飞难进,风多响易沉。(骆宾王《在狱中咏蝉》) 每句都隐含因果关系。

香雾云鬟湿,清辉玉臂寒。(杜甫《月夜》) "香雾"、"清辉"后边隐含"使"字,每句有因果关系。

草枯鹰眼疾,雪尽马蹄轻。(王维《观猎》) "草枯"、"雪尽"后边可加"使"字去理解。

问答隐含,例如贾岛的《寻隐者不遇》:

山下问童子　　问

言师采药去　　答

只在此山中　　答,前边隐含"到哪儿采药去了?"

云深不知处　　答,前边隐含"山里什么地方?"

隐含不限于词句上的,也可以是意境上的,下边谈两种常见的情况。

对比隐含,例如柳宗元的《江雪》:

千山鸟飞绝,万径人踪灭。

孤舟蓑笠翁,独钓寒江雪。

前两句描写寂静、寥廓,后两句描写移动、渺小。两相对照,是静中有动,更显其静;大中见小,更显其孤。这就反映作者当时冷漠、孤独的感情。

条件隐含,例如杜甫《小寒食》:

春水船如天上坐,老年花似雾中看。 "春水"是"船如天上坐"的条件,"老年"是"花似雾中看"的条件。

(四) 一般句式—诗歌句式—特殊句式

一般句式指散文中的句式,近体诗中大多数句子的结构与散文没有区别,

最常见的是"施事—动词—受事"的句式,其中施事也可以隐含。例如王维的《闺怨》:

> 闺中少妇不知愁,春日凝妆上翠楼。
>
> 忽见陌头杨柳色,悔教夫婿觅封侯。

散文中常见的"受事—施事—动词"的句式,诗中也不罕见。例如王维的《汉江临泛》:

> 楚塞三湘接,荆门九派通。

值得注意的当然是近体诗中特有的句式。如五言诗中有些句子前四字在意义上已经自足了,再补上一个名词,或动词,或形容词,突出作者对景物的深切感受。例如:

> 云霞出海曙,梅柳渡江春。(杜审言《和晋陵陆丞早春游望》)
>
> 众鸟高飞尽,孤云独去闲。(李白《独坐敬亭山》)
>
> 暮雨相呼失,寒塘欲下迟。(崔涂《孤雁》)

又如七言诗的前五字在意义上已经自足,再补上一个两字主谓结构,使诗意更进一层。例如:

> 永夜角声悲自语,中天月色好谁看?(杜甫《宿府》)

至于诗人根据自己特有的体验,用奇特的语序写成诗句,这就属特殊句式了。例如:

> 泉声咽危石,日色冷青松。(王维《过香积寺》)
>
> 片云天共远,永夜月同孤。(杜甫《江汉》)
>
> 香稻啄余鹦鹉粒,碧梧栖老凤凰枝。(杜甫《秋兴八首》)

上边的句子如果要翻成散文,大体是:

> 泉水在嶙峋的岩石间艰难地穿行,发出幽咽之声;夕阳的余晖照着青松,显得分外阴森。
>
> 自己像天上的一片浮云,飘得很远很远;又像孤独的月亮,度过漫长的夜晚。
>
> 看到的是鹦鹉吃剩的稻粒,还有凤凰栖息过的梧桐。

经过翻译,不难体会诗人别出心裁的妙处。当然,翻译的文字也只能传其意,而不能传其神。上述这些特殊句式,并无规律可循,即使在作者本人的诗集中,也不重复出现。但是,它们的结构又有其合理之处。比如"香稻啄余鹦鹉粒"说明作者看到的是香稻,然后才联想起鹦鹉啄稻粒的情景。如果写成"鹦鹉啄余香稻粒"就不能表达作者的思想了。这就是说,特殊句式无规律可循,却有理据可依。发掘这中间的理据,正是我们应该努力做到的。

主要参考文献

朱曼殊、武进之:《影响儿童理解句子的几个因素》,《心理科学通讯》1981 年第 1 期。

缪小春:《汉语语句的理解策略》,《心理科学通讯》1982 年第 6 期。

吕叔湘:《说"胜"和"败"》,《中国语文》1987 年第 1 期。

陆丙甫:《语句理解的同步组块过程及其数量描述》,《中国语文》1986 年第 2 期。

韩万衡:《德语配价句法》,商务印书馆 1992 年版。

奥田宽:《论现代汉语形容词的强制性联系和非强制性联系》,《南开学报》1982 年第 3 期。

冯志伟:《特思尼耶尔的从属关系语法》,《国外语言学》1983 年第 1 期。

吴为章:《单向动词及其句型》,《中国语文》1982 年第 5 期。

杨宁:《三价动词及其句型》,复旦大学硕士学位论文,1986 年。

朱德熙:《语法讲义》,商务印书馆 1982 年版。

[瑞典]詹斯·奥尔伍德等:《语言学中的逻辑》,王维贤等译,河北人民出版社 1984 年版。

刘勰:《文心雕龙·章句》。

陈建民:《汉语口语》,北京出版社 1984 年版。

高友工、梅祖麟:《唐诗的魅力》,上海古籍出版社 1989 年版。

章荑荪:《诗词散曲概论》,安徽教育出版社 1989 年版。

第四章　描写、解释和应用

一、分　界　问　题

(一) 划分词的依据和标准

在一般人的心目中,把英语的语句划分出词是没有什么问题的。可是像 "That will do"这样常用的句子,听起来却是[ðætl du:],似乎是两个词。"All right"听起来是[ɔːlrait],似乎是一个词。那么根据什么标准认为前者是三个词而后者是两个词呢? 答案是靠书写形式,即分词连写的习惯。英语中的 class-room、blackboard、earthquake 各是一个词,这是今天的写法,可是它们曾经写成 class room、black board、earth quake,这样写的时候,人们都认为它们各是一个短语。由短语变成词也曾有过渡形式,那就是在当中加上短横。诸如此类现象的出现也并非同步进行的。例如 motorcar 是词,而 motor ship 是短语(也有在当中加短横的);motorman(电车司机)是词,而 motor hotel(汽车旅馆)是短语。这里有没有规律可循可以不管,我们要说明的是:在人们心目中,连写的是词,分写的是短语。也就是说,划分词的标准是书写形式。但是这并不等于说,词的形成与口语无关。口语是书面语的依据,根据口语划分出词来与书面形式也基本上一致。这正如同古代没有历书可查,根据物候的变化断定季节也大体不错。虽属可行,但有局限。

汉语的书面语不是分词书写,基本上是分语素书写的。一个方块字代表一个语素,很少例外。所以,我们从语句中划分语素十分容易,而划分词,有时不免各行其是。这种情况与欧美等国的人们感觉恰好相反,他们认为划分词十分容易,而划分语素有时会感到为难。语法书给我们的词下的定义是"最小的能自由运用(或独立运用)的语言单位"。由于"自由运用"可以有不同理解,而且有些语言单位(如"叶"、"楼"、"署")在一些场合不能自由运用,在另一些场合却能自由运用。人们根据这个定义去辨别词与非词,自然不能得出完全一致的结论。所以,它只能是划分词的依据,而不是明确的标准。1988 年国家教育委员会和国家语言文字工作委员会曾公布《汉语拼音正词法基本规则》,这是为了用《汉语拼音方案》拼写现代汉语而制定的,按理应该成为划分词的标准,但是由于这个方案还有待修订,而且并未深入人心,所以影响不大。看来,汉语的词如何定形,尚须时日。

(二) 划分词类的依据和标准

　　词类是一种关系类别,包括基本类别和附加类别,前者如通常所说的名词、动词、形容词等,后者如俄语的"性"、"数"、"格"、"时"、"体"、"态"、"式"之类。各种语言的基本词类不尽相同,附加类别差异更大。但是,从总体上讲,或者说,从原则上看,应该怎样看待词类呢? 这就使我们想起二十世纪五十年代在当时苏联的一场讨论。

　　在五十年代以前,苏联出版的一些有影响的俄语语法书在描写各类词的形式特征的同时,大都说明了它们的意义,这在欧美其他语言的语法著作中也是如此。到了 50 年代,为了讨论词类的性质,出现了争论。有的学者明确提出"词类是词在词汇·语法上的分类",如波斯皮洛夫(Поспелов)在莫斯科大学出版的《现代俄语》就是这么说的。另外也有人反对,认为词类是纯粹的语法范畴。参加讨论的人很多,双方各有所见。我们对这场讨论应该了解的是:

　　第一,苏联学者讨论的是词类的性质问题,而不是因为俄语的词类区分标准不明,要找个标准来解决困难。提倡"词汇·语法范畴"的学者都认为词类与意义密切相关。其实,词类(基本类和附加类)确实与意义有关。例如印欧语言的名词有"性"的区别,语法上的"性"与生物的性别难道没有联系?"数"和"格"

的情况也都有客观事实的依据。基本类别如名词与事物的关系、动词与动作行为的关系、形容词与性质状态的关系,谁也无法否认。当然,各种语法类别与客观事物之间的关系有的密切,有的疏松,但是总的说来,词的语法类别有客观的依据。

第二,苏联语法学者讨论词类的性质,先是限于俄语,后来扩大到许多语言。也就是说,由个别语言的研究扩大到普遍原理的认定。提倡"词汇·语法范畴"的学者认为任何语言的词类都有意义基础。

"词汇·语法范畴"是说明词类的性质的。词类有意义基础,或者说,意义是词类的依据,但是,依据并不等于标准。我国曾通行的《暂拟系统》认为"词类是根据词汇·语法范畴的分类","具体些说,就是词类是根据词的意义和词的语法特点来划分的"。我们可以设想:如果意义标准与语法特点标准完全一致,为什么要用两个标准? 如果两者不完全一致,产生矛盾该如何处理? 事实上两者是不完全一致的,这就给语法教学带来不少困难。

(三) 划分句类的依据和标准

通常把句子分为陈述、疑问、祈使、感叹四类。依据什么标准划分? 有人说是依据句子的功能划分出来的,有人说是依据句子的用途划分出来的。这里讲的功能,不是句法功能,实际上与用途是一回事。作为工具,功能与用途是统一的。例如锯子的功能是拉开木石或钢材,它的用途也是如此,陈述句用来叙述事实,疑问句用来提出问题,感叹句用来抒发情感,可是它们也可以表示某种要求,而表示要求都属于祈使句的功能。例如:

(1) (孩子对母亲说)我今天考了 100 分。(要求母亲给予奖励)

(2) (就餐的客人对服务员说)你能给我点胡椒吗? (要求对方去拿胡椒)

(3) (某甲对坐在窗口某乙说)今天的风真大! (希望某乙把窗关上)

每种句类有它的主要用途,这是分类的依据。然而把句子分为陈述、疑问等类别,标准是语气(modality),表现语气的主要是语调(intonation)。

双重标准不可取,双重依据却是经常采用的。例如因果句的依据是:第一,分句之间的关系是相承的;第二,分句叙述的是已经实现或已经证实的内容。假设条件句的依据是:第一,分句之间的关系是相承的;第二,分句叙述的是尚未实现或尚未证实的内容。转折句和让步句也都有双重依据,而归类的标准只有一条:关联词语。

(四) 实体类别和关系类别

世界上有几千种语言,每种语言都自成系统。所谓系统,包括两层意思:第一,它不是单一的东西,而是由许多单位组合而成的;第二,这许多单位之间的关系并非杂乱无章,而是有规律可循的。举例说吧,我们把学校教育看作一个系统,这是因为它包括大学、专科、中学、中专、小学等单位,而这些单位之间既互相区别,又密切联系。语言是一个十分复杂的系统,它的复杂性表现在两个方面:一是单位数量多而且品种繁复;二是单位之间的关系错综而且通常是多维的。为了有效地分析语言系统,恰当地说明其中的规律,必须把语言单位加以分类。由于分类采取了多种角度,同一个语言单位可以属于不同的类,这就不免使人眼花缭乱。不过,只要明确辨识各种类别的性质,就不难从复杂情况之中理出端倪。从大处来说,应该区分实体类别和关系类别,因为它们是截然不同的。打个比方吧,把某人归入教师一类,把另一个人归入工人一类,这是根据他们各自的特点来归类的。这种特点虽然从互相比较中更为明显,但是甲类并不依赖乙类才成立。这就是实体类别。把某人称为父亲,把另外的人称为儿子,这属于关系类别。父子的类别是互相依赖才成立的。

在语音分析中,我们把听觉上最容易分辨出来的单位称为音节;又把音节分析成最小的单位,称之为音素。音节和音素都是实体类别。把音素分成元音和辅音,它们各自的特点虽然从比较中看更明显,但是它们并不是互相依赖才具有特点,所以也属实体类别。元音和辅音的再分类也是如此。至于声母和韵母却不是实体类别,而属关系类别了。在汉语音节结构中,前边一部分是声,后边一部分是韵,它们的位置固定,互相依存。例如 na(那)和 an(安)这两个音节都由辅音 n 和元音 a 组成,这两个音素各有特点,可以不管音节的构成,把它们拿出来单独分析。如果从关系类别来考察,那么就要放到具体音节结构中分析了。在 na 当中,n 是声母,a 是韵母;在 an 当中,声母为零,an 是韵母。当然,实体类别和关系类别之间常常有一定的联系。比如,充当声母的都是辅音,但是构成韵母的并非全是元音。

语素是实体类别。把语素分为实素和虚素,是实体类别还是关系类别,这就有不同看法了。有的语法学者认为表示实在意义的语素是实素,不表示实在意义的是虚素。持这种观点的人自然把实素和虚素看成是实体类别。有的语法学者认为实素是不定位语素,虚素是定位语素。就是说,一个语素跟别的语素组合成更大的语言单位时,它的位置有时在前,有时在后,那么,这个语素是实素。反之,它的位置固定,那就是虚素。例如"莲子"、"子实"中的"子"是实素,"帘子"、"桃子"中的"子"是虚素。又如"领头"、"头领"中的"头"是实素,"码头"、"来头"中的"头"是虚素。再如"党员"、"学员"中的"员","舵手"、"能手"中的"手",如果归入实体类别,该看作实素,因为它们的意义比较实在。如果归入关系类别,该看作虚素,因为它们的位置趋向固定。

单音词、双音词、双声词、叠韵词、褒义词、贬义词等都是实体类别。施事名词、受事名词等是关系类别。词典里收的词都要说明含义,这是词义。至于施事、受事等在词典中是无法注明的,它们不属于词义,可以称之为语义。例如"螳螂捕蝉","螳螂"是施事;"黄雀啄螳螂","螳螂"是受事。同是一个词,有时表施事,有时表受事,这是在语句结构中显示出来的含义。

名词、动词、形容词等,是实体类别还是关系类别,也有不同看法。旧的语法书给名词下的定义是:表示人或事物的名称的词。给动词下的定义是:表示动作或变化的词。给形容词下的定义是:表示性质或状态的词。这种定义是把词类看作实体类别才下的。既然是实体类别,那就该像识别单音词和双音词一样,凭每个词本身的含义就可以归类,可事实上做不到。为什么认为"动作"是名词,"动弹"是动词,"动人"是形容词? 为什么认为"真心"是名词,"甘心"是动词,"虚心"是形容词? 根据上边的定义很难说明。今天的语法书大都倾向于把词类看作关系类别,即从词与词的组合关系中去区分词类。

　　分析语言结构,必须重视关系类别。所谓关系类别,其实是很复杂的。从符号学的角度看,有三种不同的关系:一是符号与符号之间的关系;二是符号与客观事物之间的关系;三是符号与说话人之间的关系。符号与符号之间的关系如主谓关系、动宾关系等,通常称之为句法关系。符号与客观事物之间的关系,如施事关系、受事关系等,通常称之为语义关系。符号与说话人之间的关系,如陈述、感叹(让对方接受信息),疑问、祈使(让对方对信息作出反馈)等,通常称之为语用关系。这里讲的符号,是语言符号,它的特点是以语音为表达形式,表达的是意义。语素、词、短语等,都是符号。至于语言中的音素或音位,它们有一定的形式,但不直接表达意义。它们的作用在区别意义。

　　实体类别和关系类别有时是交织在一起的。例如“的字短语”、“介词短语”,它们在形式上有一定的特征。可以作为确定类别的依据,不妨认作实体类别。可是“的字短语”的作用相当于名词,“介词短语”的作用相当于副词或形容词,又不妨看作关系类别了。

二、方　法　问　题

(一) 描写和解释

　　语言是一种系统。任何系统都包括若干结构单位,而单位与单位之间有特定的联系。例如消化系统包括口腔、食道、胃、肠等,它们互相配合,起消化食物的作用。语言是一种复杂的系统,它包括的单位有许多层次,整个语言系统之中又可以分析出若干子系统来。区分不同的结构单位,对单位与单位之间的关系加以说明,这就是描写。从这个意义上讲,传统语法使用的是描写的方法。

　　传统语法的描写从分类开始,分类的依据主要是词形变化。根据词形变化把词分为若干类,又根据词形变化把句子的结构分成若干成分,进一步描写词类和句子成分之间的关系,于是构成体系。典型的例子是拉丁语,名词有性、数、格的变化,动词有人称、数、时、态等变化,形容词要根据名词的特点变换形式,如此等等。拉丁语曾被认为是语言的典范,它的规则也就影响了许多语言的描写。人们熟知的例子是一些语言学者认为"It is me"不合法,而"It is I"才合乎规范。理由是拉丁语中动词"to be"的主语和表语必须同为主格。这种以别的语言的规则来描写自己的语言的方法,其出发点是重视语言的共性。应该承认,世界上的语言有共同的特点,主要表现在语言的外部关系上边,如语言与社会、语言与思维等。至于语言的内部结构系统,各有其个性。从语言实践的要求来说,应该重视的正是这种个性。

真正注重个性的描写是现代语言学。索绪尔认为研究语言,主要是研究语言单位之间的关系,这种思想来源于 20 世纪初的自然科学。当时有一种思想方法在兴起,即认为世界上所有的事物,就其本身来说是毫无意义的,只有在和其他事物发生联系,把它看作整体的一部分,才有意义和价值。索绪尔把这种观点运用于语言内部结构的分析上,奠定了现代语言学的理论基础。

现代语言学的形成在美国。在第二次世界大战期间,美国派军队到世界各地,遇到许多陌生的语言。为了战争的需要,也为了传教的便利,他们花了大量的人力和财力去研究这些语言。要描写这些语言,传统的描写方法用不上了,须要有一套新的方法。因为是描写陌生的语言,所以这一套方法又被称为发现程序(discovery procedure)。包括收集素材,建立范畴(分类),找寻相互关系。常用的方法是:(1)替代法,用来切分语段,辨识语段中的结构单位;(2)分布分析法,用来给语言单位分类;(3)直接成分分析法,用来描写语段的内部结构关系;(4)变换分析法,用来说明同形异构、语句和语句之间的关系,等等。其特点是注重语言的个性。

霍凯特(C.F.Hocket)在《语法描写的两种模型》中总结了 1950 年以前美国描写语言学的分析方法:

项目与变化(Item and Process),即从基本形式到派生形式。

项目与配列(Item and Arrangement),即语段内部语素层层配列。

传统语言学和结构主义语言学虽然都使用描写的方法,但是它们的出发点并不相同。前者着眼于已有的规范,常常以规律规范习惯;后者着眼于现有的习惯,要求从习惯中发现规律。从严格的意义上讲,结构主义语言学才是地道的描写语言学。

(二) 语言学种种

描写语言学是横的(断代的)特定语言的描写,与此对立的是历史语言学,它注重的是纵的相关的语言事实的研究,所用的方法不是描写的,而是解释的。

狭义的历史语言学指比较某些语言,发现它们有共同之处,用以说明它们同出一源,即所谓亲属语言。所以,这种语言学又被称为历史比较语言学。毫无疑问,它的着眼点在语言的共性方面。例如人们要说明汉语和傣语同出一源,指出它们都用虚词和语序作为重要的表意手段,而且有丰富的语气词,在构词方式方面,合成词中的名词是"大名+小名"。这种方式在古汉语中有不少,如"草芥"(孟子)、"禽犊"(荀子,禽为鸟兽的总称)、"匠石"(庄子)、"史籀"、"史鱼"、"帝乙"。现代汉语中还保留"虫蚁"、"虫蝗"等说法。这是利用已知的语言事实去解释语言和语言之间的关系。可以说,解释的基础是描写。

广义的历史语言学还包括研究某种语言在语音、词汇、语法方面的变化,其目的在解释古代的或现代的某些语言现象。如果说历史比较语言学是利用描写的事实去发现某些现象(如语言之间的亲属关系),那么,广义的历史语言学则不是要发现什么,而是要解释某些历史现象。清代的乾嘉学派在这方面做了不少工作。例如钱大昕认为古无轻唇音,今天读 f 的,古代读 b 或 p。如古代读弗如不,读方如旁,等等。据此可以解释一些形声字的声旁的读音。例如"盼"读 pàn,"颁"读 bān,"玢"读 bīn,"彷"(彷徨)读 páng,"贬"读 biǎn,"拨"读 bō,它们声母都不是 f,而是 b 或 p。有些方言保留了古音,如上海话"防"读 bāng。英语 ph(如 phrase、physical)读作 f,是不是有类似汉语的情况,那就须要进一步研究了。

乔姆斯基认为语法有两类,一类是描写性语法,一类是解释性语法。传统语法和结构主义语法属前者,生成语法属后者。然而乔姆斯基要解释的是人们的语言能力。人们为什么能说出从来没有听到过的句子? 他认为人们说出的句子千差万别,都是由一定的规则生成的。他并不热衷于解释某些个别的语言事实(如历史语言学所做的),尽管他使用英语作为分析材料,目的并不在描写英语规律,只不过借英语来说明句子生成的过程而已。同样,用汉语来研究生成语法,只能证明他的理论和方法可以适用于汉语,也就是说,证明他的转换生成语法有较大的概括性。

目前世界上的语法种类繁多,令人眼花缭乱。然而从方法上考察,总的说来,不外描写和解释。当然,由于目的不同,描写或解释的起点和终点自然有差异。首先,我们应该明确目的,然后在方法上加以选择。其次,要根据实际情况(特别是汉语的情况)安排可行的程序。

比如,我们的目的是从事语法教学,而选择了风行一时的转换生成语法,这是南辕北辙。乔姆斯基也曾表示:"坦白地说,我很怀疑语言学和心理学方面取得的这类认识与见解在语言教学方面的意义。"(参见《论转换生成语法的实用性》,徐烈炯译,《国外语言学》1986 年第 1 期)当然,我们的目的如果是研究机器翻译,乔姆斯基的理论和方法就值得借用。他认为各种语言的深层结构相同而表层结构有各自的特点,这就为机器翻译提供了可能性。

结构主义语言学的方法我们已经在广泛运用,而且收到一定的效果。比如在短语分析中运用层次切分方法,在词的分类中根据分布标准,利用转换方法区分同形异构,利用替代法分析语素,等等。然而这种描写停留在句法平面。从教学的要求来看,必须结合语义平面和语用平面才能达到提高理解和表达能力的要求。在这方面,韩礼德的系统语法的描写方法颇能给我们一些启迪。同样一个句子,根据系统语法的分析,可以从不同角度来观察。比如从句法角度可以分析出主语、谓语等,从语义角度可以分析出施事、过程、环境、受事等,从语用角度可以分析出新信息、旧信息、主位、述位等。当然,他的描写方法我们并不一定要全部套用,但是抓住动词的特点,从多角度进行描写,这个原则大体是适用于汉语的。

语言是随着社会的发展而发展的,但它又具有稳固性。这种稳固性主要体现在基本词汇和语法结构上边。正因为如此,传统语法拿已有的规律去约束习惯有其合理的一面。在这里,我们应该区分规范问题和对错问题。现代汉语以普通话的语音、词汇、语法为规范,使用方言不合规范,但不属误用。真正的误用是违反汉语的传统。英语的传统语法和规范语法都叫做 prescriptive grammar,看来不是没有道理的。话又说回来,我们提倡尊重传统,但不等于否定一切新的语言形式,这其间的辩证关系,正是我们要进一步探讨的课题。

从现代汉语语法教学的情况看,描写的范围固然要扩大,解释也应该深入。描写和解释是互相依赖、交相促进的。试比较下列句子:

(1) 两个月用一吨煤。/一吨煤用两个月。

(2) 十个人吃一锅饭。/一锅饭吃十个人。

(3) 两个月用不了一吨煤。/一吨煤用不了两个月。

(4) 十个人吃不了一锅饭。/一锅饭吃不了十个人。

从描写的角度看,(1)和(2)的前后两句意义相同,差别在话题,属于语用上的选择。(3)和(4)的前后两句在语义上有差别。(3)的前一句是说煤多了,后边一句是说煤少了。(4)的前一句是说饭有多余,后边一句是说饭不够吃。从解释的角度看,上边的句子可以化作下列形式:

(1′) * 两个月用的煤＝一吨煤/一吨煤＝两个月用的煤

(2′) * 十个人吃的饭＝一锅饭/一锅饭＝十个人吃的饭

(3′) * 两个月用的煤＜一吨煤/一吨煤＜两个月用的煤

(4′) * 十个人吃的饭＜一锅饭/一锅饭＜十个人吃的饭

(1′)、(2′)和(3′)、(4′)的区别,关键在否定词,这是从逻辑方面加以解释。再比较下列各组句子:

(1) { a. 他在院子里种花。
    { b. 他种花种在院子里。

(2) { a. 他在河里捉鱼。
    { b. 他捉鱼捉在河里。(?)

(3) { a. 他在教室里扫地。
    { b. 他扫地扫在教室里。(?)

(1)的 b 句是"他种花"＋"花种在院子里"的紧缩形式。按照这种方式理解,(2)b
句是"他捉鱼＋<u>鱼捉在河里</u>",而(3)b 句是"他扫地＋<u>地扫在教室里</u>",显然不通。
这是从语句变换方面解释。再比较下列几组句子:

(1)
  - a. 水还烫着呢!
  - b. 水还凉着呢!

(2)
  - a. 时间还多着呢!
  - b. 时间还少着呢!（?）

(3)
  - a. 路还远着呢!
  - b. 路还近着呢!（?）

为什么(2)、(3)中的 b 句不能说呢? 这是因为用"还……着呢!"这种句式时,说
话人对事物的发展有一种想法。如(1)a 句,想到的是水温逐渐变凉;(1)b 句想
到的是水温逐渐升高。(2)a 句想着的是时间逐渐变少,(3)a 句想着的是路程
逐渐缩短。从字面看,(2)b 句说的时间愈用愈多,(3)b 句表示的是路程越走越
远,这都不合情理。这里是从预设加以解释。

　　总之,语言事实的解释可以有不同角度,而且,有时同一语言事实可以有不
同的解释。例如在现代汉语里,"箱子"、"桌子"是名词,而"箱"和"桌"是量词,
可是我们常听人说"一箱子书"、"一桌子菜"之类的话。如何解释这种现象? 有
人认为是名词借用作量词,有人认为这里的"箱子"、"桌子"词性未变,关键在
"一"。这里的"一"不是数目,而是"满"的意思,不妨看作形容词。哪种说法好,
可以根据自己的眼光加以选择。再举个我曾经谈到过的例子:

　　　　他们今年完成捕鱼三千担。（?）

　　这个句子属错句,应该在后边接上"的任务"之类。可是对诸如此类的现象
如何解释,说法不一。有人认为这里的问题是动宾搭配不当,可是"完成"与"捕
鱼三千担"为什么不能搭配,还须进一步说明。有人认为问题在宾语残缺,或者
说,宾语缺少中心词。这种说法似乎认为"捕鱼三千担"不能单独充当宾语,其
实不然。比如我们可以说"他们今年打算捕鱼三千担",这完全合乎规范。可见
关键在动词。汉语的动词,有的只能带名词性宾语,如"完成";有的只宜带非名

词性宾语,如"打算",有的属两可,如"喜欢"。"捕鱼三千担"是非名词性短语,所以不能充当"完成"的宾语。后边加上"的任务",就成为名词性的了。看来,解释的角度可以有多种,但是如何选择还值得深思。

(三) 功能解释

近几十年来的语法研究,出现一种趋势,那就是注重语法现象的解释。传统语法学着重描写,只说明什么是对的,什么是错的,不加以解释。结构主义语法学也着重描写,但它和传统语法学有些不同。传统语法学描写的是人们熟悉的语言;虽说是熟悉,并非人人都能把其中的结构规则说出来。语法学家的任务只不过对语言事实加以总结,使之条理化、系统化、规范化。结构主义语法学告诉人们一套方法,如何去描写陌生的语言,例如使用替换法找出语言单位,采取分布分析法给语言单位分类,利用直接成分分析法说明语言单位的内部结构,运用变换分析法描写语句之间的关系,如此等等。显然,目的都不在解释语言现象。

我国的训诂学倒是着重解释的。不过,它解释的不是语法结构,而是词语的含义。传统的训诂学是对古代语言的解释,目的在帮助人们阅读经籍。今天的训诂学却常有以古释今的。例如"救"的今义是"援助",为什么又出现"救火"、"救灾"之类的说法? 训诂学家告诉我们:古汉语中"救"的含义是"止",所以"救火"等于灭火,"救灾"等于消灾。又如人们把不带袖子和领子的上衣叫"背心",训诂学家解释说:古汉语中有"裲裆",也写作"两当",指既挡前胸又挡后背的上衣,由此转化成背心。诸如此类的解释,用意义说明意义,当然不属语法研究的范围。在外语的分析中,即使涉及形态单位,也不一定属语法的研究。例如英语的-er 是构词形态,接在动词后边使它变成名词,worker、writer 之类都是。可是 teller 常用来指出纳员,词源学家曾加以解释:动词 tell 的古义是清点数目。由动词变成名词是语法现象,可是这里解释的是词义,而不是语法结构,与我国的训诂学如出一辙。

训诂学的范围在不断扩大,主要表现在三方面。第一,早期的训诂学是以古释古,即专为读经服务。后来发展到以古释今,即重视俗语的研究。如今则发展到以今释今,即把句子意义的解释化为词义的分析。第二,由重视实词意义的研究发展到重视虚词意义的探讨,这一发展趋势在明清时代尤为显著。第三,从解释词义发展到分析句读,进而解释句子的表达方式,这是近年来的趋向。综合起来看,一种新的训诂学正在形成,它几乎与我们所要谈的语法结构的功能解释同步前进,有时还如影随形。

乔姆斯基的转换生成语法是解释性的语法。不过,他解释的不是某一种语言的语法现象,而是人类的语言能力。他要说明的是人们如何运用有限的手段适应无限的表达需要。他把语法看成是许多原则构成的系统,用来说明人类语言具有共同的基础,同时按照某些原则在这个基础上生成千变万化的句子。我们可以按照他的原则把某种语言(比如汉语)的句子加以改写,形成许多树形图。这能说明什么呢? 这只能说明这种语言可以纳入人类语言共同的模式。或者说,由此可以证明乔氏的原则也适用于汉语。这里解释了语言事实的原因,并没有解释语言结构本身。在语言实践中,人们为了表达或理解,总是对语言事实本身的解释感兴趣的。

任何语言都有大大小小的语言单位,例如语素、词、短语、句子等。拿一个个语言单位来看,它们大都有多种作用,这就是所谓功能。然而综合起来考察,功能之间有同有异,常常是同中有异。从大处着眼,可以把功能归纳为三大类:

(1) 交际功能　指把语言单位作为信息传达的载体。

(2) 句法功能　指把语言单位作为构成更大单位的结构成分。

(3) 认知功能　指把语言单位作为推理的依据。

比如"下雪了"这一组词,可以单独说出来,让人家知道有关天气的新情况,这属于交际功能。"下雪了"也可以用作别的语言单位的结构成分,如"我知道下雪了"、"下雪了的那会儿"等。这里表现出它的句法功能。也可以用它来推理,如"下雪了,所以汽车开得很慢",这属于认知功能。

当然,并不是每个语言单位都具备上述三种功能,例如虚词,通常只有句法功能。有些语言学家把虚词称为功能词,其实这个功能是狭义的,即句法功能。

"下雪了"具有交际功能,可是"下了雪"却不能单独用来交际。单说"下了雪",意思没有说完。如果说成"下了雪的时候,你别出去",或者说"下了雪,明年地里不缺水了",才算把话说明白了。

交际功能主要有两种:一是指称功能,一是陈述功能。例如"北京"、"上海"等城市的名称标在地图上,这些地名就起了指称的作用。不但地名、人名等专有名词有指称的作用,一般名词大都有这种作用。又如有人说"妙极了",这是陈述。陈述的对象可能是一幅图画、一曲情歌或一出精彩的戏剧。不难看出:有指称,不一定有陈述;有陈述,必定有指称。值得注意的是:陈述的对象(指称)不一定是说了出来的,也有隐含的。"今天下雪了","这里下雪了",当中的"今天"和"这里"是显性的。单说"下雪了",或指今天,或指这里,总之必有所指,这是隐性的。在这里,必须提醒一点:不要把主语问题纠缠在一起。有没有主语是句法功能的问题,有没有指称是交际功能的问题。

当然,句法功能和交际功能并非毫无联系。比如词类是依据句法功能划分的类别,不同类的词往往体现出不同的交际功能。例如名词最适宜于指称,动词和形容词最适宜于陈述,这是显而易见的。可是在汉语里,有时也用名词陈述名词,如"今天晴天"、"他北京人"。这也不是没有规律可循的。第一,这类表达形式限于说明天气、籍贯、日期、特征之类。第二,指称部分是定指,陈述部分是泛指;而且常见的是小概念接大概念。反过来看,有些大概念接小概念的形式,如"中国上海"、"今年春天",只能起指称的作用。动词和形容词最宜于陈述,可是它们前边如果用名词(主要是表示施事、领属或受事的名词)修饰,就失去了陈述的作用,而用作指称了。例如"他的来使人高兴"中的"他的来","狐狸的狡猾是出名的"中的"狐狸的狡猾",等等。

具有交际功能的词或短语,一般都具有句法功能;具有句法功能的词或短语不一定具有交际功能。例如"金子"、"银子"可以用来指称,即具有交际功能;当然还可以与别的词组合,即具有句法功能。可是"金"和"银"只具有句法功能(金戒指、银手镯),却不用来指称事物。又如"多方面"、"大面积"、"超定额"、"小范围"之类,通常只具备句法功能。

至于认知功能,它是以交际功能为基础的。就是说,作为交际单位的语言形式经常成为推理的依据。当然,起认知作用的语言单位,也有它的一些特点。比如"因为……所以"、"只要……就"、"只有……才"等,都是典型的认知形式。不过更值得重视的是一些非典型的认知形式,因为在我们的语言中,不使用关联词语进行推理的情况是常见的。

(四) 汉语语法结构的功能解释

语言符号具有线条性,句子中词语的次序安排问题自然是语法学者所关注的,然而次序的安排不必都基于语法上的考虑,所以,有些语法学者解释汉语的语序,立足于句外因素,如逻辑因素、心理因素等。戴浩一曾从逻辑角度解释汉语句子的时间顺序。他认为两个句子相连的时候,首句表示的条件发生的时间总是在先,如"我吃过饭,你再打电话给我"。又认为表达动作和目的时,先说动作,再讲目的。如"我们开会解决问题"。还认为在比较句中,总是先作比较,再说明结果。如"你比我高"。正如戴所说,比起英语来,汉语的语序更接近客观事理的先后顺序。从广义上说,事理的顺序属于逻辑的范畴。当然,戴所说的只是一种倾向,不是严格的规律。正因为如此,相反的语言事实并不罕见。例如:"我走进屋里,饭菜已经摆好了。""为了解决问题,我们正在开会。""权大于法还是法大于权?"其实,按事情发生顺序安排语句是许多语言共有的现象,倒是那些具体语言特有的语序安排值得重视,包括功能解释。

语言学和心理学是密切相关的两门科学。结构主义语言学的某些观点来自行为主义心理学,这是人们十分熟悉的。此前风行的认知语法用认知心理学的方法解释语言现象,已引起了学者们的注意。现代认知心理学(modern cognitive psychology)所讲的"认知"指的是信息加工,它把人脑看成是接受信息、加工信息、储存信息的装置。人们接受信息,在脑子里如何加工,这正是认知语言学所关心的问题。比如,把语句归入一定的模式,这是平行加工(parallel processing)。把语句编成便于记忆和理解的形式,这是系列加工(serial processing)。这两种加工不过是认知的基础,人类对语言的认知有许多复杂的因素,其中使语言学家最感兴趣的是处理信息的目的性。生物界处理信息都是有目的的。动物和植物由于长期积累的经验,对信息的处理用密码形式储存在体内。比如树木的春华秋实就是如此。人类处理信息的目的与社会生活密切相关,所以,句子的意义不但与词义、语义、句法结构有关,而且与语境(包括说话人和听话人)有关。在交际中,发送信息的一方对语句有所选择,接受信息的一方也有所选择(理解方面的选择)。根据交际的目的,反复运用某种形式,这就形成稳定的认知结构。语言学家的责任在于指明这种结构,以利于语言的正确使用。所谓稳定的认知结构,主要是根据交际需要形成的模式。对这种模式加以解释,就是功能解释。功能解释与结构描写通常是密切联系的。

在语法学里,结构和功能是相关的概念。前者指语言单位内部成分的安排或组合,后者指语言单位的外部关系。单纯从句法上考察,语言单位的内部结构与外部功能未必完全一致,例如"司机"、"动员"、"悦耳"的内部结构相同,外部功能不一样。又如"司机"、"朋友"、"台灯"、"地震"内部结构不同,外部功能却一样。这属于静态的描写。如果从使用的角度考察,则包含动态的选择,它着眼于内部结构与外部功能(交际功能)之间的联系,认知语法正是这样。因为把句子当作信息交流的基本单位,所以在进行句子内部结构的分析时不能脱离外部条件,它不是像传统的句子分析那样去切分句子成分,而是指明与交际目的有关的因素,如旧信息、新信息、焦点、疑问点、指称、定指、不定指,等等。分析是为了解释,所以,从认知的角度对句子进行分析与对句子加以功能解释实际上是一回事。

句子的内容千变万化,但是可以根据交际中形成的模式,分析句子的认知结构。在这方面,汤廷池曾提出四条原则,用来解释汉语的语用结构。

(1)从旧到新的原则。指的是旧信息先出现,新信息后出现。

(2)从轻到重的原则。指的是通常把复杂的句子成分用于句末。

(3)从低到高的原则。把语言单位分成若干等级(rank)。单独的句子高于分句,分句高于短语,短语高于词。

(4)从亲到疏的原则。所谓"亲",指的是当事人(说话人和听话人)所关心的对象。

这里就上述几个原则作简单的评述。

从旧到新的安排是一般语言所共有的,不是汉语特有的结构方式。所谓从轻到重,实际上是从旧到新的原则的具体化。因为旧信息是对话双方已知的,可以说得简单些,新信息是未知的,宜作详细的阐述。从低到高的原则并不是指语言单位的线性排列,而是指语言单位的选择。同样的意思可以用短语表达,也可以用小句表达,选择了后者显得强调一些。例如"我们相信他是无辜的"比"我们相信他的无辜"语意较强。按照这个原则,用短语表达的意思比用单词表达为强。这种情况也并非汉语所独有。例如英语里用 in all places 比用everywhere 显得强调一些;用 all of a sudden 比用 suddenly 显得强调一些。从亲到疏的原则指的也是语言单位的选择,包括词语的更换(平行的选择)和语序的改变(系列的选择),目的在突出当事人(说话人和听话人)所关心的对象。如"老张被一个疯子打了",说话人关心的是老张。"有一个疯子打了老张"却没有前一句那样突出关心的对象。其他语言也有类似情况。

诸如此类的解释有一定的依据,但还不能满足我们对汉语解释的要求。我们的要求是:

第一,在说明普遍规律的同时,对汉语的特点加以说明和解释。

第二,在解释汉语的一般现象的同时,注意指出比较特殊的情况,并加以解释。

所谓汉语的特点,是与某些语言(通常指印欧系语言)相比较而言的。习惯了使用某种语言,不会认为它有什么特点,一与别的语言相比较,就会发现它们之间的差别。比如报时间,我们先说钟头,再讲分秒。写日期,由年到月和日。写地址,先写国名,再写省市,然后写街道及门牌号码。英国人的习惯却与此相反,先小后大。有人从民族心理的差异加以解释,这不属于功能解释的范围。当然,我们并不认为任何语法现象都可以从功能方面加以说明,但是功能解释在语法研究中应该受到重视。为此提出下列建议。

第一,功能解释应该着重解释具体的句子,而不是抽象的句子。比如"下雨了",作为抽象的句子,属非主谓句,没有时制(tense)。作为具体的句子,必有时制。或者说的是"现在",或者说的是某一时间。英语的每个句子都有"时"。例如:

> The sun rises in the east.

通常称之为一般现在时。如果用汉语译成:

> 太阳从东方升起。

离开语境,这只是一个抽象的句子,没有表达"时"。必须说成:

> 太阳是从东方升起的。(一般时)

> 太阳从东方升起来了。(现在时)

这种具体的句子才是功能解释的对象。又如"他在图书馆里看书"是个抽象的句子,没有表明时间;如果有人问"他在什么地方",用"他在图书馆里看书"回答,则属具体的句子,表示"现在"。"他打算上图书馆看书"、"他昨天在图书馆看书"都包含"时"。

所以,研究汉语句子的时间系统,解释汉语时间的表达方式,不能以抽象的句子为分析对象。当然,我们并不认为抽象的句子不能分析。抽象的句子可以进行句法分析、语义分析,但是,如果要从语用角度加以功能解释,必须以具体的句子作为研究对象。

第二,我们应该重视汉语特有的句式的分析和解释,如"把字句"、"被字句"、"有字句"、"是字句"、"得字句"等。例如"得字句"(用结构助词"得"连接补语的句子)如果带了宾语,必须重复使用动词,如"打扫房间打扫得干干净净";或者改用"把字句",如"把房间打扫得干干净净"。从汉语发展的历史上考察,这种现象的产生与补语的长度日渐增加有密切的关系。在近代汉语里,常有宾语和补语都出现在动词后边的格式,如"宋江攻城得紧"(《水浒传》)、"奉承得他好"(《碾玉观音》)。这两种格式在现代汉语里都不使用了。有些语法学家据此作出解释:使宾语(受事)和补语都靠近动词,让宾语前置,补语后置,目的是便于理解。

第三,解释的对象不宜限于最常见的格式。例如"把字句",包括的格式多种多样,解释的时候不能只看到"猫把老鼠吃了"之类。薛凤生曾对"把字句"作过说明,他解释的范围较大,包括各种式样的"把字句"。他曾论述"A 把 B+C"(如"我把他批评了"),得出如下的结论:

全句的话题是 B,而不是 A。所以有些"把字句"可以没有 A,而不能没有 B,如"可把我累坏了";

C 对话题 B 加以说明、描写。C 不直接与 A 发生关系。最明显的例子如"他把头发剃光了",剃头发的是理发师,而不是他;

A 可以称为次要话题。或者不妨说,B 成为 C 描述的对象,往往是由于 A 的关系。如"这段路把小李跑得上气不接下气",当然,不能认为 A 处置 B。

对于薛凤生的解释该如何看待,可以有不同意见。他的论文给我们的启迪在于:我们不能把眼光老盯住屡见不鲜的那些用例。

语法规律的描写以语言事实为基础,而语法规律的解释通常是在描写的基础上进行的。可是,解释也可以有假设,关键在于解释的效能(即覆盖面)如何。我们分析汉语的音节,假设所有的音节前边都有声母,包括零声母,这就是一种假设。这种假设能为人们所接受,是因为它有助于规律的描写。可见,描写是解释的基础,有效的解释反过来有助于规律的描写。在语法方面也有运用假设来解释语言现象的。例如有人假设汉语名词前边都带定语,包括零修饰语。又如有人假设汉语的及物动词的受事如不在动词后边出现,必定用代词回指,包括零回指。再如朱德熙认为"白的纸"中的"白的"是体词性结构,也就是说这类偏正短语的定语是体词性的。这也是一种假设。要讨论这些问题,必须把重点放在解释的效能上边。

语言的解释的目的不在发现什么,而在说明为什么。现代语法学的功能分析要求把各种语言单位看作是更大单位的组成部分,要求解释能反映交际功能的选择系统。为了要概括复杂的语言事实,从中整理出规律,不妨运用假设。有些假设可能不符合一般人的语感,但是在电脑上运用,可能获得很好的效果。

三、与语法研究有关的几个问题

从《马氏文通》问世算起,我国系统的汉语语法研究,已有百年的历史。比较起来,前六十年的研究成果可以说是阳春白雪,跟随唱和的只有少数人;之后四十年的研究成果可以比作下里巴人,一唱何止百和。当然,我并非说前者高深而后者粗浅。我国的语言工作者一直在不断地攀登,特别是近十多年来,更加快了步伐。回顾几十年来的历程,道路艰难而曲折,然而我们毕竟又登上了新的高度。展望未来,任重而道远,然而我们充满了信心。不论是回顾还是展望,已经有不少学者发表过精辟的见解。在《语文研究》、《世界汉语教学》、《语言教学与研究》、《国外语言学》等杂志都发表了他们的文章。这些文章有许多共同的论点,给我印象最深的是:

第一,必须坚持"务实"。只有注重语言事例的调查研究,才能更好地发现规律,解释语言现象。

第二,研究的道路在不断地拓宽,今后仍须进行多角度、多方位、多层面的探索。

第三,在理论和方法的吸收、借鉴方面要立足于汉语。

(一) 关于"务实"

曾经读到国外一本杂志上讲语法的文章,说规范语法是实的(concrete),而描写语法是虚的(abstract)。这个说法对印欧语言来说,也许有一定的道理。因为他们讲的规范语法,也就是传统语法,甚至用的是同一个词 prescriptive grammar。这种语法代代相传,是有书为证,大家都看得见的,当然比较实。描写语法要求人们去发现规律,当然比较虚。我们的情况就两样,语法研究是近百年来受西方学术的影响才开始的。如果把人家的传统当作我们的规范,那就不是务实,而是失实了。

在汉语语法研究方面,我们有一条重要的经验,那就是要从语言材料中发现自身的规律。新中国成立之前,吕叔湘先生、王力先生是这样做的。新中国成立之后吕先生一再强调"务实",我认为主要的精神在告诫我们不要吃现成饭,鼓励我们要有所发现。

讲到有所发现,许多人想到的是收集事例,加以分析,从中总结规律。这种理解当然不错,可是还不够全面。1980 年吕先生在中国语言学会成立大会上作了《把我国语言科学推向前进》的报告,其中谈到理论和事例的关系,强调理论从事例中来的同时,还说:"正确的理论能引导你去发现事实。"

真理的相对性主要是运用范围决定的。什么是正确的理论? 首要的是要考察它的适用范围。比如有些理论是从印欧语言的事例中得来的,对印欧语言来说,是正确的;对汉语来说,却未必正确。当然,也可能正确,不过须用汉语的事例来验证。例如语言类型的研究,洪堡特曾把世界语言分为屈折语、粘着语和综合语,因为没有考虑汉语的特点,汉语就无所归属。有人认为汉语是作格语言,吕先生曾指出这纯属牵强附会。再如有人认为古汉语是 SVO 型,现代汉语逐渐转变成 SOV 型,这种看法并不符合汉语的实际情况。看来,汉语有它的特殊性,而这种特殊性只有我们自己最能把握,根据汉语的特点和事例归纳的理论当然要予以重视。

一讲到语言理论,有人想到的都是西方的学说。我们有没有自己的理论?有。例如吕叔湘先生主编的《现代汉语八百词》指出,汉语中"单双音节对词语结构的影响"是汉语特点之一。在这种理论指导下,有些青年学者发现了一些汉语特有的规律。比如现代汉语中动词接上名词,可能构成动宾关系,也可能构成偏正关系,不能构成主谓关系或联合关系,这是语法的选择。在这种选择的前提下,如何确定具体关系呢? 如果是双音节动词接双音节名词,词义在这里起了决定性作用。如"建筑房屋"属动宾结构,"建筑材料"属偏正结构。如果单双音节搭配,就不一定依靠词义的选择了。例如"选题目"属动宾结构,而"选择题"是偏正结构。"筹经费"是动宾结构,而"筹备费"是偏正结构。在这里,音节起了区别关系的作用。

当然,我们的理论研究还有待进一步深入,我们也并不排斥西方的学说,而这一切都须有个立足点,那就是我们在研究世界上有近十亿人作为母语的汉语。

(二) 关于"补缺"

当代语言学发展很快,流派纷繁,使人眼花缭乱。这里说的补缺,不是见到什么新鲜玩意儿就一概都要。譬如走进百货公司,看到许多新产品,如果见一样,买一样,这不是好办法。何况有些新产品是短命的,等我们学会使用,人家认为该淘汰了。补缺,当然应该根据需要,而需要是有等差的。

这里有两种不同的出发点,一是替别人补缺,一是为自己补缺。例如乔姆斯基认为他的理论和方法通用于各种语言,可是最先他只用英语来证明。后来有人(主要是海外学者)把他的理论用于另外的语言(如日语、汉语),可以认为这是替乔姆斯基补缺。当然,这种补缺在学术上是有意义的,也是必要的,可是比较起来,我认为替自己补缺更为重要。

汉语的书面语言有几千年的历史,我们的语法研究主要分为古汉语和现代汉语,古汉语其实是指文言。文言语法与现代汉语语法之间的继承和发展的关系究竟是怎样的? 看来还不十分清楚。文言中的语气词在现代汉语中全不见了,代词基本上更换了。文言中的介词很少,一词多用;在现代汉语中分化出许多介词。例如文言中的"于"今天仍在用,可是从中分化出"在"、"向"、"给"、"自"等。所有这些变化是一个怎样的过程? 有些学者作了个别的研究,但至今缺乏全面的考察。问题当然在近代汉语的研究方面。这方面的研究有客观的困难。文言虽然用了几千年,可是基本格局不变;近代汉语时间也不短,资料也不少,可是书面上的形式复杂,方言成分多,内容范围广,语体风格杂,加上文字变迁等因素,形成多种多样的书面形式。困难虽多,我们应该努力克服。吕先生已经给我们开辟了道路,更增强了我们前进的信心。

拿文言语法来看,我们的成绩主要还是继承发展了训诂的模式,例如虚词的研究等。至于整体的描写,因为是把现代汉语的系统套在文言语法上边,总使人感到圆凿方枘,扞格难通。看来,文言语法的系统须作专题研究。

要促进科学的发展,必须使科学内部结构的研究能平衡地进行。怎样考察内部的研究的发展情况? 可以从高层次的结构的角度来分析。比如语言是传达信息的工具,我们就可以从信息传达的角度加以分析。

　　研究信息,首先要解决的是解码的问题。一本词典、一部语法书做到的是局部的解码工作。在这方面我们做了不少工作。比如语句的层次分析,语义指向的研究,语气和口气的探讨等,都属解码的范围。可是诸如此类的理解因素(interpretant)的分析只是解码的基础。至于这些因素的具体运用则体现在解码过程之中,在这方面我们研究得很不够。国内外有些心理学家研究儿童理解句子的过程,有一定成果。他们发现儿童在理解句子时,往往不是依据整句所提供的全部信息,而是抓住其中少量信息,据以选择记忆中能与之联系对比的认知框架,从而推断句子的含义。比如他听到一个句子,里边有"人",有"苹果",有"吃",不管词的顺序如何,都能理解其中的动作与施受的关系。总之,初级的理解过程不是从词到句有顺序地进行解码,而是动词的框架起了重要作用。然而这不能说明成人的理解过程,特别是复杂句子的理解。我们的语法教学把句子作这样或那样的分析,但是我们还不能指出不同年龄、不同文化程度的人对不同类型的句子的理解过程究竟有什么差别。

　　可喜的是我们对语言信息的研究,已扩大了范围,进行了多角度的观察。例如"信息噪声"的研究在我们的语言学中已占重要地位。过去人们以为只有在研究语音合成之类的课题时才须注意这种问题。如今认为语汇、语法方面都可能出现"噪声"。歧义(ambiguity)的研究属于这个范围。此外,信息量的研究也提到日程上来了。信息论的创始人申农曾借用物理学上的"熵"说明信息量。"熵"不是固定的量,它由许多因素决定。有没有规律可循? 这些问题都值得研究。动词的"向"的研究属于这个范围。再如,信息类别的研究方兴未艾。通常把信息分为新信息和旧信息,关键在这两种信息如何在句子中体现。旧信息在前,新信息在后,这只是一般原则。"他是厂长"中,"他"是旧信息,"厂长"是新信息。"他就是厂长"中"他"是新信息,"厂长"是旧信息。指称和陈述也是重要的信息类别。在汉语里,有些词语专用作指称(如"方法"、"人民"),有些词语专用作陈述(如"谢谢"、"没有说的")。陈述有时变成指称(如"他的来"中的"来"),指称有时变成陈述(如"今天星期一"中的"星期一")。此外指称可以分为定指和不定指,指称和陈述都可以有附加信息。经常用作附加信息的除了某些类别的词(如副词)之外,还有一些短语,如"高速度"、"大范围"、"小规模"。所有这些现象,都有待深入探讨。

(三) 关于"继承"和"吸收"

继承和吸收都是为了发展,它们是相辅相成的。

传统不等于陈旧;传统文化中有陈旧的,有需要继承和发扬的。洋货不等于上品,外来文化有可取的,有不可取的。这就要求我们加以鉴别。经验告诉我们:要提高鉴别的水平,必须弄清楚一些基本问题。例如在词类划分问题上,《马氏文通》问世以后,拿意义作标准。二十世纪五十年代的讨论使我们得出一个结论:划分词类不能单纯以意义作为标准。然而意义在词类划分中占什么位置仍有不同看法,值得进一步讨论。又如在辨识主宾问题上,通过讨论得出这样的共同认识:必须重视形式和意义的结合。在语法分析中,什么是形式? 什么是意义? 理解很不一致。在这里,我想指出一点看法:根据辩证唯物主义的观点,内容和形式是相对的,在一定条件下,作为一定内容的形式,可以成为另一形式的内容;而作为一定形式的内容,可以成为另一内容的形式。如果采取这种观点,语法上的形式和意义的问题也许可以进一步阐明。

科学上的类别有关系类别和特征类别之分。打个比方吧,"丈夫"和"妻子"是关系类别,"男人"和"女人"则属特征类别。分析句子,西方很重视关系类别,如主语和谓语、述语和宾语等。这种方法我们早已吸收了。然而把句子当作一种特征类别加以分析,却是我们老一辈语言学家的创造。今天常讲的"把字句"、"被字句"、"是字句"等,正是继承了这一传统。如何把句子中的关系类别和作为特征类别的句式融合起来,说明汉语特有的结构规律,这也是我们要予以重视的。

引进西方的学说,不是搬用他们现成的结论,而是借用他们的方法,解决我们的问题。就拿方法来说,有些方法适用于他们,不一定能为我所用。有些方法是好的,我们要引进,可是也未必尽善尽美。必要时须加以补充修正。比如哈里斯的变换方法可以说明句与句之间的关系,可以区别同形异构,值得借用。

他提出的变换原则是:第一,变换前后的句子组成成分不变;第二,各成分之间的意义关系相同。这里讲的意义关系相同,可以有不同理解。朱德熙先生为了说明这个问题,提出"变换矩阵",指出语义有不同层次。这是引进外来方法时加以补充修正的范例。

有一种看法,认为讲继承,应该是继承有中国特色的东西。语法学是外来的,无所谓中国特色,只能谈吸收、借鉴。这种看法不对。打个比方来说吧,科学社会主义理论是在西方产生的,我们把它应用到中国,形成中国的社会主义,这算不算特色? 应该算。正因为如此,我们才称之为有中国特色的社会主义。在科学领域内,我们的前辈运用了西方的理论和方法,描写了我们的语言,解释了语法现象,这正是我们的特色,是应该继承和发扬的。即使是最早的著作如《马氏文通》,也有不少显示中国特色的地方,何况从治学的精神来看,那种务实的态度,那种坚持的作风,难道不正是我国语文工作者的优良传统?

四、对语法规律的认识

(一) 规律的叙述和说明

语法书说明语法规律,通常有两种方式:一是指出用词造句的条件,说明正误的界限,目的只在叙述规律,使人知其然。一是讲明规律形成的原由,目的在使人知其所以然。例如使用疑问句有这么两条规律:

a. 特指问(你什么时候去?)、选择问(你今天去还是明天去?)、反复问(你去不去?)的句末可以用"呢",不能用"吗"。是非问(你去?)的句末可以用"吗",不能用"呢"。

b. 用"呢"的疑问句,当中可以用上"究竟"、"到底"等副词;用"吗"的疑问句当中可以用上"的确"、"真的"等副词。两种句子当中所用的这类副词不能互换。

上边这样的叙述,能帮助人们掌握用词造句的规范,这是一般语法书所要求做到的。如果要提出进一步的要求,就得告诉人们为什么必须这样,而不能那样。这当然不是处处都能做到的,因为语法毕竟是约定俗成的东西。不过,如果能讲出个所以然来,确是可以帮助人们理解和记忆。比如对上述规律可以这么解释:

"呢"和"吗"这两个语气词的作用不同。"呢"的作用是加强口气:用在疑问句末尾,加强怀疑的口气;用在陈述句末尾,加强确信的口气。就是说,"呢"本身并不单独表示疑问。"吗"的作用却是表示疑问。使用"呢"的句子,在句法结构中必须有表示疑问的词语,特指问、选择问、反复问都符合这个条件,所以能用"呢"。反过来说,句法结构中没有表示疑问的词语,怎么能用"呢"去加强疑问口气呢?比如"今天晴天"是个陈述句,当中没有表示疑问的词语,如果要变成疑问句,可以把语调改变,同时还可以加上"吗"。所以"吗"的作用不是加强疑问语气,而是把陈述语气改变成疑问语气。是非问正符合这个条件。

同样的理由,"究竟"、"到底"是表示怀疑口气的副词,所以适宜与"呢"同时出现。"的确"、"真的"是用于陈述句的副词,所以能与"吗"同时出现。

仔细琢磨一番,不难发现上边对规律的解释,其实是把相关的规律作为解释的依据。这就是说,用甲规律来解释乙规律,也可以用乙规律来解释甲规律。这样岂不是陷入了循环论证的泥坑了吗? 这倒也不必过虑。我们解释语法规律的目的不在证明规律的存在,而在于说明规律与规律之间的关系。正因为如此,把相关的规律作为解释的依据,可以使人们了解规律之间的依存关系,借此可加深理解,帮助记忆。

(二) 普遍的语法规律和个别语言的语法规律

十七世纪,法国有些语言学家认为人类的语言有共同的语法,他们提倡研究普遍的语法规律。其实,他们所讲的语法只不过是逻辑的方法。人类的逻辑思维有共同的规律,可是语法规律却是各有特点的。这是不是说各种语言的语法毫无共同之处呢? 倒也不是。比如,下列规律是各种语言所共有的。

1. 语言单位的组合是有层次的

语言用声音表达意义,每个语言单位都是声音和意义的结合体。句子是较大的语言单位,它是由许多基本单位一层一层套起来组成的。语言结构有层次性,所以,分析语言结构可以采取直接成分分析法。

　　2. 句子中的词可以被同功能的单位替换

　　人们学会说话,不是学一句才会一句的。小孩学会"我吃糖"这个句子,他就会把熟悉的词代入句子当中,说出从来没有听到过的话来。不但能用单词代替单词,而且可以用短语代替单词。比如他可以说"哥哥买糖"、"隔壁的阿姨买苹果",等等。这就是所谓"递归性"。由于语言有这种特性,我们可以把许多用词不同、长度不同的句子归纳成同一模式,这就是句型。

　　当然,我们研究任何一种语言的语法,还须重视它特有的规律。这种特有的规律,通常是与别的语言相比较而言的。

　　马建忠的《马氏文通》在词类中列"助字"一类(即今天所说的语气词),认为这是"华文所独"。其实,马建忠是拿汉语跟拉丁语相比较得出的结论。印欧语系的语言,不只是拉丁语,其他语言如法语、德语、英语等,都没有语气词。但是在别的语言(例如维吾尔语)也有语气词,所以只能说有语气词是汉语的特点之一,不能认为是"华文所独"。又如许多语法书都谈到词类中有量词一类是汉语的特点,这其实也是跟印欧语言相比较而言。英语说"a new hat",我们却不能说"一新帽子",必须添上量词"顶"。可是汉藏语系中大多数语言都具有表示事物类别的量词,可见这也不是汉语所独有。

　　公认的汉语语法的基本特点是汉语缺少严格意义的词形变化。严格意义的词形变化指的是一个词在不同的结构位置上有不同的形态。例如汉语的"去",不论在主语位置还是谓语位置,不论是表示现在的动作还是过去的动作,都不改变形式。英语就有 go、going、went、gone 等变化。汉语语法的这种特点,当然也是跟印欧语言相比较而言。为什么说缺少严格意义的词形变化是汉语语法的基本特点? 因为许多别的特点都由这个特点派生出来。比如动词、形容词可以充当主宾语,名词可以修饰动词,谓语有连述结构等,都是由于缺少词形变化才产生的现象。

(三) 一般规律和特殊现象

　　语法规律具有概括性,它不是规定某个具体语句必须符合特定的结构规则,而是规定许许多多的语句必须符合特定的结构规则。当然,概括的范围有广有狭,所以规律的叙述要指明适用的范围。比如名词加上"们"表示不计数的多数,限于指人名词,而且限于双音节的指人名词。即使说明了规律适用的范围,也常常有例外,这属于特殊现象。比如双音节的指人名词可以加"们",单音节名词不能加"们",但是我们可以说"人们"、"官儿们"、"哥儿们"。因为例外是少数,所以并不妨碍规律的成立。又如动词可以用"不"否定,可是动词"有"前边不能加"不",只能加"没",这属例外。再如"两"只表示数目的多少,不表示次序。可是"两点钟"指的是次序,不是表示时间的长短,这也属于例外。

　　语法规律是从语言事实中归纳得来的。语言现象十分复杂,归纳时依据的材料总是有限的,因此规律建立之后往往会发现概括不了的事实。这种事实如果是极少数,属于特殊现象,作为例外就行了。如果数量比较多一些,那就得考虑修正原有的规律,或者另立补充的规律。例如汉语的形容词,向来认为它的特点是既能充当定语,又能充当谓语。拿大多数形容词来考察,的确具有这两个特点。可是后来发现有一些词,如"新式"、"小型"、"慢性"、"特等"、"大号"、"万能"、"偶发"、"国营"、"天然"、"永久"、"主要"、"无形"、"日常"、"非法"等,它们只能作定语,所以接近形容词,为数不少,所以不能看作例外。可行的办法是将它们另列一类(朱德熙称之为区别词),或者作为形容词当中的一个次类(吕叔湘称之为非谓形容词),我们采取的是后一种说法。

　　总之,语法规律说明的是一般情况,并不否定特殊现象。特殊现象有两种,一种是例外,一种是大类中分出某些次类。形容词当中分出非谓形容词,名词当中分出方位词,动词当中分出趋向动词、判断动词、助动词,都属对特殊现象的指明。

(四) 互补和交织

　　语法意义是通过语法形式来表现的。形式和意义不一定是一对一的关系,同一种意义常常由不同的形式来表示,这就成为互补关系。例如英语名词的复数,可以在单数形式后边加-s 或-es,有的则改变内部元音,或者词末加-en,也有用"零"形式来表示(即单复数同形)。-s、-es、-en、元音替换、零形式都表示复数,它们有互补关系。汉语形容词表示程度的加深,有种种形式:

(1) 前边加副词"很" (很白、很干净)

(2) 重叠 (白白的、干干净净)

(3) 比喻构词 (雪白、冰凉、墨黑)

(4) 零形式

这些形式互相补充,用来表示特定的含义(程度很深)。由此看来,注重相关的形式所表达的意义,对系统地理解语法现象是十分有益的。又例如用动词表示尝试意味,常使用下列形式:

(1) 重叠 (看看、考验考验)

(2) 加"一下" (看一下、考验一下)

(3) 重叠之后插入"一" (看一看、听一听)

(4) 用物量词代"下" (看一眼、咬一口、踢一脚)

还有另一种情况:不同的语法形式表示不同的意义,但是,在一定条件下,甲形式和乙形式可以互换。例如时态助词"了"、"着"、"过"有不同的功用。

"了"表示动作已经完成。例如:

(1) 我送走了客人就回来。

(2) 他送了我一束鲜花。

(3) 他拿了书包上学校。

"着"表示动作或状态的持续。例如:

(4) 他摇晃着头,表示不同意。

(5) 墙上挂着一幅画。

"过"表示动作曾经发生。例如:

(6) 我到了上海,没有接到过他的信。

(7) 这件事,我听说过。

(1)句中的"了"不能换成"着"或"过"。(2)句中的"了"可以换成"过",(3)句中的"了"可以换成"着"。当然,时态助词换了之后,意义上仍有细微的差别。(2)句的原意是表示目前出现的事情,把句中的"了"改用"过",表示曾经发生的事情。(3)句的原意是叙述前后相连的动作,先拿书包,再上学校。把句中的"了"改为"着","拿着书包"成为"上学校"的状态了。(4)句中的"着"不能换成"了",(5)句中的"着"却可以换成"了"。(6)句中的"了"和"过"不能互换,(7)句中的"过"却可以换成"了"。总之,这里所谓交织,指的是功能上的部分重合。

(五) 平行格式和对立格式

　　虚词和语序是汉语语法的重要表达手段,可以凭借它们来区别意义和结构。例如定中短语,有时用"的",有时不用"的"。同样的词组合成定中短语,用"的"和不用"的"构成平行格式。例如:

　　　　我们学校──▶我们的学校

　　　　孩子脾气──▶孩子的脾气

所谓平行格式,包括两层意思:第一,结构相同;第二,意义有细微的差别。上边不用"的"的例子,定语的作用在限制("我们"限制"学校")或描写("孩子"描写"脾气")。用"的"的例子,定语的作用在突出领属关系。这种区别,只有在有平行格式的条件下才能成立。如果没有平行格式,带"的"的定中短语并不一定存在领属关系,这是显而易见的。

　　对立格式主要是语言单位在功能上的对立,当然,在结构上和意义上也都有差异。下列短语插入"的",功能便起了变化。

　　　　材料丰富──▶材料的丰富

　　　　修理机器──▶修理的机器

加上"的"之后,主谓短语、述宾短语都变成了定中短语,在造句功能上很不相同。

　　再举个平行格式的例子:

　　　　关上窗户──▶把窗户关上

　　　　打败敌人──▶把敌人打败

用不用"把",叙述的重点不同。不用"把"的,重点在"窗户"和"敌人",用"把"的,重点在"关上"和"打败"。

比较起来,对立格式对于说明语法规范更为重要。下边举几个例子。

双音节的指人名词,表示多数时,可以在前边加量词短语,也可以在后边接"们"。这两种方式互相对立。我们可以说"三个同学"、"五位老师",也可以说"同学们"、"老师们",但是不能说"三个同学们"、"五位老师们"。

兼类词所代表的词,在功能上是对立的。例如"导演"、"标点"、"创作"兼属名词和动词。作为名词,它们前边可以加量词短语,如"三位导演"、"几个标点"、"一部创作"。作为动词,它们后边可以接宾语,如"导演电视剧"、"标点古书"、"创作短篇小说"。但是,不能既带量词短语,又带宾语。又如"丰富"、"方便"、"繁荣"兼属动词和形容词。我们可以说"丰富业余生活"、"方便城乡居民"、"繁荣市场经济",也可以说"很丰富"、"十分方便"、"非常繁荣",但是不能说"很丰富业余生活"等。

(六) 充分条件和必要条件

在区别语法现象和说明语法规律的时候,常常要提到有关条件。比如语法书常常这么说:能带宾语的是动词。这里指出的是:带宾语是动词的充分条件。充分条件的特点是有甲必有乙,无甲不一定没有乙。能带宾语的是动词,不能带宾语的不一定不是动词。事实确是这样,有些动词(如休息、咳嗽、交锋)是不能带宾语的。又如"把字句"后边出现的动词不能是单音节的光杆动词。我们能说"把窗户关上",但不能说"把窗户关";能说"把敌人打败",但不能说"把敌人打"。这里提出的条件是必要条件。必要条件的特点是无甲必无乙,有甲不一定有乙。拿上边的例子来看,如果动词"关"、"打"不带上别的字眼,"把"字句就站不住。但是"把字句"成立的条件不止这一项,所以有了这个条件还不能说明"把字句"是合乎规范的。

再举个例子来说明这两种条件的区别与联系。

修饰语和中心语的关系有两种,一是定语与中心语的关系,一是状语与中心语的关系。中心语如果是名词,修饰语一定是定语,可见前者是后者的充分条件。但是,我们不能反过来说,认为定语修饰的中心语一定是名词,那就成问题了。像"中国的解放"、"态度的坦白"都是定中短语,可是中心语并非名词。这就是说,定语所修饰的可以是名词,也可以是动词或形容词。从另一方面看,状语所修饰的不能是名词,一定是动词或形容词。所以,修饰动词或形容词是状语的必要条件。

(七) 两可和两难

为了说明语法规律,须要进行语法分析。在语法分析中,常常会遇到两可的情况。例如:

(1) 我爱祖国爱人民。

(2) 他走过去把门打开。

(1)句可以分析为联合短语作谓语的单句,也可以分析为联合复句。(2)句可以分析为连述短语作谓语的单句,也可以分析为连贯复句。一般语法书认为句中用上了逗号,则看作复句,不用逗号则作为单句。这是一种人为的规定。从语言事实来看,把它们当作单句也好,当作复句也好,并未改变语句所表达的含义。既然是两可,采取一种分析方法就行了。当然,究竟采取哪种方法,应该根据某个语法体系的规定,这样才不会出现前后矛盾的情况。

此外还有两难的情况。例如"因为"和"为了"的词性,有人认为"因为"是连词,"为了"是介词,可是有时出现这样的句子:

(3) 因为他,我推迟了动身的日期。

(4) 为了大家高兴,我没有坚持自己的意见。

(3)句的"因为"宜当作介词,(4)句的"为了"宜当作连词,于是不少人认为"因为"和"为了"兼属连词和介词。可是遇到下边的句子该如何分析呢?

(5) 因为他的粗心,所以财产受到损失。

"因为"后边接的是名词性短语,宜作为介词;后边出现"所以",宜归入连词。这就属于两难的情况了。这种情况的出现,是由于语言在不断发展,有些现象还没有作出充分的描写。在教学中,我们可以根据一般现象找出规律,对特殊情况作补充说明,这样也就能反映客观实际,有助于语法学习。比如把"因为"当作连词,把"为了"当作介词,再补充说明它们在什么情况下改变了词性,这是常见的语法书采取的一种可行的办法。

在这里,要指出的是:语法体系的规定并不等于语法事实的规范。讲语法规律,必定要使用一些术语,用来区别不同的词类、句法结构、句类、句型,等等。这种区别,只是为了便于说明规律。体系上的种种区别,并非语言事实上的差异。例如"前边来了一个人",有的体系称之为非主谓句,有的体系称之为主谓句,分析结果不同,丝毫也没有改变语言事实本身。我们应该重视的当然是语言本身存在的种种差别。例如"我走了"和"他走了",分析时属于同一句型,可是前一句叙述的是将出现的情况,后一句叙述的是已经出现的情况。又如"皮鞋在哪儿?""哪儿有皮鞋?"句子类型基本相同,可是前者的"皮鞋"是说话人心目中已有的,而后者是不定的。诸如此类的区别,在大量相似的语句中可以找到,因此属于语法应当说明的内容。

五、关于语法教学

(一)培养学习的兴趣

学习没有兴趣,效果如何,这是不言而喻的。人们对某种学科不感兴趣,原因很多,很难一一列举。对某些学科感兴趣,却有共同的特点,表现在:第一,有新鲜感;第二,可以通过努力获得些什么。譬如下棋,为什么下了一盘还要下第二盘第三盘呢?因为每盘棋的局势都不一样,使人有新鲜感。下棋的人得具有一些基本知识,否则无从落子。双方水平也不能悬殊太大,否则一方轻易就能取胜,另一方费尽心思也不能达到目的。这样,谁也没有兴致了。这里的道理很简单,然而有一些教师却把它忘了。

有些教师在高等学校讲汉语语法,跟上中学的语法课没有两样,仍旧是从"什么是名词、动词、形容词"讲起。在他们心目中,语法课有一种固定的模式,不按部就班地讲就是简单化。这种情况,不但中国有,国外的语法教学也存在类似的问题,否则不会有人大谈其"语法疲劳"(grammatical fatigue)了。那么,是不是说在大学里讲语法不要理会语法系统,可以因利乘便加以安排呢?当然不是。

从传播学的角度讲,人们总是在旧信息(已知信息)的基础上接受新信息(未知信息)的。这个原则应用在教学上就是在复习旧知识的基础上传授新知识。然而即使是复习旧知识,也可以使学生有新鲜感。比如有位教师在讲名词时在黑板上写着:

箱　杯　盘　袋　瓶　车

然后问学生,这些是不是名词?学生有的回答是,有的回答不是。教师要求他们说明理由,回答"是"的学生根据意义把它们划为名词,回答"不是"的学生根据功能把它们归入量词,因为在现代汉语里,不能说"一只箱"、"一只杯",只能说"一只箱子","一只杯子",但可以说"一箱书"、"两杯茶"之类。通过这样的辩论,教师总结了词类区分的标准,达到了复习的目的。又如讲到量词时,这位老师在黑板上写着:

年　月　天　日

问学生它们是不是量词,许多学生能分辨"年、天、日"是量词、而"月"是名词。因为前者前边不能加数量词,而后者能。我们不能说"一个年","两个天",但可以说"一个月"、"两个月"。这样既巩固了已有的知识,又为学习新知识准备了条件,而学生并不感到枯燥。

总之,使学生有新鲜感,可以在内容上下功夫,也可以在教法上动脑筋。内容是旧的,方法能改变,也可以引起学习的兴趣。

至于讲授新知识,重要的是要了解学生的水平。难易应当适度;要让学生思考,经过努力去获得知识。太易和太难都会失去学习的兴趣。为了启发学生思考,要善于提出问题。不经思考就能回答的问题,失之太易;学术界尚未解决的问题要求学生回答,失之太难。当然,学生的水平不可能完全一致,提问时宜先照顾一般水平,也适当注意因材施教,即启发程度较高的学生思考一些较为复杂的问题。

(二) 遵循认知的原则

　　语法教学要遵循的认知原则主要有两个：一是遵照由感性到理性，再由理性到实践的过程；一是把记忆和理解作为扩大知识面的双边。

　　学习本民族语言的语法，当然不会缺乏感性认识，关键在如何把感性认识加以集中，并提高到理性认识。例如形容词常用来表示事物的性状，有时前边加"很"，有时重叠，都表示某种程度。会说汉语的人大都懂得什么情况下可以加"很"，什么情况下可以使用重叠形式。有一部电影叫《庭院深深》，能不能把其中的"深深"改为"很深"？回答是否定的。又如有人站在岸边说"河水很深"，能不能把其中的"很深"改为"深深"？回答也是否定的。这都是凭语感作出的选择。如果要作出理性的解释，不必先把结论拿出来；不妨把更多的感性材料加以集中，让学生思考。例如想一想下边叠音词的特点：

细雨绵绵　黄沙滚滚　江水滔滔

赤日炎炎　书声琅琅　相貌堂堂

血迹斑斑　果实累累　大腹便便

这些叠音词的含义各不相同，但是都表示某种感觉，或是看得到的，或是听得见的，如此等等。比较起来，"深深"也是这样。至于"很深"，表示的却是一种判断。我们不但可以说"井水很深"，还可以说"成见很深"、"道理很深"等。当然，有时也说"这院子很深"，"布的颜色很深"，这仍旧是一种理性的判断。人们可以判断河水的深浅，但无法感受它的深度，所以不能说"河水深深"。

　　扩大知识面，不但要依赖理解，而且要依赖记忆。所以说，理解和记忆好比平面的长和宽，对面积的大小都有影响。我们反对死记硬背，不是不要记忆，而是提倡在理解的基础上加强记忆。记忆对积累知识、增进智能是十分重要的。一个失去记忆能力的人，连日常生活都无法安排，更不用说进行思维活动了。一个记不住常用的单词的人，他就无法进行阅读和写作。总之，记忆是思维的基础，在任何领域内都是如此。在语法教学中，一方面要引导学生积极思考问题,避免简单地接受结论;另一方面应该指明记忆的内容,避免前学后忘。比如词类中有开放性词类,如名词、动词、形容词;有封闭性词类,如代词、结构助词、时态助词、语气词;有半封闭性词类,如介词、连词、副词。对封闭性词类,应要求全记;对半封闭性词类,可以要求记牢其中主要的部分。

　　心理学把记忆分为无意识记忆和有意识记忆。毫无疑问,学习上的记忆属于后者。既然是有意识的记忆,就须有明确的目的。因为教学是循序渐进的,记忆的内容也是逐步发展的,这些都要根据具体情况作好安排。

(三) 注重语言的整体性

　　语言作为人们的交际工具,它是一个复杂的结构,包含了许多因素。在具体运用中,这些因素互相配合,起着交流思想的作用。先拿三个句子来作比较:

　　　　(1) 他们都知道了

　　　　(2) 他们什么都知道了。

　　　　(3) 他们都知道什么?

要准确了解(1)句的意思,必须知道句子的重读所在。如果重读"都",意思是"他们全知道"。如果重读"他们",意思是"连他们也知道"。(2)句增加了"什么",没有歧义。(3)句把"什么"的位置移于句末,又产生了歧义:一种理解为疑问,一种理解为反诘。究竟如何理解,要根据全句的语调来决定。这样看来,句子的语音、词义和语法是互相关联的。句法分析只不过是一种局部解剖,在具体运用时还得有整体观念。

　　再举几个例子:

　　　　经济繁荣——繁荣经济(＝使经济繁荣)

　　　　人心温暖——温暖人心(＝使人心温暖)

　　　　党群关系密切——密切党群关系(＝使党群关系密切)

　　　　事情繁杂——繁杂事情(＝繁杂的事情)

　　　　天气温暖——温暖天气(＝温暖的天气)

　　　　关系密切——密切关系(＝密切的关系)

为什么"繁荣经济"和"温暖人心"是动宾关系,而"繁杂事情"和"温暖天气"是偏正关系?"密切党群关系"是动宾关系,而"密切关系"是偏正关系? 这是词义决定的。在这里,词义决定了句法,并非无规律可寻。这规律就是:诸如此类用法,宾语须是有关人事的。"党群关系"是有关人事的,而"关系"则不然,所以"密切党群关系"为动宾结构,而"密切关系"为偏正结构。

(四) 几个值得推敲的概念和判断

近年来我参加了两本《现代汉语》教材的编写,也审读了一些现代汉语方面的文稿,还不时查阅有关的资料和工具书,发现有些术语的使用不够严谨,某些问题的提法容易引起误解,一些语言事实的说明不够妥帖。

1. 数词和数目

早在六十年代初我参加胡裕树主编的《现代汉语》教材时,就读到吕叔湘先生的来信,指出数词和数目是两个不同的概念,不能混为一谈。

数词是有限的几个,即:

一、二……十、百、千、万、亿、兆、两、零、半。

数目由数词或由数词与其他词语组成,如"十五"、"五十"、"三百四十六"、"十分之二"、"五百多"、"成千上万"等,难以尽数。

有些教材在说明数词时,把由几个数词组成的数目也列举在内。这样一来,我们常用的词光数词就有好几千了。

另一些教材提出"复合数词"的概念。即认为汉语的简单数词是有限的,但是复合的数词是不可尽举的。复合数词只不过是复合词的一种,仍旧没有把数词和数目区分开来。

2. 表达意义和区别意义

当我们说什么东西的味道"甜"的时候,是用 tián 这组声音表达意义的。如果说味道"咸",是用 xián 这组声音表达意义的。在这里,"t"和"x"起了区别意义的作用,但它们并不表达意义。

有人说,记录英语,只须 26 个字母;而记录汉语,至少要用几千个方块字,这是不伦不类的比较。汉字基本上代表语素,是表达意义的单位,从汉字中分析出来的结构单元,通常称之为部件的,从区分意义的作用来看,倒大体可以与字母相比。汉字的部件不是几十,而是几百,所以应该加以简化。

汉字中百分之九十是形声字。通常都认为形旁表达意义,实际上它的主要作用在区别意义。词语意义的区别在于语音,同音词的区分常依赖上下文。可是在书面语中也利用文字加以区别。如"分辨"与"分辩"不同,"骄气"与"娇气"有别,通常根据形符加以区分。

实词(或实语素)可以单独表达意义,而虚词(或虚语素)常用来区别意义。有一本叫《理解 90 年代》的书,序言的标题是"世纪末的精神症候"。殊不知,"世纪末"专指某个社会的没落阶段,这里应该用"世纪之末"。少了一个"之",与原意就完全不同了。

当然,虚词也可以表达意义,不过,不单独表达意义。也就是说,在语句原有意义的基础上增加某些意义。例如语气词"啊"可以用在不同语气的句子的末尾,但是它并不表示疑问、祈使、陈述、感叹等语气。常见的词典说它用在句末表示疑问、祈使等语气,似欠周密。"啊"表示的是一种舒缓语气。又如"呢",它并不表示疑问,用于疑问句,作用是增加"深究"的语气。"吗"倒是表示疑问语气的,是非问不用"吗",重点在"疑";用了"吗",重点在"问"。从这一点看,"吗"的作用在区别意义。

3. 中心词和中心语

布龙菲尔德在他的《语言论》中提到两个概念,一个是 head,一个是 center。中译本(商务印书馆 1985 年版)把前者译作中心词,把后者译作中心语。其实,这两个译名最好颠倒一下,因为 head 是从直接成分分析的角度说的,而 center 是从找中心词的角度说的。例如 this fresh milk 的中心是 fresh milk,所以称之为 head, all this fresh milk 的中心是 milk,所以称之为 center。head 和 center 是有区别的。

因为中心词和中心语两个术语的混用,于是产生一种说法:找中心词的析句方法也体现了层次分析。不是吗? 主语和谓语是句子的基本成分,也就是中心,定、状、宾、补是句子的连带成分,也就是附加在中心上边的词语,主次分明,岂不体现出层次? 这其实是误解。

打个比方吧。把西瓜一切为二,再把半边西瓜加以切分,这是层次分析。把西瓜区分瓜皮和瓜瓤,同时认定后者是主要成分,这是找中心的分析方法。分析简单的句子,比如对"好天气!"加以分析,看不出 head 和 center 的区别,遇到复杂一些的结构,两者的差别就十分明显了。

4. 连词和关联词语

连词是连接两个语法单位的虚词,关联词语是连接分句的词语,这是大家公认的。连词并非全属关联词语,关联词语的范围也不限于连词。连词与关联词语两个概念之间有交叉关系吗? 男人与工人有交叉关系,因为有的男人是工人,有的不是;有的工人是男人,有的不是。可是男人与工厂却不能构成交叉关系,虽然有的男人在工厂,有的工厂有男人。原因是这两个概念不属相应的类。连词和关联词语也是如此。

词类和句子成分属不同的语法范畴。一个词的词性(属于某一类)并非用在具体句子当中才临时决定的。关联词语却是要根据句子的结构才能找到。例如"也"是副词,在"我也只好如此"当中不是关联词语,在"他姓王,我也姓王"当中属关联词语,可是它的词性并未改变。又如"一方面……另一方面"是短语,用在复句中就成了关联词语。像"不但……而且"、"虽然……但是"之类,主要用来连接分句,离开了复句也只能称之为连词,不能把它们叫做关联词语。

看来,关联词语这一名称未必恰当,改称为关联成分也许妥帖一些。

关联词语这个术语含义模糊也影响人们对某些虚词的词性的认识。比如有些虚词词典在"甚至"后边注明属副词兼连词,其实,"甚至"是副词,但可以用在复句中起关联作用。起关联作用的词并不能都被视为连词。又如把"首先"列为副词兼连词,那么,"首先"用于第一分句,接着"第二"、"第三"在后边的分句出现,就都该当作连词了。

5. 音素和字母

人们说话发出的一连串声音,是由许多语音单位组合而成的。凭听觉我们可以把任何语流加以分割,得出一个个自然的语音单位,那就是音节。汉语的音节通常用汉字记录,拿一个汉字代表一个音节。音节不是最小的语音单位,还可以再切分。从音色的角度把音节加以分析,得出来的最小语音单位,那就是音素。英语、德语、法语、意大利语、西班牙语、波兰语、捷克语等,都使用拉丁字母记录语言中的音素。

拉丁字母是从希腊字母演变而来的,最初用来拼写古罗马的拉丁语,所以又叫罗马字母。世界上许多民族的语言都使用这套字母来拼写。拉丁字母共有二十六个,可是各种语言使用的音素都不止这个数目,所以难以做到一个字母代表一个音素。汉语拼音方案虽然不是文字,但是它的作用是拼写汉语音节的;也就是说,它要记录汉语中的音素。为了解决字母数目比音素数目少的问题,拼音方案仿照别的语言的习惯,采取下列办法:

一是用一个字母代表几个音素。例如"十四亿"(shí sì yì)这三个字的拼音都有字母"i",其实代表的是三个不同的音素。又如"把百当千"(bǎ bǎi dàng qiān)这四个字的拼音都有字母"a",其实代表的是四个不同的音素。用同一个字母代表不同的音素,为什么不会产生混乱呢? 因为它们出现的环境不同。就是说,由于前后的音素不同,规定了不同的读音。此外如"e",在不同的语音环境中也有不同读音。当然,大多数字母都是代表一个音素的。

二是用两个字母表示一个音素。例如 z 代表一个音素,h 代表一个音素,zh 代表的是另一个音素,而非两个音素相联。此外如 ch、sh、er、-ng 都是用两个字母代表一个音素。

在语音教学和科研上,为了说明上述情况,使人们识别同一字母代表哪些不同音素,就要使用另一套符号,让每一个符号代表一个音素。最通行的标音符号是国际音标。国际音标是 1886 年在伦敦成立的国际语音学协会所拟定的。自从 1888 年公布这套符号以后,世界各国都广泛采用。这套符号既然十分精确,便于记音,那么,为什么没有哪种语言用它作为文字呢? 这是因为国际音标标音比较严格,用它记录语音,使用的音标必然很多,这反而不便于日常书写,同时在阅读、排印、打字等方面也会增加麻烦。这正如同用天平计重量是十分精确的,但是日常却用不着它。

拉丁字母虽然被许多民族所采用,但是每一字母代表什么音素,在不同的语言里并不完全相同。例如汉语里的"拨"、"墨"(bō、mò)有字母"o",英语里的"box"、"boy"(盒子、男孩)也有字母"o",可是它们代表的音素并不一样;虽然都是舌位较后的圆唇元音,可是舌位高低有差别。汉语的"o"舌位较高而英语较低。也就是说,发英语的"o"时,嘴张得稍大一些。又如"k"这个音,在英语里有时用 c 表示,在法语里除了用 c 表示以外,还可以用 qu、ch 表示。所以,汉语拼音方案使用的拉丁字母,只能按照自己的习惯来读。

所谓按照自己的习惯读拉丁字母,包括两层意思。第一,拉丁字母是一套记音的工具,每个字母表示什么音素,是各种语言自己规定的。汉语拼音方案使用拉丁字母,记录普通话,完全以汉语的特点为依据,虽然也尊重国际习惯,但是并不迁就。总之,字母为我所用,不要受外语的干扰。第二,每个字母的名称也有我们自己的规定。字母代表某一音素,这是它的职务。字母除了具有职务之外,还有名称。名称跟职务有些关系,但并不是一回事。字母取个名,是为了便于称呼。特别是辅音,发音不够响亮,给它取上响亮的名称,人家才容易听明白。

使用拉丁字母记录语音,各种语言都要给字母取个名称。同一个字母在不同的语言当中,不但代表的音素不尽相同,而且名称也常常不一样。举例说吧,字母 a,在字母表中,汉语读"啊",英语读"诶"(ei)。字母 o,汉语读"喔",英语读"欧"(ou)。又如字母 k,法语读"喀"(ka),意大利语读"喀巴"(kaba),跟汉语和英语的读法都不一样。再如字母 x,汉语读"希",别的语言没有这种读法。我们把"x-ray"译成"爱克斯光",是依据英语的读音翻译的。如果依照德语翻译,就得译成"异克斯光",因为德文字母 x 是念成"yiks"的。

六、关于语法学习

汉语语法是一门年轻的科学。第一部系统的汉语语法著作《马氏文通》在光绪年间完成,到现在已经百年。至于中学里普遍教语法,是新中国成立之后的事。对新兴的事物,一般人先是将信将疑,渐渐到半信半疑,然后才能确信不疑,这本来是极自然的事。然而,我们并不能因此忽视对语法有怀疑这样一个具有普遍性的事实。吕叔湘先生写过《语法三问》,说明究竟学了语法有用没有用,指出语法万能和语法无能的看法都是不切实际的。吕先生当时所说的问题今天仍然存在,我觉得教语法的和学语法的都不妨把这篇文章温习一遍。一般人都有这样的体会:从小开始说话,由简单的说到复杂的,都是自然而然地学会的。这种事实就造成通常的一个印象,以为要学会语法才能说话是怪事;然而真正奇怪的应该是不懂语法而能说话。所谓自然而然地学会说话,也包括了自然而然地掌握了语法。明白这个道理,才能承认语法的客观存在。只承认这一点是不够的,张志公先生曾指出不自觉地掌握语法规律是有缺点的,如我们不能因为农民本来会种地就否认学习农业科学的必要性。他还对学习语法的过程作了必要的说明,解释为什么有些人学了语法倒不敢写了,指明这正是进步中的现象,不必因此忧虑。

根据我的观察,学习语法须经过几个阶段。起初一个阶段是"用不着"的阶段。这个时候,总觉得从书本上学得的一些语法知识,与自己的阅读和写作联系不起来。这种所谓"用不着",其实是一种极朦胧的想法。有时以为语法规则应该像一加一等于二那些算式一样,能够一条一条地搬来应用,但是语言现象很复杂,套算式并不容易;有时以为语法规则应该像各种各样的特效药,随时可以拿来治病,但是遇到的病症似乎与仿单上的说明不一样。于是,首先对学来的一套语法知识发生了怀疑,有时甚至对客观存在的规律也加以否认了。有了这些怀疑,于是自己认为写文章也好,批改文章也好,根本用不着考虑什么语法了。其实,事实却并不如此。任何人在白纸上写黑字,都不能不注意词的搭配、句子的结构等,这就是考虑语法。

许多人如果系统地把语法学完,而且有了一定的熟练技巧,渐渐地能够把书本上的知识融会贯通,这样,学习才进入新的阶段,开始觉得语法有些用处了。譬如说,记录了别人的讲演,拿回去看看,总会发现不少破句,有许多欠通的地方,必须加工一番。加工须有个明确的标准,于是用得上语法了。

有人认为判断句子通与不通,只须凭自己的语感就行。凭语感判断,本来没有什么不可以,学了语法的人仍旧要借重语感的。例如,文章写完之后要念上一两遍,不顺口的地方得改动一下,这不是常见的事吗?假如有这么个人,动起笔来处处要考虑合不合语法,于是写一句要想一想,满脑子尽是主语、谓语等,原来要说的话反而说不出来。学习本族语的语法是不会有这种情形的,语法只有在遇到疑难的时候才用得上它。打个比方吧,一个人平常是用不着量体温的,自己感觉冷就加上点衣服,感到热就脱去一些,凭自己的感觉总不大会错。但是遇到身体不舒服的时候,就不能光凭感觉了,要拿出体温计来量一量。一个健康的人绝不会成天把体温计含在嘴里,但是我们不能因此否认体温计的用处。

至于我们做语文教师的,好比医生,随时要利用体温计,因为我们要替别人医病。像批改作文,凭语感也可以改通的,但是要指出学生的错误,说出个所以然来,单凭语感有时就不大济事。比如一位中学生的作文当中有这么一句话:"三个同学们都很年轻,将一年比一年更上升。"凭语感我们也知道这里有两个显著的错误:第一,"三个"与"们"不能同时用;第二,后边一个分句的意义含糊。假如要把错误明确地指出来,那么最好告诉他:名词前边加数量词或者后边加"们"都表示"量",但是它们的作用不完全相同。加数量词是把事物一个一个来计算的,加"们"则是把事物当作一个整体来看待的,因此不能说"三个同学们",只能说"三个同学"或"同学们"。后边一个分句的谓语是"上升",但是没有说明什么东西上升。它的主语不可能是"同学",所以不属承上省略。正因为这一分句缺乏主语,意思便不明确。显然,这样的说明必须依赖一个条件,就是学生有语法基础知识。一则因为没有语法知识不容易懂得这样的说明;再则因为不懂语法,遇到类似的但其实不相同的情形便无法解释了。如"他们三位"、"我们两个"是常见的,这里既用了数量词,又用了"们",懂得语法的就不会把代词与名词混为一谈。

　　拿中学学生的写作来看，我们会发现其中的语句结构上的错误不但数目多，而且式样多。教师要一句一句给他们纠正，同时要求他们懂得为什么错，已经不是容易的事；要使他们从这当中吸取教训，下次不犯类似的错误，那就更难了。我以为除了给他们改正已犯的错误以外，比较有效的办法是教给他们什么是正确的。错误的句子千奇百怪，正确的却有一定的轨道可循。一正辟万邪，未尝不是一种办法。就说改错吧，如果学生不懂得什么是正确的，如果学生不知道分析句子，要了解教师的意思又不太容易，要训练自己能找出错误，那就更难了。

　　比如有人看到一篇文章中有这样一个句子："他此后参加过许多党的和青年团的组织和教育的工作。"他觉得这句话当中的"许多"用在这里容易发生误会，因为可能被以为指的是"许多党"。他虽然学过语法，但是他不能判断这究竟算不算错，如果错了，也不知道应该如何改正。总之，语法书上找不出一条来帮助解决这个问题。其实，语法书已经告诉我们："许多"是数词；在现代汉语里，修饰动词的数量词一般在动词之后，修饰名词的数量词一般在名词之前；数量词修饰动词的时候，不能省略量词；修饰名词的数量词在长附加语中位置比较自由。我们再来看前边的句子。"许多"如果是修饰动词"参加"的，这里便犯了缺少量词的错误，必须加上一个"次"。"许多"如果是修饰"工作"的，为了避免歧义，不如把它直接加到"工作"前边。这里说明一个问题：我们从书本上学得的知识拿来运用，当中还有一段消化的过程。

　　在逐渐融会贯通的过程中，开始我们会觉得语法加给我们一种拘束。但是，正如张志公先生所说，这是一种好现象。因为这证明语法知识不只是书本上的东西，在我们生活中起作用了。我们如果在这个基础上再进一步，做到"从心所欲，不逾矩"，那就达到另一个阶段了。

　　语法的作用当然不止上面说的这些。研究语言体系结构部分的语音学、词汇学、修辞学等，它们与语法学之间的关系十分密切。譬如讲修辞，我们要谈到句子的表达效果，包括长句与短句的选择，单句与复句的不同安排，词序的更动,句型的变化,省略句的运用,词与词的搭配等,这些都需要一定的语法知识作基础。又如学习标点符号,没有语法知识也不容易学好。《标点符号用法》规定"句号表示一句话完了之后的停顿",什么是"一句话"呢?最好还是从语法里求得解答。引号与冒号、逗号的关系很不容易说清楚,如果有了语法知识就方便多了。拿语言科学与别的方面的关系来说,语法也是有它的功用的。譬如要促进汉字改革,建立词的观念便十分重要,这个问题大部分要靠语法来解决。至于逻辑思维的训练、语言训练和文学修养等,都离不开语法知识的基础。

有人认为目前汉语语法的研究还不够成熟,没有解决的问题很多,不如等到将来有了更多更好的研究成果,那时再学不迟。这样的看法也不对。这里必须说明两个问题,一个是中间现象的问题,一个是完整的体系的问题。当我们具体地运用语法知识解决实际问题的时候,常常会遇到一种困难,就是有许多中间现象。例如词和词组的区别就是如此。苏联语言学家鄂山荫教授说过:

> 有些我们一看就知道它是词,有些一看就知道它不是词,困难只在于中间的一部分。我们可以从各方面去考察,找出区分的标准,如果真有不能区别的中间部分,我们也只有承认它们有时是词,有时不是词,因为这是客观事实。(《中国语文》1955 年 12 月号,第 36 页)

语言现象是极复杂的,语法将它作概括的说明,但是不能使它简单化,如果一个词既具备名词的语法特点,也具备动词的语法特点,那么我们便没有理由只承认它属于一类。实际上我们经常要拿它作动词用,也经常拿它作名词用,承认它跨类,正是正视语言的客观事实。当然,我们还得分清真正的跨类与临时的借用,因为这也是客观事实。任何语言的语法都有中间现象,我们不能以此否认规律的存在。至于体系的问题,值得讨论的地方当然很多。汉语语法的研究还在年轻阶段,这是无可否认的事实;但是研究与学习的关系并不是像种了稻子才能收谷子那样可以截然分成两个阶段的。譬如推广普通话,并不一定要等拼音方案制订得十全十美再来推广。因为:一方面,社会建设的需要告诉我们,推广普通话是件刻不容缓的事;另一方面,在推广普通话的过程中可以更好地改进拼音方案。学习语法的道理也是一样。科学是无止境的,"成熟"总是相对的,我们希望前进,便不能脱离实践。教也好,学也好,研究也好,这些都在实践的范围之内;尤其是关于语言的事,没有人有理由说自己应该站在实践的圈子以外。

主要参考文献

[瑞士]索绪尔:《普通语言学教程》,高名凯译,商务印书馆 1980 年版。

[美]伯纳德·科姆里:《语言共性和语言类型》,沈家煊译,华夏出版社 1989 年版。

[英]J.L.奥斯汀:《论言有所为》,许国璋译,中国社会科学出版社 1979 年版。

《中国语文》编辑部:《汉语的词类问题》(第一集),中华书局 1955 年版。

《中国语文》编辑部:《汉语的词类问题》(第二集),中华书局 1956 年版。

《中国语文》杂志社:《汉语的主语宾语问题》,中华书局 1956 年版。

林裕文:《词汇·语法·修辞》,上海教育出版社 1985 年版。

吕叔湘:《汉语语法论文集》,商务印书馆 1984 年版。

陆志韦:《北京话单音词词汇》,科学出版社 1956 年版。

赵元任:《北京口语语法》,李荣译,开明书店 1953 年版。

陈望道等:《中国文法革新论丛》,商务印书馆 1958 年版。

文炼、胡附:《汉语语序研究中的几个问题》,《中国语文》1984 年第 3 期。

朱德熙:《"的"字结构和判断句(上)》,《中国语文》1978 年第 1 期。

文炼:《词语之间的搭配关系》,《中国语文》1982 年第 1 期。

戴浩一:《时间顺序和汉语的语序》,黄河译,《国外语言学》1988 年第 1 期。

戴浩一、薛凤生主编:《功能主义与汉语语法》,北京语言学院出版社 1994 年版。

汤廷池:《国语语法与功用解释》,载《汉语词法句法论集》,台湾学生书局

1988 年版。

朱德熙：《现代汉语形容词研究》，《语言研究》1956 年第 1 期。

Geoffrey Leech, *Semantics*, London：Penguin, 1974.

Charles Morris, *Foundations of the Theory of Signs*, Chicago：The University of Chicago Press，1938.

附录

汉英术语对照

B

标记	label
表达	expression
隐含	suppression
印象	impression(Otto Jespersen 用语)
表达功能	expressive function
编码	encoding
变换	conversion, transformation

C

层次	layer
成分分析	componential analysis
成语	idiom
重叠	overlap
词类	part of speech/word class
抽象(化)	abstraction
词形变化	accidence
词缀(前缀、中缀、后缀)	affix(prefix, infix, sufix)

词序	word order

D

搭配(同现)	collocation(co-occurrence)
递归	recur
典型主语	canonical subject
独词句	holophrase
短语(词组)	phrase
对比	contrast
对称	balance
对立	opposition
对联	parallelism
对偶	antithesis
多义词	polyseme

F

发端句	inchoative sentence
后续句	sequence sentence
反馈	feedback
范畴	category
次范畴	subcategory
非谓形容词	non-predicative adjectives
分布	distribution
分界	boundary
分析型语言	analytic language
封闭系统	closed system
符号学	semiotics

句法学	syntactics
语义学	semantic
语用学	pragmatics(C.W. Morris 用语)

G

格律	metre
功能	function
共鸣	echo
构词	word formation
构形	derivation of word-forms
规范化	standardization/normalization
孤立语	isolating language

H

汉藏语系	Sino-Tibetan family
合格的	well-formed
互补	complementation
话题	topic
说明	comment

J

焦点	focus
交际功能	communicative function
结构主义语言学	structuralist linguistics
节律	cadence
具体句子	concrete sentence
抽象句子	abstract sentence

句型	types of sentence
句式	patterns of sentence
句类	kinds of sentence
句子成分	parts of the sentence
主要成分	essential component

K

肯定	affirmation
否定	negation
框架	frame
扩展	expansion

L

类固定短语	quasi-idiomatic expression
类型学	typology

N

内部形式	inner form
内涵	intension
外延	extension
能指	signifier
所指	signified
粘着语	agglutinating language

P

拼写	spelling
拼音文字	phonetic writing

平声	level tone
仄声	obligue tone
普通话	putonghua(PTH)

Q

歧义	ambiguity
强调	emphasis
切分	separability
区别功能	differential function
区别性特征	distinctive feature

S

散文	prose
声调语言	tone language
省略和隐含	ellipsis
	implication
施事	agent
树形图	tree diagram
数词	numeral
数目	number

T

替换	substitution

W

外部功能	external function
无形态语言	amorphous language

X

系统论	system theory
下位区分	inferior distinction
显性关系	overt relation
隐性关系	covert relation
相关	correlation
相似	similarity
信息论	information theory
形态学	morphology
形符	pictogram
意符	ideogram
形式	form
意义	meaning
内容	content
行为主义	behaviourism
修饰语	attribute
虚词	function word/grammatically partial word
虚语素	empty morpheme

Y

依据	grounds
标准	standard
音步	foot
印欧系语言	Indo-European family
有定	definite
无定	indefinite
语法意义	grammatical meaning

语法关系	grammatical relation
语法结构	grammatical structure
语法规则	grammatical rule
语境	context
语气	modality
语调	intonation
语序	the order of meaningful elements (Greenberg 用语)/constituent order
预设	presupposition
韵(韵脚)	rhyme
韵律	prosody
韵文	verse

Z

直接成分	immidiate constituent(I.C.)
指称(对象)	referent
主位	theme
述位	rheme
转换生成语法	transformational generative grammar
字母	letter
自由形式	free form
粘着形式	bound form
自足句	absolutive sentence

我对 40 年来现代汉语语法研究的一些看法

今天的现代汉语语法研究,同 50 年代的情况相比,好像是从黑白电视时代,进入了彩色电视时代。因为看到的是五彩纷呈,有时不免觉得眼花缭乱,然而我们透过绚丽的画面,去寻找它的光源,就会发现那里发射出来的只是有限的几种原色。人们所见到的万紫千红,都是由这几种原色光束交织而成的。

从光谱学的角度看,黑白与原色并非了不相涉。从语法学史的眼光考察,50 年代的简单色调与 80 年代的夺目光彩也有许多相通之处。当然,这当中有个发展的过程。这个过程是十分复杂的,表现在两个方面:第一,发展不是一帆风顺的,经历了不少坎坷。这一点容易理解,我们不打算多谈。第二,发展不是单线的,有几条主要线索在起作用,这是我们要着重分析的。

构成现代汉语语法研究的历史和现状,有哪些基本线索呢? 大体说来,有这么几条。第一,立足于传统语法,不断加以改进,以适应语文教学的需要。第二,吸取现代语言学的理论和方法,试图建立汉语语法学新体系,或开辟解决问题的新蹊径。第三,从汉语实际出发,分析汉语语法现象、发现规律,并加以解释。这三条线索并非同步发展,但是它们都贯彻始终,有时是交织在一起的,所以很难据此划分阶段。如果要划分,只能粗略地分为两段:50 年代至 70 年代中期为第一阶段,这个阶段的特点是以第一条线索为主导。70 年代末和 80 年代为第二阶段,这个阶段的特点是第二条线索和第三条线索迅速发展,第一条线索已失去主导地位。当然,这是就总的情况来说的,至于语法学家,情况各不相同。有的坚持传统语法的立场,万变不离其宗。有的热心引进新的理论和方法,着力于突破旧的框架。有的重视汉语语法特点,从细致的观察和描写之中去说明规律。其中有些学者的研究倾向在不断改变,这也是很自然的事。

下边我们将回顾一下上述几条线索在发展中的主要情况,附带谈谈对发展前景的看法。

一

50 年代有两次大规模的专题讨论,即词类问题的讨论和主宾语问题的讨论。这两次讨论是密切相关的,目的都在使传统语法能合理地运用于汉语语法分析。[1] 传统语法要给词分类,要给句子划定成分,同时要说明词类和句子成分之间的对当关系。印欧语言在区分词类和辨析句子成分时都要凭借形态,汉语缺少词形变化,只得另觅途径。自《马氏文通》开始,许多汉语语法著作都拿意义作为区分词类的标准,由于在理论上和实践上人们对意义标准产生的怀疑愈来愈深切,于是开展了词类问题的讨论。讨论的最大收获是学者一致认为词类的区分不能单纯根据意义,然而遗留的,没有得到解决的仍旧是有关意义的问题。就是说,意义在词类划分中究竟占什么地位,学者的看法还不一致。大体说来,有三种意见:(1)认为区分词类的标准是词的意义和语法功能。(2)认为区分词类的主要标准是功能,意义是参考标准。(3)认为区分词类的标准只有功能,意义是词类的基础,但并非区分词类的标准。这三种意见其实可以归并为两大类。前两种意见是一类,即承认意义是标准之一,采取的是多标准。后一种意见是一类,即不承认意义标准。这两种意见的对立也反映在对"词汇·语法范畴"的理解上边。"词汇·语法范畴"这个术语译自苏联的"лексикограмма тические разряды споь",曾被广泛应用,例如 1956 年人民教育出版社中学汉语编辑室公布的《暂拟汉语教学语法系统》认为:"词类是词根据词汇·语法范畴的分类。具体些说,就是词类是根据词的意义和词的语法特点

---

[1] 参阅《汉语的词类问题》第一集、第二集,中华书局 1955 年版、1956 年版;《汉语的主宾语问题》,中华书局 1956 年版。

来划分的。"[1]有人认为"词汇·语法范畴"是说明词类的性质的。也就是说，某些词能归属一类，与意义并非无关；但是就这一类词的整体看，它与别类词的区别不是以意义为依据。正如有些语言的名词有"性"的范畴，这与生物界的性别不是毫无关系；但是生物的性别不是区分语法上"性"的范畴的标准。[2]"词汇·语法范畴"这个术语在 70 年代已经销声匿迹了，但是意义与功能是不是要并列作为区分词类标准的问题，始终存在不同的看法。

立足于传统语法，自然认为词法和句法是构成体系的双轴。词法的中心是区分词类，而句法的中心是划定句子成分。找句子成分首先要解决的是主语和宾语的问题。汉语不能凭形态确定主宾语，人们曾试图用施受关系或词语的位置为依据。这两种标准，不论是单用还是合用，都将出现许多矛盾。其中的复杂情况在 1946 年吕叔湘已经作过详细的分析，应该说，问题是早已提出来了。[3]50 年代的讨论当然是希望解决问题，但目的未能完全达到，这是意料中的事。然而这场讨论是有益的，表现在两个方面：(1)扩大了视野。在讨论中展示了丰富的语言材料，学者从不同角度分析问题，这样就使人们对汉语的特点有进一步的认识，对问题的复杂性有更多的理解。(2)人们确认句法分析必须依据形式与意义相结合的原则。当然，确认这一原则是一回事，如何理解这一原则却是另一回事。正由于对这一原则有不同的理解，在句法分析方面自然就出现错落不齐的情况。但是，无论如何，大家都更加重视结构的分析，这应该说是值得肯定的。

二

30 年代以来，结构主义语言学致力于制订比较客观而精确的分析方法，其中运用得较为广泛的是替代法、直接成分分析法、分布分析法、变换分析法。40

---

［1］ 见《语法和语法教学》，人民教育出版社 1956 年版，第 12 页。

［2］ 参阅林裕文：《词汇、语法、修辞》，上海教育出版社 1985 年版，第 50—52 页。

［3］ 参阅吕叔湘：《从主语、宾语的分别谈国语句子的分析》，载《开明书店二十周年纪念文集》，1947 年。后收入《汉语语法论文集》。

年来,这些方法逐渐被汉语语法学者所运用,并取得一定的成果。

替代法主要用来切分语言单位。早在 1938 年陆志韦曾用来辨识汉语的单音词。50 年代初期,陆先生重申他的主张,认为替代法可以辨识词与非词。[1]这种主张影响不大,并不是因为替代法不适用于汉语,而是因为替代的结果得出的语言单位是语素,而不一定是词。后来许多学者用这一方法切分语素,比单纯根据意义辨识语素较为科学,因而得到推广。

直接成分分析法主要用来识别语言单位内部的层次关系,适用于各种语言单位。1948 年美国出版的赵元任的 *Mandarin primer*(《国语入门》),最先使用这一方法来分析汉语。[2]1961 年丁声树等著的《现代汉语语法讲话》,用直接成分分析法全面地分析了现代汉语的句法结构。赵元任于 1965 年出版的《中国话的文法》,则更加系统而严谨地运用了这一方法。目前在汉语语法学界,这一方法得到广泛的运用,毫无疑问,是受到这些著作的影响。

分布分析法主要用来给语言单位分类。直接成分分析法考察的是语言单位的内部结构层次,而分布分析法研究的是语言单位的外部结构关系。这种方法的基本观点在我国语言学界早已有人传播。例如 30 年代末期开展了"文法革新讨论",当时有人提倡依据词与词的结合关系划分词类,其实是主张运用分布分析的方法。[3]不过,把分布看作一种具体的操作方法,用来解决各种语言单位的分类问题(例如词类问题,语素分类问题),或者用来分析某些具体的语法现象,这是近 40 年才出现的。朱德熙的《说"的"》(1961)把"的"分析为三个不同的语素,运用的是分布分析法。文章的影响不在于所得结论是否能取得别人的赞同,而在于给传统的分类方法以有力的挑战。吕叔湘的《说"自由"与"粘着"》(1962),重点不在评价与分布密切相关的这两个概念,而在启发人们运用外来方法的时候,如何重视汉语的特点。

当然,以上讲到的几种方法在具体运用中常常是交错的。例如朱德熙的

---

[1] 参阅陆志韦:《北京话单音词词汇》,科学出版社 1956 年版。
[2] 李荣将这本书的语法部分编译成《北京口语语法》(中国青年出版社 1953 年版),介绍到国内。
[3] 参阅《中国文法革新论丛》中方光焘的论文(文昌出版社 1943 年,1958 年中华书局重印)。

《句法结构》(1962),讨论的是层次切分问题,但运用的方法不限于直接成分分析法,还包括替换法,分布分析法等。

变换分析法常用来分析同形异构现象。例如"筹备经费"可以是偏正结构,也可以是动宾结构。如果是前者,能变换成"筹备的经费"或"筹备费"。如果是后者,可以变换为"筹备了经费"或"筹经费"。有时也用来分析同形异义。例如"饭吃饱了"和"饭吃完了",句法结构相同,语义关系不一样。可是后者能加"被"而前者不能,据此可以说明它们之间的差别。变换分析作为一种方法,应该有一些基本原则,否则随心所欲,很难使人信服。哈里斯(Z.S. Harris)在这方面曾经提出要求,却又嫌太原则。朱德熙论著《变换分析中的平行性原则》(1986),结合了汉语实际,列出"变换矩阵"。这就不是个别句子的变换,而是某些句式的变换了。当然,运用变换分析方法说明某些相关句式之间的联系和区别的,有不少有价值的论文,这里就不一一叙述了。

现代科学的一个特点是许许多多相关科学互相渗透,密切联系,因而更新了许多观念,开辟了前所未有的领域,语法学也不例外。

首先我们想到的是符号学。被称为现代语言学之父的索绪尔早就把语言看作一种符号系统,他的观点在30年代已经在汉语语法学界传播。然而60年代以前的汉语语法研究,只着重句法学,即主要以符号与符号的关系作为研究对象。从符号学的观点看,这仅仅是一个部分。符号学除了研究符号与符号之间的关系(句法学),还要研究符号与客观事物之间的关系(语义学)、符号与使用者之间的关系(语用学)。把语义研究和语用研究纳入现代汉语语法研究之内,这是70年代才开始的。[1]当然,这并不是说70年代以前的汉语语法研究丝毫未涉及语义和语用的问题,但是无论如何,有意识地研究句法和语义、语用之间的各种复杂关系,并寻找其规律,这是近十多年来才出现的。

其次我们想到的是心理学。心理学给语法学的影响不在规律的说明,而在现象的解释。30年代的结构主义语言学用行为主义心理学来解释言语行为,把

---

[1] 参阅胡裕树主编:《现代汉语》;文炼、胡附:《汉语语序研究中的几个问题》,《中国语文》1984年第3期。

言语活动归结为"刺激—反应"的公式。50 年代以来,我们出版了不少供人们学习现代汉语的语法著作,所附习题大都属于反复训练、模仿析句之类,目的在加强刺激,以养成正确的语言习惯。这都直接间接受上述学说的影响。60 年代的转换生成语法从认知心理学的观点来解释言语行为,认为学习语言不是单纯模仿、记忆的过程,是一种创造性的活动,强调掌握有限的规则,用以产生无限的句子。70 年代再版的上海本《现代汉语》教材(胡裕树主编)明确提出析句的终点是归纳句型。此后出现不少谈句型的论文和专著,都在不同程度上受了上述学说的影响。目前语法学的发展又受到社会心理的启示,认为不能把语言作为独立的符号系统来研究。所谓"语言能力"不仅指能否造出合乎语法的句子,而且包括是否能恰当地运用语言进行交际的能力。在这种学说的影响下,现代汉语语法研究的领域就更加扩大了

当然,现代语言学还受许多其他科学的影响,而我们的现代汉语语法研究又直接或间接受现代语言学的影响。例如由于数理逻辑的影响,现代语言学注重人脑储存信息的方式。一些心理学家和语言学家指出人的短时记忆容量是有限的。为了扩大信息量,人们把语言编成记忆的形式,即所谓"组块"(chunk)。又用"递归能力"(recursion)来说明这种现象。在现代汉语语法分析方面,有人用"组块"和"递归"的观点来说明问题。[1]又如动词的"向"(或称之为"价",valency)的问题,在汉语语法分析中已引起愈来愈多的学者的重视。[2]这个术语其实来源于化学,不少科学(如数理逻辑、生物学)都曾借用。语法学借用这个术语,目的在说明动词的支配功能(governing function)。尽管语法学者对"向"的理解还不一致,无论如何,引进"向"的概念来说明汉语语法现象,特别是说明句法和语义之间的复杂关系,实践已经证明是有效的。

有人应用乔姆斯基的转换生成语法来研究汉语。例如我国台湾学者汤廷池曾著《国语变形语法研究》,日本的安妮·Y·桥本(余霭芹)著有 *Syntactic*

---

[1] 1956 年米勒提出短时记忆以组块为单位,每一组块的信息量是个变数。短时记忆的记忆容量是 7 ± 2 个组块。陆丙甫曾用来分析汉语。见《语文研究》1985 年第 1 期,第 36 页。

[2] 参阅朱德熙:《"的"字结构和判断句(上)》,《中国语文》1978 年第 1 期;文炼:《词语之间的搭配关系》,《中国语文》1982 年第 1 期。

Structures in Mandarin(《普通话句法结构》),都运用生成语法的规则和方法。对转换生成语法的性质,乔姆斯基已经说得很清楚:它是解释性语法,而不是描写性语法。说得彻底一些,用转换生成语法研究任何一种语言(当然包括汉语),如果获得满意的效果,那只能证明这种语法对人类语言机制的解释是合理的。或者说,研究具体语言是为了说明普遍规律,而不可能是运用生成语法的普遍规律描述具体语言。

顺便要提一提的是:1981 年美国加州大学出版了 Charles Li 和 Sandra Thompson 的 *Mandarin Chinese*(《普通话语法》),在国外有一定的影响。这本书代表了国外对现代汉语研究的一些倾向:(1)把汉语看作主题居重要地位(topic-prominent)的语言,区别于主语居重要地位(subject prominent)的语言(例如英语)。(2)对汉语结构规律的描写,粗细不匀。总体说来,比较粗略;但是粗中见细,个别地方描写得较为细致。(3)所用例句都是十分简单的句子,有的不符合汉语普通话的规范,这大概是外国学者描写汉语最容易犯的毛病。

<h2 style="text-align:center">三</h2>

立足于汉语,从汉语的实际出发来研究现代汉语语法,通常有两种情况。一种是分析汉语材料,从中发现问题,然后加以梳理,或说明规律,或解释现象,得出的结论与采取的方法常与现代语言学的某些观点不谋而合。一种是着眼于汉语的特点,分析某些具体问题(如某些虚词、某些句式的特征和用法),得出的结论是汉语所特有的。前者是从特殊到一般,后者是从特殊到特殊。当然,这两种情况也并非毫不相关,因为在事物的发展中,特殊是可以向一般推移的。

1979 年吕叔湘的《汉语语法分析问题》问世了。这一著作归纳、分析了自 50 年代以来学者长期探索、争论的问题,不但指明问题的症结所在,而且给读者以启迪,提示进一步钻研的途径。其中不少提法引人注目。比如认为"主语只是动词的几个宾语之中提出来放在主题位置上的一个",这里的宾语指的是与动词发生语义关系的名词性成分,吕先生曾建议称之为补语。有人说,这里体现了深层结构和表层结构的思想;也有人说,这是格语法(case grammar)的具体运用。如果翻一翻 40 年代初出版的《中国文法要略》,不难发现吕先生的这些思想早就形成了,而菲尔摩的 *The case for case*(《格辨》)是 1968 年发表的。我们并不是说"格语法"来源于东方,不过以此证明立足于汉语,有时会发现世界语言的某些共性。

当然,汉语有自己的特点,也就有不同于其他语言的规律。在这方面,语音规律的描写和解释都比较充分,而语法则稍嫌不足。吕先生曾多次呼吁,要求大家重视积累资料,发现问题,说明规律。他发表了不少文章,列举人们视而不见的语法现象,认为既然身在此山中,应该识得庐山真面目。由于吕先生和其他老专家的提倡,在《中国语文》、《语文建设》、《语文研究》、《汉语学习》、《语言教学与研究》等杂志上,不断登载研究汉语语法规律的文章,而且大都能占有大量材料、从中总结出若干规律。

四

粗略地回顾了 40 年来现代汉语语法研究之后,自然会想到未来的发展。科学总是不断进步的,而未来的发展要依靠年轻一代,这是毫无疑问的。然而要促使我们的科学发展,少走弯路,不论是老年专家,还是年轻学者,都要防止滋长片面的观点,因为片面性是科学的大敌。在这方面,下列问题似乎是应该加以重视的。

第一,怎样对待传统?

这里讲的传统,包括两层意思,一是传统语法,一是语法传统。传统语法的缺点早已被人们指出:(1)词类划分标准不一致;(2)以意义为语法分析的依据;(3)把语法看成是一套必须遵守的规则而忽视语言的发展和实际使用的情况。尽管这样,一代又一代的教师使用传统语法在进行语文教学,并且取得一定的效果。目前我国通用的语法教材,都没有放弃传统语法的框架。其实,从 18 世纪以来,各国的语法学者都在改进传统语法,我们当然也应该根据汉语的实际对传统语法加以改进。50年代开展的词类问题的讨论和主宾语问题的讨论在这方面已经取得成绩,而有些语法教材在传统语法的基础上,吸取了现代语言学的分析方法,也做了有益的尝试。看来,我们还可以在这方面作进一步的努力。

自从《马氏文通》以来,我们的语法研究和语文教学是密切联系的,再看远一些,我国古代的文字训诂研究莫不是为了提高人们的语文水平。研究语法着眼于提高读写能力,这就是我们的语法传统。50年代吕叔湘、朱德熙的《语法修辞讲话》之所以为广大群众所欢迎,主要是因为继承发扬了这个传统。

第二,怎样看待吸取国外的科学成就?

语法作为一门科学,本来就是外来的。所以,并没有人怀疑吸取国外科学成就。问题是在如何有效地吸取。

现代语言学的特点是发展迅速,门类繁多。进口货好的不少,也并非全属上乘。结构主义语言学促进了汉语的语法研究,它的一些方法至今我们还在有效地运用。转换生成语法开拓了我们的眼界,不少学者齐声宗仰。然而在西方宗仰者有之,而诟病者也不少。即使是学派的奠基人(例如乔姆斯基)也在不断地修正自己的理论和方法。我们要避免走弯路,就不能亦步亦趋。妥当的办法应该是分清优点和缺点,了解理论和方法所适应的范围,然后才能借来解决我们的问题。

任何科学的发展,必然产生一些新观念、新术语。美国有个哲学家叫图尔明,曾提出"观念进化论",认为新观念的出现是科学发展的火车头。就是说,有了新观念,才能出现新的创造。要促使汉语语法学的发展,引进一些新观念是必要的。在引进新观念、新术语的时候,有两点值得注意。一是要认清新观念与相关的旧观念之间的关系。新旧观念有的是相容的,有的是不相容的,必须加以区别。比如承认句子结构的递归性与承认句子成分应该由单词来充当是不相容的,承认语句结构的层次性与承认词语之间的句法关系却是相容的。二是要了解新术语不是孤立的,它总与其他术语互相联系而显示它的作用的。比如用直接成分分析法分析"出口商品",无法区分偏正关系和动宾关系。但是布龙菲尔德提出直接成分分析这一方法的同时,还主张区分向心结构和背心结构。按照他的理论,"出口商品"是向心结构,但是有不同的中心,一是"商品",一是"出口"。这里因为有不同的中心,所以产生歧义。我们当然并不是说布氏的理论完美无缺,只不过是用来指出术语之间往往密切相关而已。

第三,怎样评价方法的选择?

采用归纳法还是演绎法? 这样的提法很值得商榷,在科学研究的过程中,归纳和演绎总是交替使用的。我们不反对"假设",任何假设都不能毫无事实或经验作为依据,其中其实包含了归纳的内容。我们提倡积累材料,从语言事实中发现规律,但是任何归纳都以有限的材料作依据,得出结论之后还须进一步求证,新的材料有时使已有的结论得到补充修正。这当中就有演绎的过程。当然,就某一具体研究过程来看,可能是侧重归纳或演绎,但无论如何,不能把它们对立起来。

是应该为应用的目的(如语言规范化、语言自动化、语文教学)而进行研究,还是应该摆脱应用的牵引而独立地从事研究? 一切科学都是为人类社会服务的,不过有的是直接的,有的是间接的。从广义说,一切科学都是为了应用,从具体的研究课题来说,不必都有明确的实用目的。但是,有一点可以肯定:人们的实践,往往是推动科学发展的动力。乔姆斯基的学说被广泛应用于机器翻译和语言自动化方面,这大概是他始所未能料及而最终感到自豪的。在应用中不断产生问题,因而促使他不断修改自己的理论和方法,这也是人所共知的事实。总之,我们的语法学者应该多关心语言实践当中出现的种种现象和问题,以促使我们的研究成绩不断扩大、加深。

(原载《语文建设》1989 年第 1 期)

空和空位

这个题目似乎有点儿怪。其实，无非从"空"这个词的意义谈起，谈到语言分析中的"空位"。"空位"是一个有用的概念，这里作一点简单的介绍。由语言结构中的空位联想到修辞中的"空位对举"，这种修辞手段是常见的，举几个现成的例子来加以说明。

一

绝大多数语言学者都承认这一事实：词义是客观事物(包括性质、状态、数量、关系等)在人们头脑中的反映。可以这么说，离开了客观事物，就无所谓词义了。然而也应该看到：词义反映客观事物并不像水中出现倒影。倒影反映事物是消极的、被动的，而词义反映事物则是积极的、能动的。换句话说，词义所表明的客观对象常常是经过塑造的。无数例子证明：词义不但有客观根据，而且常常带有主观色彩。这里所说的主观色彩，不限于通常说的感情色彩、语体色彩。举"空"这个词为例来说明这个意思。

"空"这个词的基本意义，词典上是这么说明的：不包含什么，里面没有东西或没有内容。(参见《现代汉语词典》)比如，有人说："那间屋子是空的。"可能指屋子里没有住人，也可能兼指屋子里连任何家具都没有。但是无论如何，屋子里决不是真空。所谓不包含什么，没有东西，是从主观感受来说的。唐代诗人王维喜欢用"空山"这个短语，究竟什么是空山呢？"空山新雨后，天气晚来秋。"

(《山居秋暝》)这里的"空山"指的是山中无人。"空山不见人,但闻人语响。"(《鹿柴》)这里的"空山"并非无人,只不过是看不见人影罢了。

当然,词义并不是可以凭主观需要随意赋予的。一个词用在不同的场合,所指内容往往不同,这正是同义的概括性的表现。"笔"的意义是书写的工具,可是它有时指毛笔,有时指钢笔,有时指铅笔……词的基本意义总是相当稳固的,它长期储存在使用这种语言的人们的头脑中,支配着人们的意识。美国有位心理学家调查失火的原因时,发现人们对"汽油桶"十分小心,怕着火爆炸。但是对于"空汽油桶"却不在意;认为既然是空的,就没有什么危险了。殊不知空汽油桶充满了容易爆炸的气体,比汽油桶的危险性更大。(参见桂诗春编著《心理语言学》)

看来,对于"空",除了理解它的一般含义之外,还得有一些深入的认识,特别是在科学领域内。天文学讲的"太空",数理逻辑中讲的"空类",都有特定的内容。这正如数学上的"零",它表示数的空位,空位也是一种数,在作用上和其他数字是等价的。在语言结构中也有它的空位。

二

先看看汉语的音节结构。普通话的音节包括声韵调,写下来是一个一个的汉字,例如"书"、"房"、"熬"、"额"这四个字的结构可以表示如下:

"熬"和"额"的声母是空着的,通常叫它零声母。零声母也是一种声母,这就是音节结构中的空位。其实,发"熬"音的时候,开头有一点轻微的辅音;发"额"的时候也是如此。不过我们不容易感觉得到,所以也不用字母记录。这就是说"空位"不空。

语法是研究结构的。结构至少由两个成分组成。那么,单个的词能不能归入某种结构呢?试比较:

新书　厚的书　我的书　书

这几个语言单位有没有共同的特点呢?有。它们都是以词为中心的偏正结构,它们的功能都是名词性的。单词"书"之所以能归入这一类,是因为它的前边有空位修饰语。语言学上的 NP(noun phrase,名词短语)可以指起名词作用的短语,也可以指一个名词,道理就在于此。VP(verb phrase,动词短语)的情况也相同。

语法分析要注意形式和意义相结合的原则,空位既然也是一种形式,所以由它表达的意义也在结构分析之列。试比较下列两个句子:

(1) 他鼓励自己再坚持一会儿。

(2) 他打算自己再坚持一会儿。

这两个句子中的"他"和"自己"指的是同一对象,粗看起来,属于同一句型,可是(1)句当中的"自己"不能用"空位"表示,而(2)句却可以说成"他打算再坚持一会儿"。这是因为(1)句属兼语式,兼语所指对象即使和主语相同,也不能省略。(2)句是主谓短语充当宾语的句子,大主语和小主语所指对象相同,小主语通常是用空位来表示的。

单句也好,复句也好,句子头上添加了全句的修饰语并不改变句型。可以这么解释:原来的句子头上也是有修饰语的,不过是空位罢了。同样道理,我们得认为下列各例中 a 句、b 句的谓语属同一类型。

(1) a. 他开会回来。(连动式)

　　 b. 他从北京开会回来。(连动式)

(2) a. 你拿了鸡毛当令箭。(兼语式)

　　 b. 你别拿了鸡毛当令箭。(兼语式)

(3) a. 小王了解得多。(动补谓语句)

　　 b. 小王比我了解得多。(动补谓语句)

(4) a. 这个人开了两次刀。(动宾谓语句)

　　 b. 这个人已经开了两次刀。(动宾谓语句)

总之,句子加上修饰语,不改变全句的类型;谓语加上修饰语,也不影响谓语的类型。这是从分析方法上说的。从理论上讲,可以认为上边各例的 a 句谓语都带有空位修饰语,所以在大层次上和 b 句是相同的。不但 a 句和 b 句的谓语相同,(1)至(4)各句的谓语也相同,即修饰语接中心语。不同类型结构必须拿去修饰语才能加以区别,道理就在这里。

（原载《中文自修》1987 年第 5 期）

疑问句四题

一、疑问句的类别

汉语的疑问句,一般分为四种:

1. 特指问　句中有疑问代词(谁、什么、哪儿、怎样等),让人家针对代词所指范围作答。如:

　　谁去? 你什么时候动身?

2. 选择问　句中有并列的项目,让人家在当中选择答案。如:

　　小王去还是小李去?

　　你是北京人还是天津人?

3. 反复问　句中某些词语的肯定形式与否定形式并列,让人家作出正面或反面的回答。如:

　　是不是小王去? 你去不去?

4. 是非问　把陈述句的语调改为疑问语调,让人家对整个句子加以肯定或否定。如:

　　小王明天动身? 你今天休息?

反复问既然也是在并列项目之中加以选择,所以不妨看作一种特殊的选择问,只不过并列的是肯定与否定形式而已。朱德熙的《语法讲义》把疑问句分为三类,就是把反复问并入选择问的(见该书第 202 页)。其实,各种疑问句之间,既有相通的地方,也有不同之处。从一方面看,反复问接近选择问;从另一方面

看,却又接近是非问。试比较:

> 你去不去?(反复问)
>
> 你去吗?(是非问,取反复问的肯定形式)
>
> 你不去吗?(是非问,取反复问的否定形式)

也可以这么看:反复问是两个是非问相加的结果。所以,有人认为是非问是一种蕴含的反复问,未尝没有道理。

有人认为:是非问的特点是在命题的基础上形成,而别种问句则不然。比如:说"他去吗"的人心目中有"他去"这个命题;说"他不去吗"的人心目中有"他不去"这个命题。这是要求别人证实命题的真实性,才提出问题。其实,特指问也有命题作基础,不过命题中有一个未知数,要求人家用已知的代入罢了。反复问的命题基础可以从下列句式的比较中看出来:

> 你喜欢看京剧,是不是?
>
> 你喜欢看京剧,是吗?
>
> 你喜欢看京剧,不是吗?

这种问句叫附加问(tag question)。附加问是在陈述句的基础上形成的;毫无疑问,它有命题的基础。上边的例子说明反复问和是非问都可以采取附加问的形式,看来它们确实有相通之处。

二、"呢" 和 "吗"

从使用语气词的情况看,前三种问句(特指问、选择问、反复问)可以用"呢",不能用"吗";后边一种(是非问)只能用"吗",不能用"呢"。

通常认为"呢"和吗"是表示疑问的手段。其实,"呢"并不表疑问,它不但可以用于疑问句,也可以用于陈述句,如"时间还早呢"。疑问句用上"呢",可以增加"深究"意味,它的作用等于句子当中增加了副词"究竟"、"到底"之类。当然,"究竟"或"到底"也可以和呢"同时出现,如:"究竟谁去呢?""你到底相信不相信呢?"把这些句子当中的"究竟"、"到底"和"呢"去掉,并不会改变疑问语气。

是非问不能用"呢",只能用"吗";不能用"究竟"、"到底"之类,却可以用"确实"、"真的"等。当然用与不用,还得根据表达需要。试比较:

(1)你知道他的情况吗?

(2)你知道他的情况?

(3)你确实知道他的情况?

拿怀疑的程度来看,(1)句的程度最轻,(2)句较强,(3)句最强。可见是非问用"吗",主要的作用在表示"问",而不在表示"疑"。"确实"的作用相反,用在疑问句里,它并不表示问,而在强调"疑"。

三、疑　问　点

特指问的疑问点用疑问代词表示。选择问和反复问的疑问点在并列的供选择的词语。用"是不是"发问的反复问,疑问点是"是不是"后边的词语。是非问一般要求对整个命题加以肯定或否定,所以并无集中的疑问点。但是在一定的语言环境中,也可以有疑问点。例如:

他昨天打电话来了?

对话双方如果都知道昨天有人打来电话,但问的人不能肯定是"他",那么,疑问点在"他"。如果双方知道"他"来过电话,但不知道时间,那么,疑问点在"昨天"。这种疑问点在口语里通常用重读来表示。

一个特指问可以有几个疑问点。例如:

刚才的电话是谁打给谁的?

你打算从什么地方到什么地方?

疑问代词有虚指的用法,所以不一定表示疑问点,即使在疑问句中也是如此。例如:

你知道不知道他是什么地方的人?

这个句子的疑问点在"知道不知道",而不在"什么地方"。下边句子的疑问点颇难决定:

你知道他是什么地方的人？

句子末尾如果加上"吗"，这是一个是非问，可以用点头或摇头来回答。如果加上"呢"，这就是一个特指问，疑问点在"什么地方"。这儿的"知道"是一种空灵动词(semantically bleached verb)，它实际上只表示一种说话的口气，类似的例子如：

你想(觉得/认为/说/看)这样做行不行呢？

四、省略形式

特指问的疑问点当然是很重要的，可是在一定的语言环境下，疑问代词，可以不出现，而语气词"呢"却不可省。例如：

我的帽子呢？

这里的疑问点"在哪儿"省略了。又如：

他呢？

可能是问："他去不去呢？""他参加不参加呢？""他在什么地方呢？"……完全要靠语言环境来说明。

反复问常常有省略形式。例如：

(1) 你读过这本书没有读过这本书？/你读过这本书没有读过？/你读过这本书没有？

(2) 你跳得过一米六跳不过一米六？/你跳得过一米六跳不过？/你跳得过跳不过一米六？/你跳不跳得过一米六？/你跳得过一米六不？

别人提出问题之后，听话的人如果对问句还不十分明白，常用提问的方式要求对方加以说明。这时也采取省略形式。例如：

甲问：他什么时候可以到达北京？

乙问：他吗？/什么时候吗？/北京吗？

乙的问句叫回声问(echo question)。回声问前边省去"你问的是"这一类字眼。

（原载《语文学习》1987 年第 5 期）

关于词典标明词性的问题

　　近年来词典编纂工作在全国蓬勃开展,这当然是适应客观的需要:拿最常用的语文词典来说,为了适应不同的对象,种类繁多。近来更有一种新的趋势,那就是标明词性。标明词性的好处是能指示词的功能,使读者在了解词义的基础上,掌握词的用法。这对于外国人学习汉语,对于各级学校的语文教学,都有积极意义。

　　词典被称为不开口的老师,人们认为其中的说法都是合乎规范的。即使有些问题还有待进一步研究,词典反映的总是比较成熟的、社会公认的东西。可是如今老师一多,说法又不一致,有时同一位老师,前后的说法也不相同,学生就会感到茫然。我现在只是把这个问题提出来,想引起大家的注意,并没有辨明是非、判别优劣的意思。至于对错好坏,该由读者去下结论。我手边的词典是:

　　《现代汉语八百词》(吕叔湘主编,商务印书馆,用Ⅰ代)

　　《新编古今汉语大词典》(胡裕树主编,上海辞书出版社,用Ⅱ代)

　　《现代汉语学习词典》(孙全洲主编,上海外语教育出版社,用Ⅲ代)

　　《古今汉语字典》(李润生主编,汉语大词典出版社,用Ⅳ代)

　　不同的词典对同一个词划分出的义项有多有少,有详有略,当属常规。词典有不同类型,义项的分合自然也有差别,但是客观的依据并无二致。正因为如此,义项有多少之分,而无云泥之别。解释具体的词,措辞或详或略,大同而小异。例如解释"鼎",常见词典的说法是:"古代炊器,一般为圆形,三足两耳。"

有些词典则加上"也有方形四足的"这样的说明。无论如何，它们之间并无扞格不通之处。可是，在词性的标注方面，似乎有各行其是的情况。下边举"多"的两种用法为例。

(1) 数词后边的"多"，如"十多封信"、"七十多岁"、"一百多人"中的"多"。有标作数词的（Ⅰ），有标作助词的（Ⅲ），有标作形容词的（Ⅳ）。

(2) "多心"中的"多"，有标作动词的（Ⅰ），有标作形容词的（Ⅱ、Ⅲ、Ⅳ）。

再举几个词为例。

暗　有的认为纯属形容词（Ⅱ、Ⅲ），有的认为兼属副词（Ⅳ，修饰动词时作为副词）。至于"暗暗"，有的认为仍属形容词（Ⅱ），有的认为已成为副词（Ⅲ）。

快　都认为兼属形容词和副词，可是划分标准不一致。有的认为形容词"快"表速度高，副词"快"表示时间上接近。"快来替我拿一下"中的"快"属形容词，"他快来了"中的"快"属副词（Ⅰ）。有的则认为"快来帮忙"中的"快"是副词（Ⅲ）。至于把古今的"快"放在一起来考察，"快"的词性当然更复杂了（Ⅱ、Ⅳ）。

请　大多数词典把它当作动词（Ⅰ、Ⅱ、Ⅲ），也有认为它兼属副词的（Ⅳ，把表敬意的"请"，如"请勿吸烟"中的"请"当作副词）。

刚才　有认为属于名词的（Ⅰ），有认为属于副词的（Ⅱ、Ⅲ）。

蠢蠢　有认为属于形容词的（Ⅱ），有认为属于动词的（Ⅳ）。

突然　有认为属于副词的（Ⅱ），有认为兼属副词和形容词的（Ⅲ）。

万岁　有认为属于形容词的（Ⅱ），有认为属于动词的（Ⅲ）。

以上这些例子并不是随机抽样得来，而是信手翻翻就发现的。我想，任何人只要花点时间，不难找出许多类似的事例。

词典内部的矛盾首先表现在词素和词的关系上边，这在兼顾古今词性的两部词典更为突出。这个问题《新编古今汉语大词典》的主编是很清楚的，所以在"本书条目标示语法功能类别的说明"中特地加以解释："词典中的〈名〉、〈动〉、〈形〉等等指的是语法功能类别，这种语法功能类别并不全同于词性。这是因为本书古今兼收，古代的词发展到今天有的已成了语素，而今天的某些词在古代又往往是短语。我们从实际出发，对所收条目，不管是词还是非词，都看作是在语法结构中具有一定功能的语言单位而以'××性成分'来统一指称。比如〈名〉指的是'名词性成分',既指名词,也指名词性语素和名词性短语。〈动〉、〈形〉也是如此。"

《古今汉语字典》既然是以"字"作为注明语法功能的单位,当然也是包括词素和词的。

如果词素和词的功能完全一致,这当然是很理想的。可是事实却不完全如此。例如"往",作为词,主要是动词,也可以是介词,古汉语中还可以是名词。重叠之后成为"往往",却属于副词。又如"斤"是量词,古汉语兼属名词。"斤斤"则是副词。这就是说,查明了"往"和"斤"的词性,并不能由此认定"往往"和"斤斤"的词性。再举几个例子:

在	动词兼介词	在在	副词
乖	动词兼形容词	乖乖	名词
草	兼属名、动、形	草草	副词
鼎	名词	鼎鼎	形容词

与此相关的是划分词类的标准的问题。关于词类问题,50年代曾展开讨论,至今并未完全取得一致的结论。但是有两点是语言学界取得共识的。第一,不能单纯根据意义划分词类;第二,不能依句辨品。在目前出版的注明词类的词典(除了前边列举的四种,还有一些)中,确能找到"依句辨品"的痕迹。这主要表现在形容词与副词的区分上。我们知道,形容词的主要特点是能修饰名词,但也能修饰动词;副词的特点是不用来修饰名词,可以修饰动词或形容词,少数副词用作全句的修饰语。有些词典把动词或形容词的修饰语一律视作副词,也就是依据中心词区分形容词和副词,离开了中心词就难辨词类了。例如"明",作为修饰语时,可以是"明枪易躲"、"明镜高悬"中的"明",当然是形容词。用在"明知故犯"、"明争暗斗"的"明",有标作副词的。又如"巧得很"的"巧",人们都认作形容词,可是有把"正巧遇上你"中的"巧"当作副词的,原因大概是看到被修饰的中心词是动词。当然,这并不等于说,形容词和副词不能兼类。如前边提到的"快"就是兼类词。副词"快"能用"快要"或"要"替换,形容词"快"则

不能。不妨说,副词"快要"的简化形式是"快"或"要"。所以,"你快来"中的"快"是形容词,"他快来了"中的"快"是副词。

任何事情都是逐步完善的,发现问题的过程也就是走向完善的过程。不过,由于词典的特有的匡谬正俗的作用,出版之前最宜仔细推敲。为此,我想就编写注明词性的词典问题提几点看法。

第一,要明确标注词性的目的。已往的词典都不标注词性,或者只部分地标注词性,主要通过释义来帮助读者了解生词。如今增加词性的说明,目的在使读者不但了解词的意义,而且能掌握词的功能,也就是懂得如何用来造句。不妨站在读者的立场想一想,比如查到一个词,词典上注明是副词,必定认为这个词不能用来修饰名词。又如查到一个词,兼属形容词和副词,必须区别哪个义项下是形容词,哪个义项下是副词。要达到提示功能的目的,最好不要满足于标明大类,必要时宜注上小类。例如助词,包括结构助词、时态助词、语气助词等,最好能分别指明。

第二,目前汉语语法学界对词类系统有不同看法,术语也不尽一致。所以词典应该说明所采取的系统和术语,更不可少的是各类词的语法特点的说明。特别有些词典对词的分类有独自的安排,不同于通常的说法,如不加说明,读者就难以理解。举例说吧,《古今汉语字典》把表示重量单位的"斤"归属名词,而把"两"归入量词。又认为表时间的"年"是名词,而"月"是量词。这都与一般说法不一样。通常把"斤"和"两"归为一类;把"年"当作量词,而把"月"当作名词(因为前边可以加数量词,如"一个月")。总之,可以有不同的说法,但是应该明确地告诉读者。

第三,不论是词义还是词性,古今既有区别,又有联系。恰当处理其中的关系,是编好词典的条件之一。即使是现代汉语词典,也不能避免这个问题。举例说吧,"虽"这个词在现代汉语中用于转折复句,在古汉语中既表转折,又表让步(相当于"即使"、"纵然")。如《列子·汤问》:"虽我之死,有子存焉。"应译作"即使我死了,还有儿子"。《现代汉语词典》列了这一义项,举"虽死犹荣"为例。这是因为成语中还保留了古义。《现代汉语学习词典》指出"纵然"、"即使"与

"虽"同义,不能算错,但可能使人误解,以为今天的口语也可以用"虽"代"即使"。《新编古今汉语大词典》在"虽"的第一义项中指明:"〈连〉,虽然;纵然:麻雀虽小,五脏俱全。"这就不但古今不分,而且释义与用例不能完全吻合了。再如"男"和"女",几部词典(《现代汉语八百词》除外)都注作名词,这只能是古汉语。在现代汉语中,它们只用来修饰名词,如"男学生"、"女同胞"之类。吕先生把它们归入"非谓形容词"。至于"一男半女"、"生男育女"等,属古汉语的遗留用法,不是通例。

世界上几部有名的词典都是过几年就修改一次,而且刚出版就做好修改的准备工作,包括广泛征求意见。上边谈到的几部词典,有的在全世界得到高度的评价,有的在国内得过大奖,有的刚刚问世但已先声夺人。正因为如此,我希望有更多的人关心这件事。我想,学生向老师提意见,老师该是十分欢迎的吧。

(原载《语文现代化论丛》第二辑,语文出版社 1996 年版)

与句群分析有关的几个问题

一、分 界 的 问 题

在语言学范围内,分界(boundary)的问题本来是个难题,但是各种语言的情况并不完全相同,难处也就不一样。比如词与词的界限,在实行词儿连写的语言里不成什么问题,可是语素和语素的界限却不容易找出来,至少一般人都是这么看的。在我们的语言里,情况恰好相反:划分词很难,划分语素却十分容易。这里的难和易都是书面语言造成的。至于句子与句子的界限,我们的语言就更富有弹性。一篇文章或一段话包含多少句子,我们只能根据标点符号来确定。没有添上标点的文章要求人们断句,恐怕很难做到众口一词。看来,分界的问题要取得比较一致的意见,必须在书面形式上找到分界的标志。

句群是大于句子的语言单位,它由两个或两个以上的句子(单句或复句)组成。不用说,根据口语划分句群是十分困难的,因为句子既然有弹性,句群自然也是如此。那么,书面语的情况又怎样呢? 书面语中句子是可以确定的,可是句群却没有标志。确定句群,完全根据意义。人们对句群的解释是这样:它有一个意义中心,前后连贯,成为相对独立的语言片断。这种解释可以应用于整篇文章、大段文章或章节中的某一部分。要求人们划分句群正如同要求划分词儿一样,虽然有时可以取得大体一致的结果,但是完全相同的情况是很少有的。出现这种现象的原因,从一个方面看,是由于缺乏形式标志,从另一个方面看,是由于划分时读者的主观因素可以起一定的作用。

　　根据现代心理学的研究,所谓理解,不能看成是单纯接受信息,因为读者或听者并非完全处于被动的地位。每个人的经验不同,在理解语言的过程中常有自己的选择。这种选择特别表现在对于"抑制"的内容的体会。当然,不同性质的言语作品情况并不一样,文学作品的抑制内容多一些,科学论文则少一些。既然如此,在划分句群时出现众说纷纭的情况也是不足为奇的。

　　由此产生一个问题:目前讲语法,有所谓"五级语法单位",即语素、词、短语、句子、句群,句群与句子的界限十分明确,可是它与篇章的界限很难划分。既然句群纳入语法范围之内,为什么篇章又排除在外呢？早在二十年代,黎锦熙先生就把段落篇章的分析作为《新著国语文法》的内容。他讲段落(相当于句群),处处联系篇章,这是有道理的。无论如何,篇章的界限比较明确,它的特点是不被更大的单位所包含。如果认为语法学和篇章学属于同门类,句群似乎该归入篇章学。篇章学须从两个角度分析,一是作者怎样表达的,二是读者怎样理解的。段落(自然段)是作者的安排,而句群则是读者根据表达意义和抑制内容的综合体会。

二、类型的问题

　　且不管句群属于语法范畴还是篇章范畴,都可以对它的基本类型加以研究。

　　常见的一些论述句群的著作,大都根据句与句之间的逻辑关系划分类型。如吴为章、田小琳的《句群》(上海教育出版社)分为十一类:并列句群、连贯句群、递进句群、选择句群、总分句群、解证句群、因果句群、目的句群、条件句群、假设句群、转折句群。庄文中、黄成稳的《句群》(人民教育出版社)的分类也大抵如此,复杂的句群可以是多重结构,分析时完全比照多重复句逐层切分方法。不妨说,上述著作把句群看作多重复句的扩大形式。而通常所讲的多重复句限于分句与分句之间有逻辑关系或事理关系的范围,句群分析是不是也要限制在同样的范围之内呢？其实,旧时代人们读古书也在划分句群,不过没有出现这一术语而已。

古人作文,不加标点,也不分段落。标点(主要是句和逗)是读者添加的记号,段落则是读者根据自己的体会加以划分的。这种段落或称为"节",不同于现代作者自己划分的"自然段",是以意义为中心的片断,其实是句群。现在举刘禹锡的《陋室铭》为例,历来分为三节:

> 山不在高,有仙则名。水不在深,有龙则灵。斯是陋室,惟吾德馨。(以上一节,论室虽陋而德馨。)苔痕上阶绿,草色入帘青。谈笑有鸿儒,往来无白丁。可以调素琴,阅金经,无丝竹之乱耳,无案牍之劳形。(以上一节,记境界之高雅。)南阳诸葛庐,西蜀子之亭。孔子云:何陋之有?(以上一节,引古证今。)

第一节三句并列,每句都含有转折关系,这是个说理的句群。第二节先写景,再写人,而后叙事是个记叙的句群。第三节先说两处简陋的建筑,再引孔子的话来评论。孔子的原话是:"君子居之,何陋之有?"(《论语·子罕》)"君子居之"是这一节的本意,但没有明白说出来。这是个表意的句群。

这样看来,句群至少有三种基本类型:说理的、记叙的、表意的。说理的句群以逻辑为基础,记叙的句群以事实为基础,表意的句群以认知为基础。当然,既然是基本句型,就可以产生混合的、交织的类型。总之,不需把句群限制在多重复句的类型的范围之内。

三、如 何 分 析?

如果认为句群的类型不止一种,那么分析的方法就不必拘牵于一格。

以逻辑为基础的句群当然可以比照多重复句进行层次切分,但也并不限于这一内容。层次分析是"关联"的问题,此外还有"接联"的问题。比如下列句子中分句与分句之间的逻辑关系并未改变,但是排列的次序不一样:

(1) 不管是中药还是西药,只要能治病,就是好药。

(2) 只要能治病,就是好药,不管是中药还是西药。

(3) 只要能治病,不管是中药还是西药,就是好药。

通常讲语法,只分析(1)这样的句子,其实类似(2)和(3)这样的句子在作品中并不罕见。这里举的是多重复句,句群的情况怎样呢?据我观察,句群中句与句之间的连接,变化形式更为多样。这就要求我们对句子的次序安排问题作出解释,找寻规律。这种解释往往要涉及句群之外的因素,比如上下文或语境。正因为如此,把句群分析纳入篇章学也许更合适些。

以事实为基础的记叙性的句群,可以在各种文体中出现,并不限于记叙文。这种句群中句子与句子的组合与"观察点"密切相关。这个观察点可以是实的,也可以是虚的;可以是固定的,也可以是流动的。所谓实的,指的是表达某个人或某些人的切身感受。所谓虚的好比站在太空看地球,一览无余。分析这种句群,要说明的正是观察的角度、顺序和重点。这些可以说是传统的节目。现代的篇章学很注重句群中的信息分布和隐含因素的研究。举个简单的例子来说明这两个概念吧,贾岛有首短诗《寻隐者不遇》,第一句"松下问童子"是已知信息,第二句"言师采药去"提供未知信息。第三句"只在此山中"又是未知信息,第二句过渡到第三句隐含"到什么地方采药去了"这个提问。第四句"云深不知处"也是新信息,它的前边也隐含一个问句:"到山上什么地方去了?"表面上是一问三答,实际上是三问三答。问是已知信息,答是未知信息,绝句通常可以看作一个句群,绝句的分析给散文的分析也有些启示作用。

对表意为主的句群的分析,隐含(或称之为抑制)的内容就更值得重视了。之所以要特别加以重视,是因为这种句群的隐含内容往往涉及许多方面。例如文化背景、作者的修养、句外话题、语言环境等。比如前边举的《陋室铭》中的第三节,如果读者不了解诸葛亮,不知道扬雄,不懂得孔子所说的原意,就难以准确地理解它的含意了。

(原载《中文自学指导》1991 年第 3 期)

关于"有"的思考

"有"是个常用的字。例如老舍的《骆驼祥子》全书总字数为107 360，单字用了2 413个字。"有"出现1 189次，仅次于"的"、"他"、"不"、"了"、"一"、"是"、"子"、"着"，排列第九，在动词中居第二位。

有些词典(如《辞源》)把"有"列入月部，这是以《说文》为依据的。《说文》把它作为形声字，从月，又声。这种说法已被认为是错误的，当为会意字。上边的一横一撇是手的象形，也写作"又"；下边是月(肉)，不是月，以手持肉，象征领有，由此派生出存在义。"有"表示领有(我有笔)或存在(桌上有笔)，这是古今一贯的用法。

在古汉语里，"有"常用来表示一个音节，出现在名词的开头，不含实义，如"有周"、"有邦"、"有室"、"有政"、"有司"、"有众"之类。古汉语里还常用"有"表示"多么"的意思。如《诗·小雅·隰桑》中多次出现"隰桑有阿"，意思是"低田里的桑树多么美好"。又如《诗·郑风·女曰鸡鸣》中有"明星有灿"，意思是"启明星多么灿烂"。诸如此类的用法在《诗经》中累见不鲜。王引之《经传释词》解释说："有，状物之词也，若诗桃夭，'有蕡其实'是也。"翻成现代口语："多么饱满呀，那些果实！"王引之所谓状物之词，是说形容事物的状态或高或深，或大或长，用"多么"即可以概括。查一查通行的古汉语词典，不见列此义项，不知是什么缘故。

在现代汉语里，动词(原形，不包括重叠形式)前边可以加"不"表示否定，"有"属例外，它的否定方式是加副词"没"。可是例外之中还有例外，那就是成语"无奇不有"。"不有"在古文(如柳宗元《乞巧文》)中不难找到,成语保留一些古代语言成分,这是不足为怪的。

"没有"是一个同形异构的语言单位,就是说,有两个不相同的"没有"。

(1)"没有"是副词"没"和动词"有"构成偏正短语。例如:

> 他有一本词典,我没有。

(2)"没有"是一个副词,用来修饰动词或形容词。例如:

> 他买了一本词典,我没有买。

正因为如此,"我没有病"产生了歧义。它的肯定形式可以是"我有病",也可以是"我病了"。

"有"除了单独用作句子的述语之外,还常常接在别的语言单位后边,共同充当述语,主要是出现在形容词或动词后边。例如:

形容词 + 有

> 大有　小有　新有　富有　早有　稀有　罕有　多有　空有　独有

动词 + 有

> 刻有　写有　印有　占有　备有　享有　含有　附有　夹有　存有

这两组词语的结构不完全一样。形容词接上"有",中心在"有",构成偏正结构。如"大有希望",基本意思是"有希望";加上"大",增强语意而已。动词接上"有",中心在动词。如"刻有姓名","有"补充说明事实的存在。有人认为"动+有"属连动结构,也不无道理。

形容词或动词接上"有",究竟是词还是短语,很难一概而论,因为情况比较复杂。吕叔湘先生主编的《现代汉语八百词》中说:"有"用在动词后面,结合紧凑,类似一个词。(见该书第558页)这种说法当然也适用于形容词接"有"。认为汉语的词与非词之间有某些中间现象,这是符合实际的。

为什么不能把上述语言单位看作词呢?原因之一是"有"接上形容词或动词,是一种能产的格式,而且不限于单音节的形容词或动词,如"包括有"、"记载有"、"容纳有"之类,当成一个词显然不合适。只有下列这些带"有"的语言单位,是一种固定的组合,人们公认它们是词:

乌有　固有　私有　稀有　国有　尚有　鲜有　罕有　惟有　所有

这些词的特点是在句子中大都不充当述语,只用作主语、宾语或修饰语。

在现代汉语中,有些双音词是由"有"接上别的语素构成的。这些词当中的"有",在不同程度上保留了它的原义(领有或存在),也有失去原义的。分别举例如下。

(1) 保留了"有"的原义的,大都为形容词,例如:

有理　有利　有趣　有效　有益　有用

(2) 淡化了"有"的原义的,例如:

有待　有如(动词)　有时(副词)　有关(介词)

(3) 失去了"有"的原义的,例如:

有劳　有请(动词)

"一千有零"中的"有",通"又",这是古汉语遗留的用法。《论语·为政》:"子曰,吾十有五而志于学。"其中的"有"同"又",即为明证。

"有"接上双音节名词,构成述宾短语,包括两种情况:

(1) 有 + 具体名词,例如:

有房屋　有汽车　有树木　有池塘

(2) 有 + 抽象名词,例如:

有道理　有意思　有办法　有盼头

后者如果独立成句,或者单独充当谓语,常带有感情色彩。例如:

有办法了!

你的话有道理!

形容词或动词不直接充当"有"的宾语,如普通话不说"有冷"、"有热"、"有害怕",但可以说"有点儿冷"、"有几分热"、"有些害怕"。

"有"可以表示领属关系,但是,在汉语里,表示领属关系还有别的方式。例如:

她有开朗的性格。(用"有"表示领属关系)

她的性格开朗。(用"的"表示领属关系)

她性格开朗。（用大小主语表示领属关系）

可是,这三种表示领属关系的形式,并非在任何情况下都可以互换。例如:

他的工作很忙。→他工作忙。

（不能说成"他有很忙的工作"）

这本书的价钱很贵。→这本书价钱很贵。

括弧里的说法在外国人的笔下常常出现,这是因为他们不了解"有"表示领属关系时的种种限制。

（原载香港《语文建设通讯》1993 年第 42 期）

望道先生给我的启示

50 年代,我曾多次在陈望道先生家,听他谈语法和修辞的问题,常受启发,读他的文章也是如此。现在举一个例子来说明。

陈先生于 1938 年在《译报》副刊《语文周刊》上发表《叠字的检验》一文,谈到"明白"和"明明白白"的差别,曾引刘勰的《文心雕龙》中的话来说明:

> 词人感物,联类不穷。流连万象之际,沈吟视听之区;写气图貌,既随物以宛转;属采附声,亦与心而徘徊。故"灼灼"状桃花之鲜;"依依"尽杨柳之貌;"杲杲"为日出之容;"瀌瀌"拟雨雪之状;"喈喈"逐黄鸟之声;"喓喓"学草虫之韵。……并以少总多,情貌无遗矣。虽复思经千载,将何易夺?

这一段话包含两层意思:第一,叠字形式的作用是描写视听之类的直接感受的。第二,如果不用叠字形式,很难找到别的词语来代替。关于第一点,郝懿行的《尔雅义疏》中说得更明确。《释训》一章中说:"释训言形貌也,然则释训云者,多形容写貌之词,故重文叠字,累载于篇。"我查了一查普通话中的叠字形容词,大都是描写声色形貌的。例如:

(书声)琅琅　　(流水)淙淙

(衣冠)楚楚　　(神采)奕奕

(目光)炯炯　　(细雨)濛濛

(烈火)熊熊　　(气势)昂昂

(白浪)滔滔　　(果实)累累

(虎视)眈眈　　(赤日)炎炎

(血迹)斑斑　　(气息)奄奄

关于第二点,我想到重叠形式的形容词和形容词前边加"很"的区别。有部电影片名叫"庭院深深",能不能换成"庭院很深"?不能。"深深"描写的是"感受","很深"却是理性的判断。反过来看,我们可以说"这口井很深"、"井水很深",但不能说"井水深深"。

当然,我们会想到"琅琅"之类的重叠形式与"深深"有区别:前者是叠字,而后者是叠词。同时应该看到的是:叠字的形式从《诗经》开始就累见不鲜了。《尔雅》中所列重文也都属叠字。至于把已有的词重叠起来使用,这是用词法,而非造词法。作为用词法,重叠形式是后起的,使用起来有若干限制:

第一,非谓形容词(如正、副、永久、共同)不能叠用如"深深"、"明明白白"之类。

第二,双音节形容词中,主谓式(如年轻、胆小),述宾式(如出色、动人),述补式(如分明、沉着),都不能叠用。偏正式有的能叠用,如"客气"、"空洞";有的不能叠用,如"翠绿"、"冰凉",并列式能叠用的较多,如"高大"、"整齐"、"简单"、"弯曲"。

第三,并列式的合成词中,口语色彩明显的容易叠用。例如"美丽"不能叠用,"漂亮"能叠用。"美丽"是个书面色彩很浓的词,如《战国策·齐策》:"城北徐公,齐国之美丽者也。""漂亮"是个口语词,出现较晚。

第四,口语词中,能表示某种感官所及的形象的,容易叠用:表示理性推断的,很少能叠用。例如"大方"能叠用,"虚伪"不能叠用:"结实"能叠用,"坚固"不能叠用。

陈先生提出"明白"和"明明白白"的区别的问题,教人们"把它拖到工作室里来给它一个明确的检验"。我的检验是很粗略的,但是我要说明的并不在检验的结果,而是感到老一辈学者给我们出了许多题目,文章并没有写完。继承和发展本来是一脉相承的。

(原载《陈望道先生诞辰一百周年纪念文集》,学林出版社 1992 年版)

注:

《叠字的检验》一文,1938 年发表于《译报》副刊《语文周刊》上,署名雪帆。上海教育出版社出版的《陈望道语文论集》第 322 页载有此篇。

句子分析漫谈

一、传统语法和语法传统

传统语法和语法传统是不同的概念,正如计划经济和经济计划的内涵不相等同一样,虽然汉语的语法传统和传统语法的关系是十分密切的。

什么是传统语法?《现代汉语》(增订本)[1]有一段说明:

> 传统语法,一般指自十八世纪直到今天语法教科书中沿袭使用的某些术语、概念、规则和理论。它导源于希腊、拉丁语法。传统语法的特点之一是把语法分为形态学(词法)和造句法(句法)两大部分,同时注重词与句法成分的对当关系。汉语语法里的成分分析法即中心词分析法就体现了这一特点。……传统语法的另一特点是以规则为纲,它讲各类词怎样变化,它讲各类句子怎样解剖,不深究句子的真正含义,少讲怎样把适当的词组成结构和句子。

以上的叙述,如果用一个简单的公式来说明,那就是:

形态—范畴—体系

传统语法从形态出发,归纳范畴,包括词法范畴(词类及其附加类别,如性、数、格等)和句法范畴(如句法成分、句类等)。与此同时,它还寻找词法范畴和句法范畴之间的联系,即词类与句法成分之间的对当关系,以形成语法体系。有人

---

[1] 胡裕树主编:《现代汉语》(增订本),上海教育出版社 1981 年版,第 314—315 页。

用"凭形态而建立范畴,集范畴而构成体系"[1]来说明传统语法的特点,那是十分精当的。

汉语语法学的建立,一开始就是从模仿传统语法入手的。由于汉语缺乏所谓严格意义的形态,无法从形态出发去归纳范畴。然而从传统语法的要求来说,它的词法范畴和句法范畴是不容放弃的,否则就不称其为传统语法,也就谈不上模仿和借鉴了。在建立范畴这个问题上,西洋的传统语法凭借形态,汉语语法则乞灵于意义,它们的出发点不完全相同;但是从集范畴而构成体系来看,汉语语法学多数是属于传统语法学的范围的。

什么是汉语语法学的传统? 只需要简单地回顾一下历史,人们就不难得出这样的结论:我国的语法研究总是同语文教育密切联系着的。《马氏文通》的写作目的是为了帮助人们阅读古代的著作,黎锦熙的《新著国语文法》和王力的《中国现代语法》是以教科书的形式出现的,吕叔湘、高名凯等的著作也都以提高人们的语文水平为目的。纵观我们的语法学史,还会发现前辈学者曾经尝试借鉴各种语法理论和方法,试图熔各家之说于一炉,虽然不超越传统语法的范围,但并不拘于一格。他们力求发现汉语结构的特点,不断革新语法体系,让语法学更有效地为我们的语文教育服务。如果说,我们有什么语法传统的话,这就是我们的传统。近年来,我们的语法研究成果已经不限于直接为语文教育服务了,而新的语法理论和新的研究方法又不断涌现,我们的语法学正处于迅速发展的阶段,但是,如何发扬我们的传统,既是兼收并蓄、为我所用,又是立足革新、不断探索,仍旧是汉语语法学界最关心的问题。我们讨论句子分析,正是在这样的基础上进行的。

传统语法有它的优点,也有它的缺点。这些,不少论文都有过论述。在这里,我们想指出的是:语法这个术语的内涵,随着语言科学的发展,已经有了改变。传统的语法观念是阐述规律,即对已经明确了的规范加以说明,这对于富于形态的语言似乎较为合适。对于缺乏形态的语言,这样做也并非不可能。然

---

[1] 方光焘:《体系和方法》,载《中国文法革新丛论》,中华书局 1958 年版,第 52 页。

而我们也得承认,汉语的语法规范在人们心目中并不是完全明确了的,因此要求我们在语法分析中发现汉语语法结构的特点。发现规律,这正是新兴的语法观念。新兴的语法观念,不是对现成的规范加以说明,而是着重从语言材料中去寻找规律。为了达到这个目的,人们使用了这样或那样的分析方法。这些方法孰优孰劣? 对我们有无用处? 如何正确运用? 诸如此类的问题都是值得思考的。对待传统的和新兴的语法观念,或者只看到它们互相对立的一面,不讲相容的一面;或者认为既然各有优点和缺点,革新不如守旧,都是同我们的语法学传统相违背的。

二、句子分析对句子意义的了解

学习任何一种语言,得掌握相当数量的语言材料,主要是词,也包括一些词的等价物,如固定词组,这些都属于词汇成分。人们常说,实词表示词汇意义,虚词表示语法意义,这个说法还可以讨论。显而易见的事实是:实词无不属于一定的语法类别,如名词、动词等,词的类别所表示的意义当然是语法意义,而不是词汇意义。

人们又常常把语法意义称为关系意义,这种说法是有道理的。可是"关系意义"有两种解释:一是指表示语法关系的意义,一是指在各种关系中形成的意义。依照后一种解释,可以认为:凡是意义都是在关系之中形成,不过情况各不相同。一个词的词汇意义总是与相关的词的意义相互制约,同时又是用一定的语音形式表现的。在一种语言里,一个词的意义不同于另一个词,不能仅仅理解为概念上的差别,词义的区别是以词义的关系为基础的。至于语法意义,指的是词与词之间的结构关系,即所谓功能,那是不难理解的。词的词汇意义也好,语法意义也好,都是能在词身上体现的。从语法分析的角度说,注重的当然是语法意义,不过这属于词法分析的范围。

实词进入句子之后,还可以获得新的意义。例如:"他批评了别人"中的"他"有施事的意义,"他被别人批评了"中"他"有受事的意义,"他的批评使别人心服"中的"他"有领属的意义。诸如此类的意义既不同于词汇意义,又不同于通常所讲的语法意义。词的词汇意义是在词汇系统中形成和存在的;施事受事之类的意义是在句子中获得的,离开了句子,这些意义也就消失了。所以说,它们不是词汇意义。一般所谓语法意义,指的是语言单位之间的关系,可是施事受事之类指的是语言单位与客观事物之间的关系。用通行的术语来说,前一种关系是句法的(syntactic),后一种关系是语义的(semantical)。要了解一个句子的意义,不能不懂得句子中的语义关系。比如要了解"来的客人请我看电影"这个句子,必须懂得"客人"是"来"的施事,又是"请"的施事,"我"是"请"的受事,又是"看"的施事。不管你用什么方法、什么术语来分析,如果这种语义关系不能掌握,就不能理解这个句子。

那么,人们是怎样掌握汉语句子中的语义关系的呢?

我们首先想到的是语序。比如,"我看你"和"你看我"用了相同的词,表达了不同的意思,或者说,这里的动词和名词之间的语义关系的变化是依靠词的顺序不同来表示的。从句法结构上看,这里并没有任何改变,因为在"A 看 B"这个格式里,A 和 B 可以代入任何功能相同的词,并不改变结构关系。只有像"他看"和"看他"之类的区别,才属于句法结构的变化。通过语序改变了句法结构,也就改变了语义关系。但是语义的改变(通过语序的)不一定是句法结构的改变。因此,从了解句子的语义关系来说,句法分析是必要的,但并不是自足的。此外,还有一种情况:语序改变之后,产生了意义上的差别,这种差别既不是结构关系上的,也不是语义上的。例如:"你真好!""真好,你!"这种差别是由使用语言的人对客观事物的态度的不同引起的,属于语用的(pragmatical)范围。

总之,语序所表达的,有的属于语义,有的属于句法,有的属于语用。虚词的作用也有语义的、句法的和语用的区别。例如"被"指明施事,"把"指明受事,"我被他批评了"和"我把他批评了"结构关系不变,但语义关系不同。这里的语义关系是借助虚词表示的。又如"读书"不等于"读的书","学生的家长"不同于"学生和家长",这里是借助虚词改变了结构,属于句法关系的改变。有些虚词如"至于"、"关于"这类,作用是点明话题,所以属于语用的范围。

人们分析句子,找出句子的主语、谓语、宾语等句法成分,如果不能根据分析的结果,进一步了解句子中的语义关系,那就不能算达到了析句的目的。这里讲的语义关系,与国外某些语言学者所讲的深层结构有某些相似之处,但是,且不说别的,我们的出发点就与他们不相同,他们主张通过转换,使深层结构(语义结构)成为表层结构(句子结构),我们则主张通过句子结构的分析,去深入了解句子的语义关系。要做到这点,必须认识到造句手段(如语序、虚词等)所表达的内容有语义的、句法的,还有语用的。其中语义关系和句法关系常常联系在一起,但是情况并不十分简单。比方说,主语与施事、宾语与受事,并不是一一对应的。至于语用方面的内容,更须加以分辨,否则会出现以混同代替区别的情况,必将影响对句子意义的精确的理解。在这方面,我们在改写《现代汉语》教材时曾加以注意。举例说吧。

按照传统语法,主语是对谓语动词而言的,然而传统语法有时又把语法上的主谓对待看作命题的两项。严复早在《英文汉诂》里说过:是故析辞,有文字(grammatical)与名理(logical)之殊功,譬如言文字之句主(grammatical subject)不过一字而已,而言其名理句主(logical subject),常兼其属词(adjuncts)而举之,而后得句中之真主;于句主如于其谓语亦然。[1]这就说明传统的句法分析,常动摇于语法结构与逻辑关系之间,原因是词形有变化,难以使逻辑关系与句法结构统一起来。汉语没有这种束缚,正好使主谓、偏正、联合等结构关系与逻辑关系相一致。这种一致,要在句子分析上体现出来,必须区分一般主语(陈述对象)与话题主语(脱离语法控制的说话重点)。例如,"知道这件事的人不多",主语是"知道这件事的人"。为了突出说话的重点,把"这件事"移到句首,于是出现了"这件事知道的人不多"这样的句子。这种变换之后得来的句子,一般称为主谓谓语句。不过,"这件事"这个主语,不同于一般主语,它是由于语用的需要产生的,可以称为话题主语。

分析句子时,分清了语用成分和非语用成分,才可以进行句法的分析。句

---

[1] 严复:《英文汉诂》,商务印书馆 1905 年版,第 190 页。

法分析是句子分析的基础,离开了句法分析,也无所谓句子分析。但是,句子分析并不等同于句法分析。例如,分析句子可以得出独立成分(插说成分)、提示成分(复指成分)等,这些其实都是语用的成分。离开了句子,它们也就失去了依据。一般语法书称它们为特殊成分,是很有道理的。当然,句法分析并不是自足的。就是说,单靠层次和结构关系的分析还不能完全达到了解语义的目的。句子中的语义关系,主要表现在动词和名词之间的选择关系上边。这可以从两方面来看:

第一,从动词方面看,动词对名词的选择有数量上的选择,如单向动词要求与一个强制性名词成分发生联系,双向动词要求与两个强制性名词成分发生联系。[1]有位置上的选择,单向动词"来"、"跑"之类,与施事名词发生联系,可以有两个位置,如"人来了!""来人了!"单向动词"飞扬"、"出发"之类,施事名词只出现在它前边。双向动词联系的强制性名词的位置比较灵活,但也有规律可循。例如受事名词出现在动词前边("他什么也不说"、"我一个人都不认识"),有一定的条件。此外,动词对宾语还有性质上的选择。例如有的动词要求带名词性宾语,有的要求带非名词性宾语,有的则两者都可以带。

第二,从名词方面看,句子当中与动词发生联系的名词有的必须带介词,如"农民的生活比以前有了提高"中的"以前","我照规定办事"中的"规定"。有的不能带介词,如"老李不知道"中的"老李","他到了北京"中的"北京"。有的可带可不带,如"我们明天动身"也可以说成"我们在明天动身"。名词带上不同的介词,就与动词发生不同的语义关系,而带不带介词,又影响到它与动词的句法关系。如果把介词当作名词与动词之间的结构关系的标记,那么,带不带介词,应该看作区分句法成分的一种重要依据。这就是我们认为介词结构不充当主语的理由。如果认为可带而不带介词的名词是处于"能量转换"的地位,那么,依据一定的条件来确定它们的身份也是讲得通的。这就是我们认为在句首的时间、处所名词有时充当主语的依据。

---

[1] 参看文炼:《词语之间的搭配关系》,《中国语文》1982 年第 1 期。

总之，为了说明上述情况，必须给动词分类，给名词分类，给介词分类……我们这些想法，在编写教材时或者写上了，或者隐约地带到了，或者因为把握不大，并没有说出来。这里加以申述，无非想求得读者指正。

三、句型和造句材料的功能替换

对转换生成语法的评价，不属本文讨论的范围，然而我们认为"生成"的观点，是语法学界所肯定的。人们在学习语言的过程中，掌握了语言规则，能说出无数的正确的句子，里边也包括许许多多从来没有听到过的句子，这就是"生成"（generate）。

句子生成的基础是句子的格局，或称之为句型。句型是以语句的结构为依据的，它不同于以表达目的为依据的句类。当然，不同的句类可以有不同的句型，例如祈使句、疑问句的格局与陈述句不尽相同，但是因为我们的语法书以陈述句的分析为主，所以其他类别的句型的叙述就从略了。

从理论上讲，句型是客观存在的。然而客观事物往往可以从不同角度去观察。在具体作业中如何确定句型，语法学界的意见很不一致。这个问题可以用以下几个简单的例子来说明。

（1）小王来了。

（2）小王来上海了。

（3）邻家的小王来上海了。

（4）邻家的小王昨天来上海了。

对于（1），大家公认是主谓句，不成问题。对于（2），有人认为跟（1）同型，即主谓句；也有人认为它属于另一种类型，即"主—谓—宾"句；有人认为（1）和（2）同属主谓句，但在下一级区分时，应该加以区别。对于（3），有人认为与（2）同型，有人认为它属于另一种类型，即"定—主—谓—宾"句。对于（4），有人认为是"定—主—状—谓—宾"句，不同于其他三句，有人却持异议。不同看法的关键在哪里呢？在于增加了句法成分是不是改变了句子的格局。

如果认为每增加一个句法成分就会形成一种新的句型,比方说,每增加一个通常所称的定语、状语或宾语就改变了句子的格局,那么,句型的数目将会多得难以计算。这自然不利于掌握语言的规律。人们为什么能够创造出许许多多正确的、但从来没有听到过的句子呢?主要是因为他们不但熟悉了语言材料,而且掌握了句型。从听话的角度说,也是如此。人们听到一个新的句子,总是把它归入头脑中已经存在的类型。把无限的句子归入有限的句型,必须具备两个条件:第一,掌握语言材料的功能替换规则;第二,掌握功能单位的配置规则。

词是一种造句的单位。从原则上讲,同类的词在结构上是可以替换的,当然,在具体的语句中,同功能的词互相替换要受语义的限制。然而,造句单位的替换,决不限于词与词的替换。认为词才是造句单位的观点在析句上的表现是"中心词分析法",可是这个方法是不能贯彻到底的。例如句中遇到主谓词组、联合词组之类并不找中心词,即使是偏正词组,如"大眼睛"、"黄头发"之类,用作谓语时也不找中心词。可见认为只有词才是造句单位的看法并不切合实际。

我们得承认:词用在语句中,可以被功能相同的词组所替换。例如:

叔叔来了。→叔叔的叔叔来了。→叔叔的叔叔的叔叔来了。→……

这种可以互相替换的功能单位,在确定句型时不起区别作用,否则,我们的替换只能在同长度的范围内进行了。

关于功能单位的替换,有两点需要说明:

第一,词与词的替换是简单的替换,词与词组的替换是较复杂的替换,后者一般是以前者为基础,从扩展方面来进行的。例如"工作顺利"是合法的句子,经过扩展,说成"今年的工作很顺利"仍旧是合法的句子。可以这么说:A 和 B 构成主谓关系,则 A 和 B 前边加上修饰语仍旧构成主谓关系。可是我们决不能反过来这么说:带上了修饰语的 A 和 B 构成主谓关系,所以 A 和 B 也必定构成主谓关系。例如把"那个人大眼睛"简缩为"人眼睛"就不成话了。这就是我们不把"简缩法"作为析句方法的理由。

第二,功能单位的替换指的是外部功能(即整体功能)相同的语言单位的替换。偏正结构的外部功能并非总是与它的中心相同。比如"虚心"是形容词，"他的虚心"却是名词性的。"买书"是动词性结构，"老王的买书"却是名词性的。这种偏正结构是由"虚心"、"买书"扩展而来的呢，还是由"他虚心"、"老王买书"变换而来的呢？可以讨论。但是，它们与"今年的工作"不相同，是很明显的。"他的虚心"这一类结构也依外部功能替换，它们不作谓语，却可以作主宾语，但不能依中心结构来辨认它的外部功能。好在确定句型时不涉及这个问题，不过在运用"看中心结构确定类型"这个简便的方法时，不能不看到这一点。

从功能替换的原则出发，下列每组句子的谓语是同型的：

$\begin{cases} \text{a. 他姓王。} \\ \text{b. 他不姓王。} \end{cases}$

$\begin{cases} \text{a. 他拿着鸡毛当令箭。} \\ \text{b. 他常常拿着鸡毛当令箭。} \end{cases}$

$\begin{cases} \text{a. 孩子长得和我一般高了。} \\ \text{b. 孩子已经长得和我一般高了。} \end{cases}$

这些句子的谓语，拿整体结构看，都属于偏正关系。这是从内部结构关系讲的。如果从外部功能看，每组的两句都有共同的基础。例如，头一组我们不但可以认为"不姓王"是"姓王"的扩展，而且也认为 a、b 两句谓语在陈述方面的功能相似。所以，我们认为它们的谓语属同一类型。

我们教材的句型系统是：句子分为单句与复句，单句分为主谓句与非主谓句，主谓句又根据谓语分为若干类型。在这个系统里的每一种句型都可以扩展成为偏正结构。例如：

句子 $\begin{cases} \text{单句} \begin{cases} \text{非主谓句（飞机！→多快的飞机！）} \\ \text{主谓句（他来了。→幸而他来了。）} \end{cases} \\ \text{复句（刮风了，下雨了。→忽然刮风了，下雨了。）} \end{cases}$

主谓句 $\begin{cases} \text{名词性谓语句（这个人黄头发。→过去这个人黄头发。）} \\ \text{动词性谓语句（我们下午开会。→明天我们下午开会。）} \\ \text{形容词性谓语句（成绩很好。→年年成绩很好。）} \end{cases}$

不难看出,如果根据内部结构确定句型,那么,各种类型的句子都可以扩展为偏正句。又如果我们认为上述例句的左边的句子都带有"零"修饰语,那么,所有的句子将是同一类型,即偏正句。这样的句型系统恐怕很难说明复杂的语言现象。

析句,包括句子分析和句法分析。句子分析的终点是确定句型,但确定句型并不等于完成了析句的全部任务。句子里复杂的语义关系须通过进一步的句法分析加以阐明。句法分析的基础是词组的层次分析和结构关系的分析,但这种分析不是自足的。例如"我吃完了饭"和"我喝醉了酒"的句型相同,层次和关系一样,可是前边一句可以变换成"饭被我吃完了",后边一句不能变换成"酒被我吃醉了"。从语义关系上讲,"完"是说明"饭"的,"醉"是说明"我"的。句子中的语义关系的发现,必须从结构上、语言材料的类别(次范畴)上,以及词语的选择性上加以说明。而这些方面,正是我们想做而又做得不够的。

四、语法学科和语法科学

语法作为一种教学科目,须有一套教材。语法教材须利用语法科学的研究成果,这是不言而喻的。然而我们的语法科学比较年轻,语言规律发现得不够,很多问题尚待解决。在这种情况下,如何利用已有的研究成果,不只是一个值得讨论的问题,而且是应该在教学实践中不断总结、不断提高的课题。

根据不少教师的经验,在中等学校教语法,不讲系统,着重用例句说明规范,不但是切实可行的,而且能收到预期的效果。系统地讲,虽然也有好处,但是容易使教学重点转移,即用许多例句去阐明语法体系,而对语法事实本身往往语焉不详。而且,语法界争论的问题不可避免地要带到教学当中来。高等学校的课程多少带点研究的性质,语法课系统地讲述体系是理所当然的。有些教师在使用我们的教材时发现了一些问题,批评我们所编的教材藏有暗礁。平心而论,这种批评并不过分。我们在20世纪60年代初编写的《现代汉语》,经过实践,已经发现不少地方需要修改。发现问题,这其实是一种收获。经过修改,再来一次实践,必然会有更多的收获。语法教科书当然要求有稳定性,但这并不意味着抱残守缺,更不能明知有缺点而不肯改动。要改,就得有一些设想,上边所谈的那些就是我们一部分想法。这些想法虽然也并非凭空臆断,但是不是切合实际,有待实践来检验。由于理论的探讨不够,教材中对许多问题的叙述只能是"藏而不透"。举例说吧,汉语析句中的许多问题须待动词的次范畴的发现才能解决,可是对动词的次范畴的研究还在初探阶段,教材就不可能在这方面作详细的分析。

有些想法觉得应该写进教材,在实践中试一试。由于材料的掌握不够全面,结果是"申而多遗"。比如1962年教材中讲表示时间或处所的状语同主语的界限,罗列了若干条目,认为"今天我们开小组会"的"今天"是状语,理由是能够挪到句中修饰动词,可是人家问"今天我们下午开小组会"中的"今天"是不是状语前置,这就不大好回答了。再如遇到"他的脸上泛起了红云"这类句子,当时的教材是当作无主句的,但是一加上"使",说成"一句话使他的脸上泛起了红云",就难以自圆其说了。这种情况迫使我们去寻找问题的根源:那就是在我们的语法学中混杂了许多不明确的概念。我们讲主语,时而对动词而言,时而从语义上分析,时而从语用上说明,己之昏昏,怎么能使人昭昭?在修订教材时,对问题作了一番检查,作了一些改进。例如在时间名词和处所名词作主语的问题上,采取了"提升"的办法。"下午我们开会"的"下午"不充当主语,但是在"我们"不出现时,提升它为主语,如"下午开会"。理由在前边论及动词和名词之间的关系时已经提到。

说了许多,仍难免补漏洞之嫌。补漏洞也并不是一件轻松的事,越补越漏的情况也是常有的。然而我们对那些指出漏洞的同志是十分感谢的,因为这将帮助我们进一步探索。

（原载《中国语文》1982 年第 3 期）

"现代汉语虚词研究"丛书总序

马建忠的《马氏文通》一开头就谈到虚实划分的问题。他批评了曾国藩的说法。曾氏在解释刘向《说苑》中的"春风风人,夏雨雨人"时,说在这些两字相同的句法中,上一字为实字,下一字为虚字。其实,曾氏讲的是个别词的用法问题,而不是分类的问题。拿今天的术语来说,前边的"风"是指称,后面的"风"是陈述,这属于活用的范围。马建忠给词分类,目的是进行句法分析。他划分实词和虚词的标准是词的意义,即"有事理可解者曰实字,无解而惟以助实字之情态者曰虚字"。这种见解的影响深远,后来许多学者都采用了,大都认为有实在意义的是实词,意义空灵的是虚词。

吕叔湘在《汉语语法分析问题》中谈到虚实划分有不少分歧,认为原因是对意义的虚实有不同的看法。于是他说:"看来光在'虚、实'二字上琢磨,不会有明确的结论;虚、实二类的分别,实用意义也不很大。"他这里说的"实用意义也不很大",指的是以意义作标准来划分虚实没有多大的实用价值。他又说:"倒是可列举的词类(又叫封闭的类)和不能列举的词类(又叫开放的类)的分别,它的用处还大些。"按照他这个标准,代词当列入虚词,副词似宜列入实词。

把可列举的词归为虚词,有什么意义呢? 这个问题可以在《语法修辞讲话》中得到解答。书中指出:"虚字的数目远不及实字多,可是重要性远在它之上。一则虚字比实字用得频繁……其次,也是更重要的分别,实字的作用以它的本身为限,虚字的作用在它本身以外;用错一个实字只是错一个字而已,用错一个虚字就可能影响很大。"

这样看来，"可以列举"只是一种表象，而"影响很大"才是实质。所谓影响，这里指的是虚词所具有的造句功能，有些学者把虚词称为功能词（function word），不是没有道理的。然而功能包括基本功能和连属功能，基本功能又可分为指称功能和陈述功能。名词的功能是指称，动词和形容词的功能是陈述。当然，指称和陈述可以互相转化。如"今天星期三"，"星期三"是名词，这里用于陈述；"说说容易"，"说说"是动词，这里用于"指称"。连属功能包括连接和附着。连词的作用是连接，语气词附着于句，介词附着于名词或其他词语，助词附着于词或短语，其中结构助词"的"有时也起连接作用。当然，连接或附着只是形式，这种种形式都表达特定的含义。如果我们着眼于功能，不妨把具有基本功能的词称为实词，具有连属功能的词称为虚词。采用这个标准，代词自然要划归实词了，因为它具有指称功能。副词呢，它本来是个大杂烩。C.C.Fries 在他的 *The Structure of English* 中把副词分为两类，一类属功能词，如 very、quite、real 等；一类属非功能词，如 there、here、always 等。他重视的是两类词出现的位置不同。从位置上来考察，人们公认的虚词都有定位的特点：语气词总是出现在句末；介词总是出现在名词或别的词语前边，组成介词短语；时态助词总是出现在动词性词语后边；结构助词一般出现在偏正短语中间，"的"有时附着在别的词语后边，组成"的"字短语；连词一般出现在语句中间，有的也可以出现在句首，但永远不出现在句尾。名词、动词、形容词、代词等实词都是不定位的，可以出现在语句的前边、后边或中间。副词呢，绝大多数能出现在句中或句首，只有极少数能出现在句尾，如"很"、"极"、"透"，通常还须加"了"。可以说，副词基本上是定位的，因此可以划归虚词。

语言学习和研究的重点在"区别"。从听和读方面说，重在区别同异；从说和写的方面说，重在区别正误。把词区分为实词和虚词，再把虚词分成若干类别，这只能说是"浅尝"，当然不能就此为止。要达到既能帮助人们深入地学习汉语，又能为语言科学研究工作者提供有益的启示的目的，必须把各类虚词分别作细致的描写，在此基础上加以解释，并总结出规律。这就是这一套丛书编写的主旨。

（原载《汉语学习》2001 年第 5 期）

蕴涵、预设与句子的理解

　　句子的意义是多种因素决定的,有句内因素,也有句外因素。句外因素是指语境、文化背景、交际关系等。当然,并非所有的句子都须依赖句外因素去理解,例如"二加二等于四";也有些句子必须依赖句外因素才能理解,例如通常所说的独词句。"票!"这个独词句是什么意思呢? 不同的语境可以有不同的解释。不过,话又得说回来,理解"二加二等于四"不依赖语境,指的是意义(meaning),而不是指内容(content)。这里的"二"和"四"可以有所指,具体所指即内容仍旧离不开语境。

　　由句子本身表达的意义,有的是句子成分直接表达出来的,例如:"时间"、"语气"、"施事"、"受事"之类,有的是依据句子的结构形式推断或分析出来的,最常见的是省略和隐含。省略是句法成分的删节,可以添补出来,而且词语的添补只有一种可能。关于隐含,吕叔湘先生曾举例说:

　　　　在"他要求参加"和"他要求放他走"里边,可以说"参加"前边隐含有

　　　"他","放"前边隐含着"别人",但是不能说省略了"他"和"别人",因为实际

　　　上这两个词不可能出现。

隐含的词语虽然不能在句子中出现,但是理解时并不依赖句外因素。这种不依赖句外因素而依据句子本身推断或分析出来的意义,还包括蕴涵和预设。

一

蕴涵是指命题之间的关系。如 AB 两个命题,有 A 必有 B,通常认为 A 蕴涵 B,可以记为:

A→B

这是一种简单的说法。仔细考察起来,有两种不同的蕴涵。一种是严格的蕴涵(strict implication),石安石在他的《句义的预设》一文中举了这种蕴涵的例子:

　　(1) 他是中国青年。→他是中国人。

　　(2) 他买了一支笔。→他得到一支笔。

　　(3) 他过节照样要上班。→他国庆节要上班。

不可能肯定 A 而否定 B, AB 两个命题在意义上有依存关系。这种蕴涵还有其他表现形式。例如:

　　(4) 小王和小李是工人。→小王是工人,小李是工人。

　　(5) 小王和小李是夫妻。→小王是丈夫,小李是妻子。

　　(6) 小王和小李是同学。→小王是小李的同学,小李是小王的同学。

这里的蕴涵其实是复杂命题的分化。分化的结果不同,关键在"是"后边的名词性成分,(4)中的"工人"是一般名词。(5)中的夫妻是两个相对概念的名词的并列,类似的如"兄弟"、"师生"、"父子"、"爷孙"等。(6)中的"同学"是互向名词(mutual nouns)。这种名词表示密切依存的关系,常见的如"同乡"、"朋友"、"亲戚"、"对手"、"仇家"等。

　　另外,还有一种蕴涵,通常称之为实质蕴涵(material implication)。它的特点是有 A 必有 B,但是没有 A 也可以有 B。可以用下列句式表示:

　　如果 A,就 B。

用于复句,例如:

　　(7) 一个词如果能带宾语,它就是动词。

这个句子含有另一层意思:不能带宾语的也可能是动词,例如:"休息"、"咳嗽"、"游行"。这就是说,在"如果 A,就 B"句式中,否定 A,不一定否定 B;否定 B,必定否定 A。通常把具有这个特点的句子称为表示充分条件的句子。

在汉语里,表示充分条件,还可以用"只要 A,就 B"。至于用"只有 A,才 B"的句子,表示的是必要条件。例如:

(8) 只有能修饰名词的才是形容词。

这个句子含有另一层意思:否定 A,必定否定 B;肯定 B,必定肯定 A。从蕴涵的角度说,不是 A 蕴涵 B,而是 B 蕴涵 A。

不少语法书把使用"如果 A,就 B"的句子称为"假设句",把使用"只要 A,就 B"和"只有 A,才 B"的句子称为"条件句",这是依据词语意义的区分。如果着眼于逻辑关系,使用"如果 A,就 B"的与使用"只要 A,就 B"的宜归为一类。而使用"只有 A,才 B"的与使用"如果不 A,就不 B"的应归为另一类。例如前边的例(8)可以改写为:

(9) 如果不能修饰名词,那个词就不是形容词。

此外,要补充说明的是:用"一……就……"的复句,通常认为它表示连贯关系,这是从事理的角度说的,当然不错,可是其中有一些句子是在事理的基础上表达逻辑关系。例如:

(10) 一听到枪声,就知道鬼子进村了。

(11) 一到冬天,他的病就复发了。

这些句子可以添加"如果",表示的是充分条件。

用上"不……不……"的紧缩复句,也可以添上"如果",例如:

(12) 不碰钉子不回头。

(13) 不见真佛不烧香。

这其实是"如果不 A,就不 B"的句子的紧缩,当然属必要条件句。有时也用"非……不……"表示类似的关系。例如:

(14) 非下基层不了解情况。

这等于说:"如果不下基层,就不了解情况。"

二

用"如果"表示蕴涵,只不过提出大前提;要下结论,还得补充小前提。例如:"非下基层不了解情况"是大前提,补上"他没有下基层"这个小前提,于是可以得出"他不了解情况"的结论。

作出一个结论,或者肯定什么,或者否定什么,当然并非来自推理,有的来自感觉或知觉。然而,在大多数情况下,人们都是依据一些已知条件才推论出结果的。所谓已知条件,包括前提(premise)和预设(presupposition)。前提是结论之外的判断,预设则是句子本身所隐含的内容。例如:

(15) 他的哥哥被处以罚款。

这个句子作为结论,它必有前提。比如:大前提是"违反了××法规必须罚款",小前提是"他的哥哥违反了××法规"。这些前提在结论中是看不出来的,可是从句子本身可以了解到:他有哥哥,他的哥哥犯了法规,犯了法规可能被处以罚款。这些就是预设。

从前提推出结论,总是用陈述句表示的。预设并不限于陈述句。例如:

(16) 你借过我的词典吗?

这句话预设:我有词典,有人借过我的词典。

预设隐含在句子之中,但是它与前边谈到的隐含不是一回事。前边举的隐含的例子,如"他要求放他走","放"的前面隐含"别人",这是语义的隐含。语义的隐含大都属于施事受事之类,也有表示领属或被领属的,可以用词语表示。预设是说话人认定的双方可理解的语言背景,属语用范畴,通常用判断表示。

预设与蕴涵不一样。实质蕴涵用假言判断表示,预设不是这样,这是显而易见的。严格蕴涵,A→B,肯定 A,必定肯定 B;否定 A,也必定否定 B。总之,一个句子的肯定形式和它的否定形式不可能有同样的蕴涵。但是它们可以有同样的预设。例如:

(17) 这场雨马上会停止。

(18) 这场雨不会马上停止。

这两句都预设说话时正在下雨。

预设是理解句子的先决条件。例如:

(19) 你知道谁给我来过电话呢?

（20）你知道谁给我来过电话吗？

（19）预设有人来过电话，但不知道是谁，希望对方回答。(20)预设可能有人来过电话，希望对方加以证实。句末的语气词"呢"和"吗"不同，使句子的预设不一样，回答的方式也有差别。这两个句子如果不用语气词就会产生歧义。

朱德熙(1982)曾经谈到句末的另一个语气词"了"，他指出，"了"表示新情况的出现，这个说法是汉语语法学界所公认的，可是如何解释下列例句？

（21）早就瞧见你了。

（22）我早就报了名了。

这两个句子中都有"早"，说明事实是前些时候就有的，能算新情况吗？原来这里包含了这样的预设：说(21)这句话，说话人预设对方并不知道别人瞧见他，从这个角度来说，当然可算新情况。(22)也可以作同样的解释，说话人认定说出来的是一种新的信息。

句末的"了"，如果前边是个词，它是了$_1$（表完成）与了$_2$（表新情况）的合并。如："春天到了"、"下课铃声响了"。可是如何解释下边的句子呢？

（23）我走了！（快分别时说的）

"走"这个动作并未完成，用上"了"预设对方还不知道"我要离开"，说出来让你知道，也属一种新情况。

下列成对的句子，一正一误，也可以用预设加以解释。

（24）快把这些货卸了。

（25）＊快把这些货装了。

（26）你把帽子脱了。

（27）＊你把帽子戴了。

我们可以说："你把门关了。"也可以说"你把门开了"。"关"和"开"是对立的动词，句子中用上其中之一，另一个就成为预设。"你把门关了"预设"门开着"；"你把门开了"预设"门关着"。(24)预设"货装着"，先装后卸，合乎情理。可是(25)难道可以预设先卸后装？如果添上几个字。说成"快把货装了上去"，"快把货装上船"等，预设改变了，句子也就通顺了。(26)和(27)的情况也一样，两句的句法结构相同,差别只在成对的反义词中各用了一个,听话的人心目中认定帽子是先戴后脱,所以觉得(26)合乎情理。(27)如果说成"你把帽子戴好"、"你把帽子戴上"就行了。句末的表示新情况的"了"对预设的暗示作用也是值得注意的。

再举几个用预设分析复句的例子。

（28）他不但学识丰富,而且品德高尚。

（29）他不但品德高尚,而且学识丰富。

（30）他不但能说汉语,而且能讲标准的普通话。

（31）＊他不但能讲标准的普通话,而且能说汉语。

这些句子都用上了"不但……而且……",通常称为递进句。所谓递进,是说重点在后边的分句。这是就句子本身的含义来说的,其实,说话人心目中还有更深广的认识,那就是隐含在句中的预设。说(28)句,预设学识丰富的人不一定品德高尚。说(29)句,预设品德高尚的人不一定学识丰富。说(30)句,预设能说汉语的人不一定会讲标准的普通话。(31)句的预设不合事理,所以属病句。

（32）他虽然用了50秒游完全程,但是得到了冠军。

（33）他虽然用了50秒游完全程,但是没有得到冠军。

（34）虽然他父亲是研究科学的,他却读了文科。

（35）＊虽然他读了文科,他父亲却是研究科学的。

这些句子用上了"虽然……但是(却)……",通常称为转折句,意思是说后边分句不是顺着前面的意思说的,而是转入另一层意思。其实,这些句子都含有某种预设。(32)预设用50秒游完全程本不能得到冠军。(33)预设用50秒游完全程本应该得到冠军。(34)预设子承父业,克绍箕裘。(35)成了预设父承子业,当然不合乎情理,所以不这么说。

从上边的分析可以看到:预设是说话人对事物的认识或看法,听话人接受了这种看法才能正确理解句子的意思。因此,大多数学者认为预设属语用范畴。有些学者认为词语也可以有预设,如"果然"预设事实与期望相符,"居然"预设事实与期望不符,又如"至多"与"至少"也有预设:

（36）他至多受到警告处分。

（37）至少须有大专学历。

"至多"和"至少"都预设事情有轻重、高低、多少等不同层级。(36)预设处分有不同层级,用"至多"表示最大限度。(37)预设学历有不同层级,用"至少"表示最小限度。因为层级是客观存在的,因此属语义范畴。其实,这里选用"至多"或"至少"仍带有主观色彩。归根结底,属语用的选择。再如在大学教师中,层级最高的是教授,可是有人说"他至多是个教授"时,预设教授不是最高级。虽然是假设,听话的人却能理解表达的意思:教授也没有什么了不起。这种修辞上的用法更能说明预设的语用性质。

参考文献

吕叔湘:《汉语语法分析问题》,商务印书馆 1979 年版。

石安石:《句义的预设》,《语文研究》1986 年第 2 期。

周礼全:《逻辑》,人民出版社 1994 年版。

朱德熙:《语法讲义》,商务印书馆 1982 年版。

（原载《世界汉语教学》2002 年第 3 期）

张斌学术年谱

1920 年

1 月 27 日(农历己未年腊月初七)出生于湖南长沙。

父亲在长沙、邵阳等地电报局任报务员、局长等职。外祖父是清末举人。母亲略有文化。

1926 年

进入小学。先后就读于长沙信义小学、长沙含光小学、长沙市立第七小学。小学时期,语文成绩特别好,曾多次获奖。

1932 年

进入长沙市立中学读初中。

其时,湖南各地学校大都提倡读经,该校也是如此。老师从"四书"当中选取部分篇章作为教材,要求背诵,作文题目也常与"四书"有关。张斌对《大学》《中庸》丝毫不感兴趣,《论语》次之,但觉得《孟子》很有吸引力,读了一遍又一遍,感到乐在其中。究其原因,他认为,《孟子》文字简洁生动,道理深远透辟,深入浅出。

1935 年

进入长沙市明德中学读高中。

该校是一所私立学校,教师多为社会知名人士。当时该校试行文理分科,遵照家长的意向张斌选择了理科。爱好文学的张斌却并没有因此而感到厌倦，反而对理科产生了兴趣。课余时间也常常阅读中外文学名著，特别爱读《孟子》、《史记》、莎士比亚和易卜生的剧本、夏目漱石和鲁迅的小说。

日军侵犯长沙，为躲避日寇，学校迁至远郊，并组织学生成立抗日宣传队，张斌积极参加这一工作。

1938 年

12 月，进入湖南蓝田国立师范学院，攻读教育专业。当时该校是全国唯一的独立师范学院，院长是廖世承先生，许多知名学者如钱基博、钱钟书、孟宪承、高觉敷等都在该校任教。

张斌兴趣广泛，课余时间广泛阅读大量的古今中外书籍，内容从心理学、逻辑学等再到文学方面，几乎是无所不包。大学时代开始从事散文的写作，还联合几位同学办了一份名叫《新星》的半月刊小型文学杂志。此外，学校还有一个剧团，包括京剧和话剧，张斌被推举为团长。

1943 年

6 月，从湖南蓝田国立师范学院毕业，获得教育学士学位。

7 月，在四川灌县空军幼年学校任国文教员。

1944 年

8 月，在重庆清华中学任教。

1945 年

3 月，在四川云阳辅成中学任教导主任兼国文教师。

1946 年

6—7 月，在上海市教育局主办的政治学习班学习。

8 月,在上海《观察周刊》杂志社工作,任编辑兼发行部主任,开始对汉语语法感兴趣,并使用笔名"文炼"发表短文。

因业务关系,常常遇到语言文字方面的问题,每与人商量,往往不得要领,于是找来语法著作学习钻研。最先找到的是吕叔湘先生的《中国文法要略》,读了之后觉得大开眼界,以后陆续读了马建忠、黎锦熙、陈承泽、王力、陈望道等学者的著作,得到不少启发,也探讨了不少问题。最主要的问题是如何立足于汉语,借鉴西方的理论和方法,建立汉语的语法系统。

1948 年

12 月,《观察周刊》被查封。其后,经人介绍,到当时的上海师专附中(现为上海市虹口中学)任语文教员。

1951 年

11 月,在上海市工农速成中学任教。

1952 年

3—4 月,参加上海市"五反"工作。

6—9 月,调至"华东区抽调部队机关干部升入高等学校补习班",担任语文教研组副组长。该班是大学预科性质,学员有高中学历,因参加革命荒废了学业,需要进班补习,教师大都来自高校及重点中学,胡裕树、王运熙、罗君惕等都是教员。张斌和胡裕树在此相识,一起教语法课。语法一开始不是热门课,后来热起来了,两位就自己编写讲义。讲"二"和"两"有什么区别等类似的问题,学生很感兴趣,这也鼓励着两位往这方面研究。在培训班共事期间,两人因兴趣相投、爱好相近,经常在一起讨论问题。

7 月 16 日,在《大公报》发表论文《谈句子的基本结构》。

10 月,调至华东速成实验学校任语文教研室主任,并被评为讲师。

1954 年

8 月,担任上海师范专科学校语文科副主任。

1954 年春,作为筹备委员会委员筹建上海师范专科学校(现上海师范大学)。

与胡裕树合著的《中学语法教学》出版(上海春明出版社 1954 年版)。

以笔名"文炼"和"胡附"(胡裕树)联名发表论文《谈词的分类》。文章分上、下篇,分别刊发于《中国语文》第 2 期和第 3 期。与胡裕树合作的论文《词的范围、形态、功能》在《中国语文》第 8 期发表。与林祥楣、胡裕树共同以"林裕文"为笔名在《语文知识》第 10—12 期分别发表系列论文《语法·语法学(语法笔记)》、《形态学·造句法(语法笔记)》、《词和字(语法笔记)》。

1954—1956 年期间,常与胡裕树一起应陈望道邀请,赴陈先生家中交谈,内容多涉及语法问题,有时也涉及词汇和修辞。对语法问题的见解颇受陈望道先生启发。

同胡裕树联袂参与了 50 年代的汉语词类问题讨论,发表了一系列论文。

1955 年

以笔名"文炼"和"胡附"(胡裕树)联名发表的论文《谈词的分类》收入《汉语的词类问题》(中国语文丛书,中华书局 1955 年版)。不久,苏联语言学的权威刊物《语言学问题》全文译载,其后日本也引进翻译,且日本汉学家称张斌为"中国年轻有为的语言学家"。

在《语文学习》第 12 期与胡附(胡裕树)合作发表论文《谈宾语》。

与胡裕树合著的《现代汉语语法探索》出版(东方书店 1955 年版)。

与林祥楣、胡裕树共同以"林裕文"为笔名合著的《通俗语法讲话》出版(通俗读物出版社 1955 年版)。

同年,在《语文知识》第 1—2 期,与林祥楣、胡裕树共同以"林裕文"为笔名发表论文《构词法(上)》与《构词法(下)》。

1956 年

7 月,参加由《中国语文》杂志社在青岛主办的"语法座谈会"(7 月 27 日—8 月 1 日)。该会议主要为了具体了解汉语语法研究的情况,且与各地语言学工作者广泛交换对于语法问题的意见,张斌、胡明扬是其中参会的年轻人。

7 月,卸任上海师范专科学校语文科副主任。

8 月,任上海第一师范学院中文系汉语教研室主任、副教授。

在《语文知识》第 2 期、第 5 期和第 9 期,与林祥楣、胡裕树共同以"林裕文"为笔名发表论文《冒号的用法》、《用不用关联词语》、《"不"的用法》。

1957 年

《处所、时间和方位》出版(新知识出版社 1957 年版)。

同年,与林祥楣、胡裕树共同以"林裕文"为笔名合著出版语法书籍《词汇·语法·修辞》(新知识出版社 1957 年版)、《怎样用词》(通俗读物出版社 1957 年版)。

在《语文知识》第 2 期,与林祥楣、胡裕树共同以"林裕文"为笔名发表论文《修辞与逻辑、语法的关系》。

1958 年

在《语文学习》第 11 期,与林祥楣、胡裕树共同以"林裕文"为笔名发表论文《谈结构助词"的"》。

加入九三学社。

1959 年

在《语文知识》第 11 期,与林祥楣、胡裕树共同以"林裕文"为笔名发表论文《谈时态助词"了"》。

1960 年

在《上海师范学院学报》(哲学社会科学版)第 1 期发表论文《论语法学中"形式和意义相结合"的原则》。

在《语文教学(上海版)》第 3 期发表论文《词分类和三类实词(现代汉语知识讲座)》。

1962 年

参与编写全国文科统编教材《现代汉语》(上海教育出版社 1962 年版),主要负责语法部分。

与林祥楣、胡裕树共同以"林裕文"为笔名合著出版《偏正复句》(上海教育出版社 1962 年版)、《初级语法讲话》(上海教育出版社 1962 年版)。

1966 年

7 月,进牛棚,受审查。

1969 年

9 月,在上海师范学院大丰干校参加学习、劳动。

1970 年

3 月,任上海师范学院中文系教师。

1972 年

3 月,在上海师范大学奉贤干校参加学习、劳动。

9 月,任上海师范大学中文系教师。

1973 年

3 月,任上海师范大学中文系副教授。

1978 年

9 月,任上海师范学院中文系副主任。

1979 年

参与胡裕树主编的《现代汉语》(修订本)(上海教育出版社 1962 年版)的修订工作,提出了有关语法、语义、语用三个平面的论述。

在《上海师范学院学报》(哲学社会科学版)第 2 期,与胡附(胡裕树)合作发表论文《关于语法教学的几个问题》。

1980 年

晋升教授,时年 60 岁。

10 月,任上海师范学院中文系副主任。

在《语文学习》第 4 期发表论文《形式、意义和内容》。

1981 年

经国务院学位委员会办公室批准,上海师范学院"现代汉语"专业为第一批硕士学位授予单位,张斌为上海师范大学第一批硕士研究生导师。

2 月 21 日—3 月 6 日,访问日本的东京、大阪、神户、京都、奈良五个城市,参观了大阪市立大学、大阪外国语大学、关西大学、庆应大学、神户大学,受到有关方面的热情接待。

同年,在日本刊物《现代中国语研究》第 1 期发表论文《谈谈句子的信息量》;在日本刊物《中国语》第 8 期发表论文《汉语的结构特点和语法研究》。

参与胡裕树主编的《现代汉语》(增订本)(上海教育出版社 1981 年版)的增订工作。

9 月,招收第一届硕士研究生。

1982 年

1 月,担任上海师范学院中文系主任。

出版与胡附(胡裕树)合编的《现代汉语参考资料》(下)(上海教育出版社 1982 年版)。

发表论文《词语之间的搭配关系》(《中国语文》第 1 期)、《从"吗"和"呢"的用法谈疑问句的疑问点》(《逻辑与语言学习》第 4 期)、《"会"的兼类问题》(《汉语学习》第 6 期)。

在《中国语文》第 3 期,与胡附(胡裕树)合作发表论文《句子分析漫谈》,同年还与林祥楣、胡裕树共同以"林裕文"为笔名在《中国语文》第 4 期发表论文《回顾与展望》。

1983 年

在《汉语学习》第 1 期发表《几点希望》,希望《汉语学习》多刊发一些深入浅出的文章,并指出:"深入不容易,浅出尤其难";在《淮北煤炭师范学院学报(哲学社会科学版)》第 2 期发表论文《汉语的结构特点和语法研究》,中国人民大学复印报刊资料《语言文字学》第 10 期转载此文。

1984 年

赴淮北煤炭师范学院(现淮北师范大学)讲学,被聘为兼职教授。

在《语文研究》第 1 期发表论文《关于句子的意义和内容》,同年中国人民大学复印报刊资料《语言文字学》第 5 期转载此文;在《中文自修》第 4 期发表论文《语句的分析和理解》;在《中国语文》第 3 期,与胡附(胡裕树)合作发表论文《汉语语序研究中的几个问题》。

1985 年

与夏允贻合作编写《歧义问题》(黑龙江人民出版社 1985 年版)。

在《中国语文》第 2 期,与林祥楣、胡裕树共同以"林裕文"为笔名发表论文《谈疑问句》;在《中文自修》第 3 期发表论文《语素问题》;中国人民大学复印报刊资料《中学语文教学》第 5 期转载论文《语法答问》;在《语文学习》第 7 期发表《假如我再到中学教语文》。

1986 年

7 月,担任上海师范大学中文系名誉系主任。

经国务院学位委员会办公室批准,上海师范大学"现代汉语"专业为第三批博士学位授予单位,张斌为上海师范大学第一位博士研究生导师。

发表论文《信息·修辞·语体》(《当代修辞学》第 1 期)、《句子的解释因素》(《语文建设》第 4 期)、《句子种种》(《中文自修》第 6 期)。与胡裕树合作发表论文《语法系统和语法学习》(《语文学习》第 3 期)。

1987 年

9 月,招收第一届博士研究生。

与夏允贻合作编写的《语句的表达和理解》出版(上海教育出版社 1987 年版)。

在《中文自修》第 5 期发表论文《空、空位、空位对举》,在《语文学习》第 5 期发表论文《疑问句四题》。

1988 年

主编《现代汉语》与《现代汉语学习指导书》(北京中央广播电视大学出版社 1988 年版)。

负责编写《中国大百科全书·语言文字卷》语法修辞部分,后由中国大百科全书出版社于 2002 年出版。

与张涤华、胡裕树、林祥楣合编的《汉语语法修辞词典》出版(安徽教育出版社 1988 年版)。

发表论文《语言和文字》(《语文学习》第 1 期)、《语法分析的心理学基础》[《烟台大学学报》(哲学社会科学版)第 1 期]、《固定短语和类固定短语》(《世界汉语教学》第 2 期)、《交际功能、句法功能和认识功能》(《语文学习》第 4 期)。其中,《固定短语和类固定短语》一文首次提出"类固定短语"概念。

在《语文研究》第 2 期,与沈锡伦联名发表论文《〈马氏文通〉研究的新成果——评〈马氏文通读本〉》。

1989 年

与胡裕树合编的《汉语语法研究》出版(商务印书馆 1989 年版)。

《现代汉语精解》出版(上海文艺出版社 1989 年版)。

在《语文建设》第 1 期发表论文《我对 40 年来现代汉语语法研究的一些看法》;在《上海师范大学学报》(哲学社会科学版)第 3 期发表论文《格律诗语言分析三题》,同年中国人民大学复印报刊资料《语言文字学》第 11 期转载此文;在《电大文科园地》第 2、3、4、8、9、10 和 12 期分别发表论文《语言和语言学》、《音素和字母》、《实体类别和关系类别》、《谈谈语法学习》、《新编电大教材〈现代汉语〉语法系统介绍》、《语法规律种种》、《语法学习中应该注意的几个问题》;在《中文自修》第 12 期发表论文《关于一个复句的分析》。

1990 年

7 月,招收的第一位博士研究生毕业(第一届只招了一位)。10 月 29 日,《解放日报》有专文介绍该博士研究生的毕业论文,认为是当年全上海最优秀的博士论文。

9 月,招收第二届博士研究生。

主编的《简明现代汉语》出版(中央广播电视大学出版社 1990 年版)。与胡附(胡裕树)合著的《现代汉语语法探索》出版(商务印书馆 1990 年版)。

发表论文《语言单位的对立和不对称现象》(《语言教学与研究》第 4 期)、《关于语法分析》(《电大文科园地》第 3 期)。与袁杰合作发表论文《谈谈动词的"向"》,载于由林祥楣先生主编的《汉语论丛》(华东师范大学出版社 1990 年版)一书。

1991 年

《汉语语法修辞常识》出版(香港教育图书公司 1991 年版)。

在《语言研究》第 1 期发表论文《句子的理解与信息分析》；在《中国语文》第 2 期发表论文《与语言符号有关的问题——兼论语法分析中的三个平面》。

在《电大文科园地》第 7、8 和 10 期分别发表论文《〈现代汉语〉学习辅导(一)——语法教学三题》、《〈现代汉语〉学习辅导(二)——结构与功能》与《散文的节奏》。

在《语文学习》第 2 期发表论文《强化语言事实的分析》；在《语文建设》第 2 期发表论文《谈谈"识繁写简"》；在《中文自学指导》第 3 期发表论文《与句群分析有关的问题》。

2 月，受香港商务印书馆邀请赴香港。香港为适应 1997 年香港回归后的新形势而新编了一套中学语文教材，张斌为该教材定稿。同时，为改变香港中学重英文、轻中文的积习，商务印书馆特举办了"语文教育讲座"，共七讲，香港学者四人，每人一讲，而张斌一人三讲。且海报上称他为"当代著名的语言学家"、"海内外屈指可数的有重大影响的学者之一"。报告会分别在香格里拉酒店、香港酒店和香港会议展览中心举行。同期，受邀赴香港大学语言研究中心作报告。

同年，接受香港《大公报》记者跟踪采访，就香港应重视普通话的推广问题，兼及如何加强文字规范化等方面谈了自己的看法。采访内容登载在当年 3 月 4 日香港《大公报》上，另有两位杂志记者通过电话进行了采访。

1992 年

在《中国语文》第 4 期发表论文《句子的理解策略》；在《上海师范大学学报》(哲学社会科学版)第 3 期发表论文《从语言结构谈近体诗的理解和欣赏》；在《电大文科园地》第 7 期发表论文《语言活动中的选择问题及语言中的省略、隐含和预设》、第 12 期发表论文《谈谈现代语言学》与《语言系统和语言分析》；在《语文学习》第 12 期发表论文《漫谈语言单位的分界问题》。

4 月，"林裕文"之一林祥楣逝世。

4 月 5—8 日，参加由上海大学文学院、上海现代语言学研究会与《语文研究》编辑部合办的"第三届全国现代语言学研讨会"，作了题为《句子的理解策略》的学术报告。

4月22—24日，参加由中国社会科学院语言研究所和《中国语文》杂志社共同主办的"中国语文研究四十年学术讨论会"，并作了题为《汉语语法研究刍议》的学术报告。10月，该文被收录于由刘坚、侯精一主编的《中国语文研究四十年纪念文集》(北京语言学院出版社1993年版)。

8月4日，受邀为山东省第二届优秀教学成果国内鉴定专家之一，鉴定烟台师范学院"现代化汉语课规范化建设"子项目"现代汉语题库微机系统"的教学成果。

9月，招收第三届博士研究生。

9月，韩国博士研究生韩容洙入学，是上海师范大学招收的第一位外国博士研究生。

10月，获得国务院颁发的享受政府特殊津贴的证书。

1993 年

任上海师范大学名誉系主任、上海语文学会顾问、"中青年语言学工作者论文指导高级函授班"(7月中旬开学)学术顾问与指导老师，该函授班由上海现代语言学研究会联合各家语言杂志社开设。

《中国古代语言学资料汇纂(文字学分册)》、《中国古代语言学资料汇纂(音韵学分册)》和《中国古代语言学资料汇纂(训诂学分册)》出版(福建人民出版社1993年版)。

与胡吉成合著的《简明现代汉语学习指导书》和《现代汉语学习指导书》出版(中央广播电视大学出版社1993年版)。

在《汉语学习》第3、4期分别发表论文《与分类有关的几个问题》与《〈汉语情景会话〉序》；在《电大文科园地》第8、12期分别发表论文《子、儿、头》、《笑话中的语言知识》；在《香港语文建设通讯》第12期发表论文《关于"有"的思考》；与胡附(胡裕树)在《语文学习》第9期发表《难忘的几件事》。

指导的博士研究生获得首届宝钢奖学金一等奖。

12 月,获得曾宪梓教育基金会颁发的高等师范院校教师奖二等奖。

12 月,获得中华人民共和国新闻出版署颁发的《中国大百科全书》编辑出版荣誉证书。

1994 年

任全国高等师范院校现代汉语教研会名誉会长。

主持国家社会科学"八五"项目《现代汉语虚词的功能分类及分析方法》。

发表论文《从现代科学研究的特点看语言学和语言教学研究》(《语言教学与研究》第 3 期)、《汉语语句的节律问题》(《中国语文》第 1 期)、《汉语语句的节律问题》(中国人民大学复印报刊资料《语言文字学》第 3 期转载此文)、《数字三问》(《电大文科乐园》第 2 期)、《论名词修饰动词》(《上海师范大学学报》(哲学社会科学版)第 3 期)。

4 月 16—20 日,参加"全国高等师范院校现代汉语教研会第三次会员代表大会暨第六次学术研讨年会",并在大会上作专题报告。

7 月,论文《与语言符号有关的问题》(《中国语文》1991 年第 2 期)在上海市哲学社会科学优秀成果(1986.1—1993.12)评选中,获论文类一等奖。

9 月,招收第四届博士研究生。

11 月,在中央广播电视大学十五周年校庆暨全国广播电视大学表彰大会上,被授予"优秀主讲教师"的光荣称号。

1995 年

1 月 1 日退休,并接受上海师范大学返聘,继续承担博士研究生的培养工作,为博士生讲授"语法专题研究"。

在《中国语文》第 1、4 期分别发表论文《关于象声词的一点思考》与《关于分类的依据和标准》;在《咬文嚼字》第 1、9 期分别发表论文《学会同中见异》与《我遇到的难题》;在《汉语学习》第 2 期发表论文《从"咬文嚼字"谈起》;在《语文建设》第 3、5 期分别发表论文《我谈语文规范化》与《语法教学 40 年》。

3 月,语言研究所成立,任第一任所长。

6 月 9—10 日,参加由上海师范大学语言研究所,香港城市大学中文、翻译及语言学系和上海市语文学会举办的汉语语言学现代化国际学术研讨会,并作了学术报告。

7 月,访问韩国全州大学和关东大学。

1996 年

主编的《现代汉语》(修订版)出版(中央广播电视大学出版社 1996 年版)。该书为中央广播电视大学教材,并配有辅助教材《现代汉语学习指导》与《现代汉语精解》解答疑难问题。

发表论文《谈谈汉语语法结构的功能解释》(《中国语文》第 6 期)、《"咱家"不等于"咱们家"》(《咬文嚼字》第 12 期)。论文《描写与解释》收录于《现代汉语专题研究》(天津人民出版社 1996 年版);论文《试论格律诗的理解》收录于《汉语修辞和汉文化论集》(河海大学出版社 1996 年版);论文《关于词典标明词性的问题》收录于《语文现代化论丛》(语文出版社 1996 年版)。

代表上海师范大学语言研究所给首届"语言与民俗"国际学术研讨会(5 月 20—24 日)发送贺信。该会议由中国民俗学会、中国俗文学学会、辽宁社会科学院和东北大学联合主办。

8 月 24—27 日,参加"第五届全国现代语言学学术研讨会",并作了题为《谈谈汉语的动态分析》的学术报告。会议期间,同时参加了上海市语言文字工作干部培训班。

开始与范开泰合作招收博士研究生。

11 月,荣获 1995—1996 年度上海市高校系统老有所为"精英奖",获得上海市高校系统退休教职工管理委员会颁发的荣誉证书。

1997 年

7 月,在"首届语言学问题龙港暑期讲习班"(黑龙江大学与香港大学合办)

作讲座。

受邀作自述,文章收录于《中国社会科学家自述》(国务院学位委员会办公室编写,上海教育出版社 1997 年版)。

主编的《中华学生语法修辞词典》出版(上海辞书出版社 1997 年版)和《世界成语故事大观》(安徽少年儿童出版社 1997 年版)。

为《咬文嚼字》第 1 期作序,并在《语文建设》第 5 期发表论文《几个值得推敲的概念和判断》。

受邀为课题鉴定专家,对周有光"汉语句法结构习得研究"课题成果进行鉴定。

主编的中国广播电视大学教材《现代汉语》荣获 1997 年上海市高校优秀教材二等奖。

1998 年

1 月 19 日,上海市东方电视台主办"《我心中的周恩来》全国周恩来纪念日大学生演讲比赛总决赛",张斌受邀担任评委。

《汉语语法学》出版(上海教育出版社 1998 年版)。

在《语言文字应用》第 1 期发表论文《几点想法》,人民大学复印报刊资料《语言文字学》第 7 期转载此文;在《汉语学习》第 1 期发表《〈汉语语法学〉序》;在《语言文字应用》第 1 期发表《祝贺全国语言文字工作会议召开(大会发言)》;分别在《咬文嚼字》第 4—8 期发表论文《漫谈"报章体"》、《语文规范面面观》、《语文规范的时代特征》、《"纷纷设有"》、《世纪末≠本世纪末》,以及在第 12 期发表论文《也说"纷纷设有"》、《"在""于"和"在于"——读〈马氏文通〉一得》。论文《谈谈句法分析和句子分析》收录于范晓等主编的《语言研究的新思路》(上海教育出版社 1998 年版)。

12 月 28—30 日,参加由中国语文学会和中国社会科学院语言研究所共同主办、上海师范大学语言研究所承办的"首届汉语言学国际研讨会",并在大会上作了题为《划分与切分》的专题报告。

1999 年

任中国对外汉语教学学会第六届理事会顾问。

上海师范大学建设第一个博士后流动站(中国语言文学)。8 月,第一届博士后进站,张斌是合作导师之一。

单独招收最后一位博士研究生。

与胡附(胡裕树)合写的论文《扩大语法研究的视野》收录于由马庆株主编的《语法研究入门》(商务印书馆 1999 年版)。

发表论文《划分与切分》(《中国语文》第 4 期),中国人民大学复印报刊资料《语言文字学》第 10 期转载此文。

10 月,被评为全国广播电视大学"优秀主讲教师",获得教育部电化教育办公室和中国广播电视大学颁发的荣誉证书。

12 月,上海师范大学召开"张斌先生学术思想研讨会"。

2000 年

主编的"语法分析与语法教学丛书"出版(华东师范大学出版社 2000 年版),包含《现代汉语实词》、《现代汉语虚词》、《现代汉语短语》、《现代汉语句子》、《现代汉语语法分析》。该教材获得全国优秀教材二等奖、上海市教学成果一等奖。

主编的全国中文专业自学考试教材《现代汉语》出版(语文出版社 2000 年版)。

发表论文《词类划分中的几个问题》(《中国语文》第 4 期)。这是张斌与胡附(胡裕树)合作的最后一篇论文,中国人民大学复印报刊资料《语言文字学》第 11 期转载此文。

发表《一本研究古白话的力作——为徐时仪〈古白话词汇研究论稿〉序》(《上海师范大学学报(哲学社会科学版)》第 4 期)、《指称与析句问题》(《广播电视大学学报(哲学社会科学版)》第 4 期)、《理解和表达的问题(一)》(《语文建设》第 5 期)、《理解和表达的问题(二)》(《语文建设》第 6 期)、《理解和表达的问题(三)》(《语文建设》第 7 期)、《理解和表达的问题(四)》(《语文建设》第 8 期)、《要依法化异为同》(《语文建设》第 12 期)、《谈谈句子的信息量》(《湖南广播电视大学学报》第 3 期)。论文《〈马氏文通〉关于虚词的研究给我们的启示》收录于《语文论丛》第六辑(上海教育出版社 2000 年版)、《外语教学的心理学基础》收录于《回眸与思考》(外语教学与研究出版社 2000 年版)。

12 月 28 日,参加由上海语文学会、上海语言文字工作者协会举办的"纪念陈望道先生诞辰 110 周年"学术座谈会。

2001 年

主编的《现代汉语虚词词典》出版(商务印书馆 2001 年版)。

审订全国高等自学考试教材《现代汉语》的辅助教材《现代汉语自学考试辅导》(人民教育出版社 2001 年版)。

在《修辞学习》第 2 期发表《追念陈望道先生》;在《汉语学习》第 5 期发表论文《〈现代汉语虚词丛书〉总序》;在《中国京剧》第 3 期发表《盖叫天"盖"字读音之浅释》;《指称与析句问题》被中国人民大学复印报刊资料《语言文字学》第 4 期转载;在《咬文嚼字》第 5 期发表《"喷泉如注"质疑》;在《中国文字研究》(第二辑)发表论文《从符号学的观点考察汉字》,后被收录于《中国文字研究》(广西教育出版社 2001 年版);在《知识文库》第 7 期发表《新词新语之我见》。论文《我的语法观》收录于由范开泰、齐沪扬主编的《语言问题再认识》(上海教育出版社 2001 年版)。

2001 年 11 月,"林裕文"之一胡裕树逝世。

2002 年

1 月 20 日,参加由《修辞学习》主编、中国修辞学会华东分会会长和复旦大学陈光磊教授主持的"纪念《修辞学习》创刊 20 周年"学术座谈会,并就修辞学和《修辞学习》杂志如何关注社会语文生活和语言使用中的问题发表了意见。

9 月,应用语言研究所成立,任名誉所长。

9 月,被聘请为《大辞海》分科主编。

10 月,开始主持编写《现代汉语描写语法》。该书由吕叔湘先生提议,国内 20 余所高校的 30 多位学者历时 10 余年合作编写完成,为上海市哲学社会科学重大项目。

主编的《现代汉语教学参考与训练》出版(复旦大学出版社 2002 年版)、《新编现代汉语》(普通高等教育"十五"国家级规划教材)(复旦大学出版社 2002 年版)、《语法修辞小词典》(上海辞书出版社 2002 年版)。

与范开泰共同主编的《现代汉语虚词研究丛书》出版(安徽教育出版社 2002 年版)。该书获安徽省图书二等奖、上海市优秀著作三等奖。

与胡裕树合著的《20 世纪现代汉语语法八大家——胡裕树 张斌选集》出版(东北师范大学出版社 2002 年版)。

在《语言科学》第 1 期发表论文《语法分析中的种种"区别"》;在《世界汉语教学》第 3 期发表论文《蕴涵、预设与句子的理解》;在《咬文嚼字》第 2 期为已故挚友胡裕树撰写特稿《胡裕树的几件小事》;在《语文建设》第 4 期发表《对中小学语文教学的几点看法》。

2003 年

主编的《新编现代汉语》(复旦大学出版社 2002 年版)获得 2003 年上海市普通高校优秀教材三等奖。

《汉语语法学》出版(上海教育出版社 2003 年版)。

在《咬文嚼字》第 4、8 期和 10 期分别发表《咬文嚼字要与时俱进》、《历史的启示》和《话说新词规范化》。

参加《咬文嚼字》"百年诞辰"与"诞辰百年"会诊的讨论。

2004 年

与于漪合著的《给城市洗把脸》出版(上海文化出版社 2004 年版)。

在《修辞学习》第 1 期发表论文《漫谈深入浅出》;在《汉语学习》第 3 期发表

论文《社会需要〈现代汉语规范词典〉》。

9月16日,受聘担任"上海市公共场所中文名称英译专家委员会"委员。

12月5日,参加由上海财经大学国际文化交流学院主办的首届"商务汉语教学与研究专家讨论会"。

2005年

《对外汉语研究》第1期出版,张斌任名誉主编。

《现代汉语语法十讲》出版(复旦大学出版社2005年版)、《理解与表达》(语文出版社2005年版)。

主审张登岐主编的《现代汉语》(高等教育出版社2005年版)。

发表论文《关于词的次类的划分》(《语言研究集刊》第二辑)、《试论动宾式动词》(《对外汉语研究》第1期)、《关于"存在"和"合理"的思考》(《咬文嚼字》第6期)。

2006年

在《修辞学习》第3期发表《回忆望老》。

11月,任上海师范大学老教授协会、退(离)休教育工作者协会名誉会长。

11月4日,参加"纪念上海语文学会成立50周年暨上海市语文学会2006年学术年会",并在会上强调,上海语文学会要继续继承前辈"理论与实践结合、研究与应用并重"的优秀传统,在新的历史时期努力开创新局面。

12月25—27日,参加由上海高校比较语言学E-研究院、复旦大学、广西民族大学和广东技术师范学院联合举办的"东亚语言比较国际学术研讨会",并在开幕式上致辞。

2007年

10月26—27日,受邀出席由中国语言学会和世界汉语教学学会主办的"第四届语义功能语法研讨会",中心议题为"语义功能语法与对外汉语教学"。张斌就现代汉语教材中现代汉语词类划分的标准和基础以及句类分析两个问题作了大会报告。

受邀参加由国际汉语语言学学会、浙江省语言学学会主办,绍兴文理学院、浙江大学、浙江师范大学、浙江工业大学合办的"首届汉语语言学理论建设与应用研究国际学术研讨会暨浙江省语言学会第13届年会",为大会题词:"立足汉语,放眼世界,务实创新,任重道远",并在会上就汉语研究作了专题学术报告。

2008 年

主编的《现代汉语专题》出版(复旦大学出版社 2008 年版);与董莎莎编译的《中华箴言》出版(上海外语教育出版社 2008 年版)。

在《修辞学习》第 5 期发表论文《语言识别和节奏感问题》。

4 月 30 日—5 月 2 日,受邀参加由上海师范大学对外汉语学院主办、湖州师范学院人文学院承办的第三届"现代汉语虚词研究与对外汉语教学学术研讨会",并作了题为《虚词与预设的关系》的大会报告。

7 月 15—16 日,受邀参加由复旦大学中文系主办的纪念胡裕树诞辰 90 周年"语言的描写与解释国际学术研讨会",并在开幕式上致辞,会议期间还作了主题报告。

2009 年

发表论文《试论"否则"和"不然"的连接功能及其差异》(《励耘学刊(语言卷)》第 2 期)、《虚词与预设》(《对外汉语研究》第 5 期)。

8 月 21—22 日,受邀参加由中国社会科学院语言研究所、上海市高校比较语言学 E-研究院和上海师范大学联合主办的"第五届汉语语法化问题国际学术研讨会",并在会上致辞。

9 月,作诗《九十感怀》:"颠扑生涯九十秋,依稀往事忆从头。常惊敌寇来空袭,每数工薪便发愁。收拾金瓯今胜昔,折腾岁月喜还忧。阴霾扫尽千帆过,万里鹏程庆自由。"将其度过的 90 年分为 3 个 30 年,每个 30 年用两个字概括:"求生"—"求安"—"求得"。第一个 30 年,物价飞涨、战争不断,生存不易;第二个 30

年,运动连连,时有折腾,力求安定;第三个 30 年则是自己学术成果收获最大的时期。

2010 年

与胡附(胡裕树)合著的《文炼胡附语言学论文集》出版(商务印书馆 2010 年版)。

10 月,接受吴晓芳博士采访,采访口述实录收录于吴晓芳著《张斌语法思想研究》(社会科学文献出版社 2013 年版)。

11 月,我国第一部大型汉语共时描写语法著作《现代汉语描写语法》(商务印书馆 2010 年版)出版,张斌任主编。

11 月 27—28 日,受邀参加由上海师范大学对外汉语学院和商务印书馆汉语出版中心联合举办的"庆祝张斌先生 90 华诞从教 60 周年学术研讨会暨《现代汉语描写语法》首发仪式",并为"现代汉语描写语法"研究室揭牌。

12 月,受邀参加《咬文嚼字》举办的 90 大寿庆祝宴会,相关内容由记者金棟生以《"我也是 90 后啊!"》刊发于《咬文嚼字》2011 年第 1 期。

2011 年

10 月 8 日,上海师范大学对外汉语学院设立以张斌命名的语言类奖学金"张斌奖学金"。

2012 年

《现代汉语描写语法》获得上海市哲学社会科学优秀成果一等奖。

10 月 13—16 日,受邀参加由中国社会科学院语言研究所句法语义研究室、《中国语文》编辑部和上海师范大学共同主办的"第十七次现代汉语语法学术讨论会",在开幕式上代表承办方上海师范大学致辞。

2013 年

《现代汉语描写语法》获得教育部哲学社会科学优秀成果二等奖。

在《咬文嚼字》第 12 期发表论文《"孟德曹操解"》。

6月21日上午9时,93岁高龄的张斌一如既往地提前半个小时来到上海师范大学对外汉语学院教室,坚持站着上完最后一堂博士生课,耕耘讲坛共计六十三载。

2014 年

发表论文《指称和陈述》(《对外汉语研究》第 11 期)、《一首民歌的启示》(《咬文嚼字》第 7 期)。

11 月 7—9 日,参加由华中师范大学外国语学院承办的"全球背景下的修辞与写作研究——2014 年第三届国际修辞传播学研讨会",并提交会议论文《〈忠义直言〉里的一些语法现象考察》。

2015 年

5 月 17 日,在一次意外中被汽车撞伤。

5 月 19 日,入住龙华医院治疗休养至今。

2016 年

11 月,在上海市第十三届哲学社会科学优秀成果奖颁奖大会上获得"学术贡献奖(2014—2015)",主要贡献:张斌是我国当代著名的汉语语言学家,在汉语研究领域,尤其在汉语语法学领域佳作不断、创见频出,一直引领着现代汉语语法研究领域的发展潮流。

获得上海市社科界第十四届学术年会暨上海市第十一届中国特色社会主义理论体系研究和宣传"优秀成果奖"。

获得"上海市语文学会终身成就奖"。

在龙华医院住院部病房接受《澎湃新闻》记者采访。详细报道见《96 岁的语言学家张斌:坚持研究的动力从克服困难中来》,《澎湃新闻》2016 年 11 月 21 日。

2018 年

3 月 31 日,在上海逝世,享年 99 岁。

图书在版编目(CIP)数据

汉语语法学/张斌著.—上海:上海人民出版社,
2019
(大家学术经典文库)
ISBN 978-7-208-14663-1

Ⅰ.①汉…　Ⅱ.①张…　Ⅲ.①汉语-语法学　Ⅳ.
①H14

中国版本图书馆 CIP 数据核字(2017)第 174493 号

责任编辑　沈晓驰
封面设计　零创意文化

大家学术经典文库

汉语语法学

张　斌　著

出　　版　上海人 & 出版社
　　　　　　(200001　上海福建中路 193 号)
发　　行　上海人民出版社发行中心
印　　刷　常熟市新骅印刷有限公司
开　　本　720×1000　1/16
印　　张　18
插　　页　5
字　　数　246,000
版　　次　2019 年 5 月第 1 版
印　　次　2020 年 11 月第 2 次印刷
ISBN 978-7-208-14663-1/H·103
定　　价　88.00 元